'생각지도 못한 생각지도'를 다시 생각하면서,
생각지도 못한 생각을 하는 사람이
생각지도 못한 생각지도(地圖)를 그릴 수 있으며,
생각지도 못한 생각의 지도자(指導者)가 될 수 있습니다.
생각지도 못한 생각으로 세상의 주역이 되고 싶은
모든 사람들에게 이 책을 덮입니다!
축명하는 지식생태학자, 유영만 Dream

2017. 7月 知識生態學者 劉永晩

'사색(思索)'하는 시간을 갖지 않으면
'사색(死色)'이 될 수 있습니다.
'사색'은 홀로 '사유(思惟)'하는 시간을 통해서
삶의 의미를 반추하는 '사고(思考)' 과정입니다.
'사고'하지 않으면 심각한
'사고(事故)'가 날 수 있습니다.

생각지도 못한 생각지도

초　판 1쇄 발행 2011년 10월 30일
개정판 1쇄 발행 2017년 07월 20일

지은이 | 유영만
펴낸이 | 홍경숙
펴낸곳 | 위너스북

경영총괄 | 안경찬
기획편집 | 임소연, 김효단

출판등록 | 2008년 5월 2일 제313-2008-221호
주　　소 | 서울특별시 마포구 토정로 222, 201호(신수동, 한국출판콘텐츠센터)
주문전화 | 02-325-8901
팩　　스 | 02-325-8902

표지 | ZINO DESIGN
본문 | 정현옥
종이 | 한솔 PNS
인쇄 | 영신문화사

값 16,000원

ISBN 978-89-94747-80-4

이 책은 저작권법에 따라 보호를 받는 저작물이므로 무단전재와 복제를 금지합니다.
이 책 내용의 전부 또는 일부를 사용하려면 반드시 저작권자와 위너스북의 서면 동의를 받아야 합니다.

* 잘못된 책이나 파손된 책은 구입하신 서점에서 교환하여 드립니다.

위너스북에서는 출판을 원하시는 분, 좋은 출판 아이디어를 갖고 계신 분들의 문의를 기다리고 있습니다.
winnersbook@naver.com | Tel 02)325-8901

생각지도 못한
생각지도

유영만 지음

다시 프롤로그

다시 그려보는 생각지도 못한 생각지도:
생각만 해본 사람은
당해본 사람을 못 당한다!

프랑스 시인, 폴 부르제는 "생각하는 대로 살지 않으면 사는 대로 생각하게 된다."라는 명언(?)을 남겼습니다. 그런데 이런 의문이 생깁니다. 과연 생각하는 대로 사는 사람이 몇 사람이나 될까요? 생각하는 대로 살아가는 사람보다 오히려 사는 대로 생각하는 사람이 더 많지 않을까요? 지금까지 살아오면서 경험한 것만 봐도 생각대로 풀린 일보다 생각대로 풀리지 않았거나 생각지도 못한 일이 생각지도 못하게 일어난 경우가 더 많습니다.

그렇다면 이 명언을 이렇게 바꿔보는 것은 어떨까요? "생각하는 대로 살기 어렵다. 사는 대로 생각하자." 생각지도 못한 생각은 생각지도 못한 일에서 비롯됩니다. 생각하는 대로 삶이 바뀌기는 참으로 어렵습니다. 살다 보면 생각지도 못한 일이 발생해서 생각한 대로 풀리지 않는 경우가 더 많습니다. 하지만 생각지도 못한 일이 일어나야 생각지도 못한 생각을 할 수 있습니다. 생각지도 못한 생각은 대부분 생각지도 못한 일을 당할 때 비로소 생기기 시작합니다.

"같은 짓을 되풀이하면서 다른 결과를 기대하는 것은 정신착란이다." 미국 작가, 리타 메이 브라운의 말입니다. 비슷한 행동을 반복하면서 다른 생각을 기대하지 말라는 말입니다. 그런데 우리는 무의식적으로 어제와 비슷한 행동을 반복하면서 어제와 전혀 다른 생각이 떠오르기를 기대하고 있지는 않은가요? 리타 메이 브라운의 말을 바꿔쓰면 이렇습니다. "같은 행동을 반복하면서 다른 생각을 기대하는 것은 정신병 초기증세다."

딴생각은 딴짓의 결과입니다. 딴짓도 하지 않으면서 딴생각을 기대하는 것이야말로 뚱딴지같은 생각입니다. 우리는 딴짓하면 야단을 맞고 난동을 일으키는 작란(作亂)(장난)을 치면 "너 지금 장난하냐?"라고 핀잔을 들으며, 재미있게 놀면서 색다른 생각을 하면 "놀고 있네."라는 비아냥을 듣습니다. 학교에 가서도 "조용히 해.", "자리에 앉아.", "입 다물어."와 같은 부정적 피드백을 듣습니다. 딴짓도 할 수 없고 장난도 못 치고 놀지도 못하면서 엄숙하고 근엄한 자세로 책상에 앉아 정해진 방식대로 공부합니다. 이렇게 양육되어 색다른 경험을 온몸으로 배울 기회를 일찍부터 박탈당합니다. 문제는 어른이 되어서도 이전과 다른 색다른 체험을 통해 색다른 생각을 잉태하는 시간을 생각만큼 갖지 못하고 있다는 점입니다.

"배워야만 할 수 있는 일을 우리는 하면서 배운다." 아리스토텔레스가 한 말입니다. 생각지도 못한 일을 많이 당하면서 생각지도 못한 배움을 얻습니다. 하지만 현실은 우선 책상에 앉아, 많은 준비를 하면서 생각을 거듭하는 경우가 많습니다. 격전의 현장에서 몸으로 체득할 때 '진짜 배움'이 발생합니다. 하지만 책상에만 앉아 있으면 이 중요한 사실을 간과하게 됩니다. 이 지점에서 문제의 심각성이 큽니다. 생각지도 못한 체험은 배움의 원동력이 되기도 합니다. 하지만 새로운 체험을 더는 하지 않고, 과거의 경험에 의존할 경우 생각지도 못한 방법으로 과거 생각의 덫에 걸릴 수 있습니다. 어리석은 사람은 경험에서 배우고 현명한 사람은 역사에서 배운다는 말이 있습니다. '성공의 덫', '성공 경험의 우상화'라는 오류에 빠지면 새로운 경험이 던져주는 의미 있는 시사점을 해석할 수 없습니다. 이제 타성을 창조적으로 파괴하는 학습unlearning을 하여 과거의 경험으로 굳어진 고정관념을 극복해야 합니다. 즉, 앨빈 토플러가 말하는 무용지식無用知識, Obsoledge을 폐기하는 것입니다. 무용지식Obsoledge은 불필요한Obsolete 지식Knowledge의 합성어입니다. 유효기간이 지난 지식으로 변화와 혁신을 주도할 수는 없지 않을까요?

　세상은 내가 경험한 것만큼 보이고, 보이는 것만큼 생각할 수 있습니다. 내가 경험한 대로 세상은 보입니다. 더 정확히 말하면 내가 경험한 것을 근간으로 내가 보고 싶은 방식대로 세상을 봅니다.

　경험하지 못한 것은 경험한 것을 기반으로 이해할 수밖에 없습니다. 경험은 다른 경험을 이해하고 해석하는 기반일 뿐만 아니라 다른 경험을 다르게 해석할 수 있는 길을 방해하는 장애물이기도 합니다. 또한, 다른 방향의 사유를 차단해버리는 장본인이기도 합니다. 그렇기에 경험을 업그레이드해야 합니다. "컴퓨터 종사자들이 가장 부족한 건 컴퓨터에 관한 지식이 아니다. 다른 경험이다. 다른 경험이 없어서 색다르게 연결하지 못하는 것이다." 스티브 잡스의 말입니다. 경험이 부족하면 그만큼 창의적인 아이디어를 낼 가능성도 희박해집니다. 다양한 경험은 다양한 방식으로 생각하면서 다른 사람이 생각할 수 없는 가능성을 구상해내는 원동력입니다. 그렇다면 생각지도 못한 생각은 어디서 비롯된 생각일까요? 생각지도 못한 방법으로 생각하기 위해서는 어떻게 생각해야 할까요? 이런 물음에 대답하기 위해서 이 책은 논리적인 방법으로 생각하기를 멈추고 일상에서 우리 생각을 어떻게 하면 바꿀 수 있을 것인지를 크게 네 가지 점에서 생각해보

려고 합니다.

생각지도 못한 생각을 하는 생각하는 첫 번째 방법은 '생각'을 바꿔서 '행동'을 바꾸기보다 '행동(체험)'을 바꿔서 '생각'을 바꾸는 것입니다. 나이가 들수록 앉아서 생각을 바꾼 다음 밖에 나가서 행동을 바꾸기는 불가능에 가깝습니다. 발상을 바꾸면 의외로 생각도 쉽게 바꿀 수 있습니다. 인간의 뇌에 입력되는 자극이 바뀌지 않으면 뇌는 정상적인 방식으로 작동합니다. 하지만 뇌가 받아들인 자극이 정상적이지 않다고 판단하면 뇌는 이제까지와는 다른 방식으로 생각하기 시작합니다. 비정상적인 위기나 딜레마 상황에 빠졌을 때 뇌는 정상적인 방법으로 머리를 써서는 안 된다는 위기의식을 느낍니다. 그때부터 뇌는 비정상적인 방법으로 생각합니다. 생각지도 못한 일을 당해보면 생각지도 못한 변화가 가능합니다. 평상시에 직면하는 정상적인 상황에서 사람은 정상적인 방법으로 머리를 씁니다. 하지만 이제껏 만나보지 못한 낯선 상황에 직면하면 사람은 비정상적인 방법으로 머리를 쓰기 시작합니다. 그 지점이 바로 창의력이 폭발하는 순간입니다.

생각지도 못한 생각을 하는 두 번째 방법은 이미 있는 개념을 생각지도 못한 방법으로 조합하여 기존 개념을 재개념화하거나 재창조해서 다른 개념으로 변경하는 것입니다. 이 책에 등장하는 체인지體仁知라는 개념도 이미 알고 있는 한자 세 글자를 조합하여 새로운 개념을 창조한 것입니다. 영어의 체인지change와 발음이 동일하므로 세상을 바꾸는change 지식은 체험體을 통해 가슴으로 공감仁할 때 탄생하는 지식知이라는 의미를 새롭게 부여했습니다. 또 국어사전에 나오는 '지식'과 '산부인과 의사'라는 개념을 세계 최초로 조합하면 '지식산부인과 의사'라는 전대미문의 개념이 창조됩니다. 지식과 산부인과 의사가 따로 떨어져 존재할

때는 누구나 다 아는 익숙한 개념이지만 조합하면 낯선 개념이 창조됩니다. 그때부터 전대미문의 새로운 생각이 잉태하기 시작합니다. 지식 임신을 위한 가장 효과적인 방법은 무엇인지, 자연분만 하여 건강한 지식을 출산하려면 어떻게 해야 하는지, 정보가 숙성하여 의미 있는 깨달음을 주는 지식이 되려면 필요한 지식 낙태 수술 방지법은 무엇인지 등 이제까지 한 번도 해본 적이 없는 낯선 생각의 임신이 시작됩니다. 낯선 생각은 기존 개념의 낯선 조합에서 시작됩니다. 기존 개념과 결별을 선언하고 색다른 개념을 창조하거나 기존 개념 간 융복합을 통해 새로운 개념으로 변경시키는 과정에서 낯선 생각도 꿈틀거리기 시작합니다.

생각지도 못한 생각을 하는 세 번째 방법은 익숙한 이미지의 낯선 조합입니다. 벨기에의 초현실주의 화가, 르네 마그리트가 개발한 데페이즈망 depaysement 기법과 유사합니다. 르네 마그리트의 그림을 보면 얼룩말과 사자 이미지를 갖다 붙여서 얼룩말 사자를 만든다거나 물고기 상체와 사람 하체를 조합하여 물고기 사람으로 만들어냅니다. 익숙한 이미지를 재조합하거나 위치를 바꿔 이전 이미지와는 전혀 다른 낯선 상상력을 꽃피웁니다. 데페이즈망이란 일반적으로 현실적인 사물을 대상으로 합니다. 본래 이 용도, 기능, 의미를 우리가 생각하는 당연한 이미지에서 이탈시켜 그것을 생각지도 못한 방법으로 낯선 장소에서 조합합니다. 그리하여 초현실적인 환상을 창조해냅니다.

전화위복 轉禍爲福의 이미지를 창조하기 위해 '전화 위'에 '복'이라는 생선을 올려놓는 것이 하나의 예입니다. 이런 낯선 이미지의 조합을 통해 세상에서 가장 맛있는 복은 전화위복이라는 메시지를 창조하는 것입니다. 따로 떨어져 존재할 때는 너무나 익숙하기 때문에 아무도 눈여겨보지 않다가 이제껏 볼 수 없었던 방식으로 위치를 바꾸거나 색다른 방식으로 이미지를 중첩하여 낯설게 하면 그때부터 많은 사람의 이목을 집중시킵니다. 그때부터 이전과 다른 생각과 상상의 싹이 자랍니다.

  생각지도 못한 생각을 하는 네 번째 방법은 전문가와 전문가 사이, 인식과 관심을 달리하는 사람과 사람 사이, 서로 다른 학문 분야 사이에 존재하는 차이에 주목하는 것입니다. 새로운 문명이 서로 다른 문명끼리 충돌하는 지점에서 생겼듯이 새로운 지식도 서로 다른 지식끼리 만나는 경계 지점에서 융합하여 창조됩니다. 생각지도 못한 생각을 하기 위해서는 내 생각의 기반이 되는 지식의 경계선을 넘어 다른 지식의 세계로 부단히 넘나들어야 합니다. 지식은 생각을 정리하여 만든 것입니다. 생각이 바뀌지 않으면 그 생각을 기반으로 창조하는 지식도 바뀌지 않습니다. 역으로 생각하면 내 생각을 바꾸기 위해서는 기존 생각에 지적 충격을 주어야 합니다.

  낯선 지식으로 파란을 일으키지 않으면 기존의 생각은 타성에 젖습니다. 그리고 어제의 생각으로 내일을 맞이하려고 합니다. 생각지도 못한 생각은 지식을 넘어 지혜를 낳는 원동력입니다. 지식이 정보를 적용하면서 깨달은 체험적 교훈이라면 지혜는 뇌리를 파고드는 경이로운 지적 지진이자 폐부를 찌르는 충격적인 아픔입니다. 지식은 학교에서 교육으로 가르칠 수 있지만, 지혜는 살아가며 시행착오와 우여곡절을 겪으며 온몸으로 터득할 수밖에 없다고 일찍이 아인슈타인도 지적한 바 있습니다. 생각지도 못한 생각을 하는 네 번째 방법은 한 번도 마주쳐보지 못한 이질적인 생각 사이에 의도적으로 나를 가져다 놓는 것입니다.

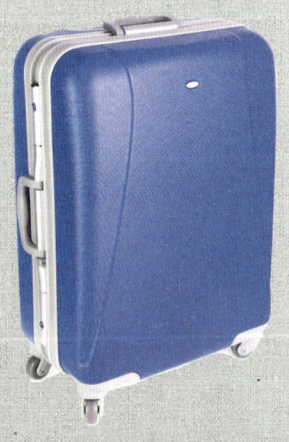

떠나야 만날 수 있습니다. 지금 여기를 떠나 낯선 곳으로 가봐야 여기서 체험할 수 없는 낯선 마주침을 경험할 수 있습니다. 마주침은 낯선 생각을 잉태하는 원동력입니다. 체험적 마주침은 물론이거니와 익숙한 개념과 이미지의 낯선 마주침도 전대미문의 새로운 생각과 상상력을 낳습니다. 나아가 낯선 지식과 전문분야가 마주치면서 생기는 차이가 생각지도 못한 생각을 낳습니다.

낯선 생각은 이제껏 볼 수 없었던 낯선 장면과 마주칠 때 일어납니다. 책상에서 배운 관념의 파편이 격전의 현장에서 무기력하게 흩어지고, 차가운 지성의 칼날이 뜨거운 현실 문제 앞에서 속수무책으로 무너지는 처절한 체험 끝에 깨달은 일리! 책상 '진리'보다 일상의 '일리'가 힘이 셉니다. 누군가 만들어 놓은 관념적 진리보다 내가 주체가 되어 몸으로 깨달은 일리를 축적해나갈 때 내 생각도 남의 생각 속에 기생하지 않고 나만의 생각지도를 그려나갈 수 있습니다. 누군가 이미 만들어 놓은 생각의 지도에 의존하면서 누군가의 지도를 받는 종속적 인간에서 벗어나야 합니다. 그러기 위해서는 생각지도 못한 일을 저지르면서 생각지도 못한 방법으로 익숙한 개념과 이지미를 낯설게 조합하며 전문분야 간 경계를 넘나들어야 합니다. 그리고 생각의 사이에 존재하는 차이에 주목할 필요가 있습니다. 생각지도 못한 생각은 생각지도 못한 주체적인 체험에서 비롯됩니다. 나만의 생각지도를 그려나가면서 주체적인 생각의 지도자가 되기를 기원합니다. 지금부터 다시 떠나는 생각지도 못한 생각지도 여행에 독자 여러분을 초대합니다.

생각지도 못한 생각지도를 다시 그리면서
2017년 6월, 성하의 여름으로 건너가는 길목에서
지식생태학자, 지식산부인과 의사
유영만

프롤로그

'사각지대死角地帶'에서 벗어난 '생각지도生角地圖'로의 여행

오늘 당신은 당신의 생각들이 데려다 준
그곳에 있고
내일 당신은 당신의 생각들이 데려다 줄
그곳에 있을 것입니다.

제임스 앨런, 《생각이 만드는 기적》의 저자

우리가 하루를 살면서 떠올리는 생각은 몇 가지나 될까요? 놀랍게도 5만 가지가 넘는다고 합니다. 그래서 '오만 가지 잡생각'이라는 말이 있는 모양입니다. 심리학자들에 따르면, 사람은 잠자는 8시간을 빼고 하루에 약 6만 가지 생각을 하며 산다고 합니다. 그렇다면 '오만 가지 잡생각' 가운데 긍정적인 생각을 얼마나 할 수 있는지의 여부가 새로운 생각을 임신할 수 있는 가능성의 지표일 것입니다. 어른이 되고 나서 가장 많이 사용하는 단어 세 가지가 있습니다. '물론 그렇다.', '당연하지.', '원래 그런 거야.' 세상에는 물론 그렇고, 당연하고, 원래 그런 것은 없습니다. 물론과 당연, 그리고 원래에 의문을 갖고 시비를 걸어야 합니다. 그래야 새로운 생각의 잉태, 임신이 가능합니다. 세상에는 '당연'한 것이 없고, '원래'부터 그런 것도 없으며, '물론' 그렇지 않은 현상이 너무 많이 존재합니다. 모든 생명체를 비롯해서 사물이 그 자리에 존재하는 이유가 있게 마련입니다. 이유 없이 어떤 결과가 발생하지 않습니다. 모두 나름의 이유를 갖고 살아가며, 특정한 원인 때문에 전혀 예상하지 못했던 현상이 발생합니다. 인간은 생각하는 동물! 그런데 과연 생각하면서 사는 사람이 몇이나 될까요? 누구나 생각하면서 산다고 말하지만, 진정한 의미의 생각이란 습관적으로 생각하는 것, 타성과 고정관념에 젖어 사는 것을 뜻하지 않고, 이전과는 다르게 생각하는 것을 말합니다. 그런데 놀라운 사실은 자신도 모르는 사이에 내 의지나 의도와 관계없이 남의 생각이 내 생각 속으로 하루도 빠짐없이 들어옵니다. 그렇게 자신도 모르는 사이에 들어온 남의 생각이 내 생각의 주인 노릇을 하는 것입니다. 그렇기 때문에 내 생각을 기반으로 제기되는 의견일지라도 편견일 수 있고, 내 생각으로 이해한 것이 오해일 수도 있음을 알아야 할 것입니다.

시각지대에 빠진 상식과 선입견, 그리고 생각

많은 사람들이 생각하고 난 후 '의견意見'을 제시한다고 생각하지만, 그 '의견'은 습관적으로 생각해 온 '의견', 즉 자기 중심적 '편견과 자신의 경험에 비추어본 '선입견'에 불과한 경우가 많습니다. '의견意見'도 '의심疑心'해볼 만한 '의견疑見'인 경우가 많습니다. 우스갯소리로 사람에겐 자기 나이만큼 키워온 개犬 두 마리가 있다고 합니다.

twitter @mongsii25/최현욱님

그 개 이름은 '편견偏見'과 '선입견先入見'입니다. 내가 이제까지 해온 생각이 편견과 선입견으로 포장된 습관적 생각이나 고정관념, 타성이나 관성을 벗어나기 어려운 이유는 우리의 생각이 사각지대에 빠져 있기 때문입니다. 결국 우리의 생각은 사각사각死角死角 죽어갑니다. 나의 관점은 점차 사각형처럼 답답한 박스 안에 갇힌 채 사각형의 안경을 쓰고 세상을 바라봅니다. 그 사각형 안에 들어갈 수 없는 것은 무의미하고 필요 없는 것이 되어 사각형 밖으로 추방 당합니다. 단단한 사각형 틀이 새로운 가능성의 문을 굳게 닫아버리는 것입니다.

사각지대에 가입하는 순간, 관습과 타성에 젖어 안색은 사색이 되고, 그 때부터 '상식'의 덫에 걸려 '몰상식'한 발상을 인정하지 않는 '식상'한 삶을 살아갑니다. 상식은 다시 습관과 결탁하여 '고정관념'으로 변질됩니다. 상식은 좌정관천의 경험과 합작하여 '편견'으로 전락합니다. 상식은 새로운 생각을 거부하면서 '선입견'으로 굳어집니다. 상식은 관습과 어울리면서 웬만한 타격으로는 깨지지 않는 '타성'으로 자리 잡습니다.

배만 불렀을 뿐, 뇌가 고프지 않은 우리들

벤저민 프랭클린에 따르면, 세상에서 가장 단단한 것이 세 가지가 있는데 다이아몬드, 강철, 그리고 자신에 대한 인식이라고 합니다. 이처럼 자신에 대한 인식은 다이아몬드나 강철보다 단단해서 바꾸기가 가장 어려울 수 있습니다. 자신에 대한 인식은 지금까지 경험한 것을 자기 방식으로 정리한 체험적 깨달음에 근거합니다. 체험적 깨달음은 사물이나 현상을 이해하는 중요한 기반지식의 역할을 합니다. 문제는 과거 어느 시기에 축적된 체험적 깨달음으로 과거와는 판이하게 다른 현재의 상황을 설명하고 이해하려는 어리석음에 있습니다.

- 어리석은 사람은 과거의 '경험'에서 배우고
- 현명한 사람은 '역사'에서 배운다.
- 어제의 성공보다 더 위험한 적은 없다.

우리에게 가장 큰 위협은 경쟁사가 아니라 성공이 우리를 안주하게 만드는 과거의 성공체험입니다. 과거에 성공했던 사람이 자신의 능력과 방법론을 절대시하는 과오를 범하는 현상을 아널드 토인비는 '휴브리스hubris(오만, 자기과신)'라고 불렀습니다. 하나의 예를 더 들면 중국 송나라의 한 농부가 토끼가 나무에 부딪쳐 죽는 것을 본 뒤 농사를 팽개치고 매일 나무그루만 지켰다는 '수주대토   '의 고사가 있습니다. 이처럼 자신의 성공체험에만 의존하는 어리석은 함정에 빠질 가능성이 큽니다. 성공체험을 통한 깨달음은 우리에게 약이 되기도 하지만 독이 되는 경우가 더 많습니다. '휴브리스'나 '수주대토'의 어리석음으로부터 벗어나는 방법은 뇌가 다른 생각을 할 수 있도록 색다른 자극을 끊임없이 주는 것입니다. 비유컨대 배가 고프면 음식을 먹지만, 뇌가 고프면 지식을 섭취해야 합니다. 음식을 먹는 이유는 배가 고프기 때문이고 지식을 먹어야 하는 이유는 뇌가 고프기 때문입니다. 뇌가 고프다는 이야기는 지금까지 알고 있는 지식으로 해결할 수 없는 새로운 상황에 직면했을 때 기존의 경험과 지식으로 해결할 수 없는 불협화음 또는 불균형이 생겼다는 의미입니다. 뇌가 불균형 상태가 되면 외부로부터 새로운 정보나 지식을 흡수하려고 안간힘을 씁니다. 이때부터 뇌는 조금씩 움직이기 시작합니다. 뇌가 뭔가 부족하고 결핍되었다고 깨닫기 시작합니다. 이때야 말로 뇌가 지식을 먹을 수 있는 최적의 시기입니다.

그런데 우리의 배는 때가 되면 허기가 져서 주기적으로 음식을 먹지만, 뇌는 때가 되어도 고프지 않아 주기적으로 지식을 먹지 않습니다. 과거의 체험적 깨달음을 통해 체득한 지식에만 의

존합니다. 음식은 주기적으로 먹지만 지식은 주기적으로 먹지 않는 이유는 뇌가 고프지 않기 때문입니다. 뇌가 고프지 않으면 새로운 생각이 임신되지 않고 당연히 생각의 자손은 태어날 수 없습니다. 기존의 생각에 새로운 생각이 접목되지 못할 정도로 생각의 각질이 생기고 생각 때가 끼어서 생각은 더 이상 살아 있는 생각이 아닌 기존의 생각만을 고수합니다. 습관적인 생각, 타성과 고정관념에 물들어 생긴 생각 벌레들이 새로운 생각을 하지 못하게 가로막는 것입니다. 이제 색다른 자극이 필요합니다.

배가 고프면 '설렁탕', 뇌가 고프면 '뇌지탕'을…

색다른 자극이란 뇌가 이제까지 경험해보지 못한 모든 자극을 의미합니다. 가령 책을 읽거나 영화를 보는 일, 이제까지 가보지 못한 낯선 곳으로의 여행, 도전적인 프로젝트 전개, 이제까지 제기하지 않은 낯선 질문하기, 뇌가 경험해보지 못한 한계나 위기 상황과의 직면 등등을 말합니다. 이런 낯선 경험들이 뇌에 낯선 자극을 전달합니다. 낯선 경험의 폭과 깊이가, 뇌가 생각할 수 있는 폭과 깊이를 결정합니다. 사람의 뇌는 낯선 경험에 직면하면 반사적으로 다른 질문을 던지고 이전과는 다른 대안을 모색하고자 긴장 모드로 전환합니다. 배가 고프면 '설렁탕'

을 먹지만 뇌가 고프면 '뇌진탕'을 먹어야 합니다! '뇌진탕'은 주로 일시적 의식 소실을 동반하는 증상을 말하지만 광범위하게 뇌에 충격이 가해져서 '뇌가 놀랐다'는 상황까지도 포함하는 말입니다. 뇌를 놀라게 한다는 말은 편안한 뇌에 이제까지 받았던 자극과는 다른 자극을 줌으로써 뇌세포가 움직이도록 하는 현상을 의미합니다. 뇌가 과거와 다른 생각을 하려면 이제까지와는 다른 자극에 뇌를 의도적으로 노출시켜야 합니다. 비슷한 자극을 주면 뇌는 비슷한 반응을 보여줍니다. '뇌진탕'은 결국 뇌가 다른 생각을 할 수 있도록 촉진하는 모든 외부적 자극을 의미합니다. 한 마디로 '뇌진탕'은 뇌가 고프게 만드는 자극인 것입니다. '설렁탕'을 먹으면 위장이 배가 부르다고 아우성을 칩니다. 하지만 정신적 위장인 뇌는 뇌를 흔들어 놓는 '뇌진탕'을 아무리 먹어도 늘 뇌가 고프다고 말합니다. 나는 오늘 어떤 '뇌진탕'을 먹었는가? 이제까지와는 전혀 다른 '뇌진탕'을 먹기 위해 어떤 지식을 의도적으로 흡수하려고 하는가? 뇌를 심각하게 고프도록 만들어서 이제까지와는 다른 지식을 흡수하게 만들려는 노력을 전개하고 있는가? 곰곰이 생각해볼 때입니다.

http://blog.naver.com/cartrider21?Redirect=Log&logNo=90106933031 / cartrider21님 블로그

속옷만 갈아입지 말고 생각도 갈아입자

옷이 더러우면 빨래를 하듯이, 생각도 타성에 젖어 습관적으로 생각하다 보면 얼룩이 생기기 때문에 주기적으로 세탁을 해주어야 합니다. 속옷만 갈아입지 말고 생각도 갈아입어야 하는 것입니다. 생각도 시간이 지나면서 굳은 각질이 생기고 비듬으로 뒤덮입니다. 생각을 자주 쓰지 않고 방치하면 자신도 모르게 생긴 각질이 생각의 근육을 둔하게 만듭니다. 그리고 생각 주름 위에 뒤덮인 비듬에 생각 벌레가 서식해서 생각 가려움증을 유발합니다. 생각 벌레는 생각 가려움증을 유발하는데 문제는 생각의 가려움이 오만 가지 쓸데없는 잡생각까지 하도록 만든다는 점입니다. 이런저런 생각을 많이 하는 것 같지만 사실 근거 없는 잡생각인 경우가 많습니다.

> "더러워지는 것보다 다시 깨끗해질 수 없는 마비와 마취의 심성을 사람은 가장 경계해야 한다."
> —박상우 〈동아일보〉 '그림읽기' 칼럼 중에서

타성에 굳어진 생각의 근육을 풀어주려면 생각 마사지가 필요합니다. 생각 근육은 쓰면 쓸수록 발달하지만 쓰지 않고 방치하면 생각의 때가 끼고 각질이 생겨 유연한 생각을 할 수 없습니다.

http://blog.naver.com/virus7901?Redirect=Log&logNo=70111257459 / 길랭님 블로그(박근수)

생각 근육이 굳어 유연성을 잃으면 틀에 박힌 생각만 일삼고, 고정관념이 늘기 시작합니다. '고정관념'이 '고정본능'으로 바뀌어서 급기야 치유불가능에 가까운 '고장관념(고장 난 관념의 파편)'이 내 생각을 지배하기 시작합니다. 고장 난 관념의 파편, 즉 '고장관념'을 없애는 데에는 생각 경락 마사지 또는 생각 세탁이 유효합니다. 지금 여러분의 생각에 켜켜이 쌓인 생각의 때와 비듬은 얼마나 됩니까? 사각사각 죽어가는 생각을 되살리고 싶다면 머리만 감을 것이 아니라 생각도 하루에 한 번씩 생각 샴푸로 감아주어야 합니다. 생각을 빨아주어야 생각 근육이 유연해지고 생각의 때와 비듬이 끼지 않습니다. 매일 머리를 감듯 매일 생각이 살아 숨 쉬도록 생각도 흔들어 깨워줘야 합니다.

지식산부인과 의사의 고민

저는 지식경영학이나 지식생태학을 산부인과학과 접목하여 지식융합을 통해 지식산부인과학을 새롭게 만들어보려는 독특한(?) 시도를 하고 있으며 계속 도전 중입니다. 하지만 아직 사람들에게 널리 알려지지 않은 모양입니다. 지식의 임신을 연구하고 지식 낙태 수술 방지법 또는 지식 자연분만을 유도하는 혁신적인 방법을 모색하고 있습니다만, 사람들이 잘 모르기도 하거니와 알아주지도 않기에 아직 나는 지식산부인과 의사로 대접받지 못하고 있습니다. 특이하면서 독창적인 아이디어라는 평가를 받기도 하지만 많은 사람들이 이해하기에는 아직 구체적이지 않고 도대체 지식산부인과란 것이 무엇을 어떻게 연구하는 학문인지 이해할 수 없다는 말씀도 하십니다. 그래서 고민이 많습니다. 최고의 전문가는 가장 난해한 내용을 가장 쉽게 설득하는 사람일 것입니다. 전문적인 용어와 전문적인 내용이 판을 치는 세상이지만 대중들은 전문가들이 들려주는 말을 도무지 알아듣지 못합니다. 전문적으로 설명하면 전문적인 내용을 이해할 수 없는 대다수 대중이 이해하지 못합니다. 저는 전문적이라는 말로 포장된 그 틀을 깨부수고 기존의 행동과 습관, 그리고 생각의 틀 역시 과감하게 떨쳐내야 함을 지식산부인과 의사가 되어 전개하고자 합니다. 그래야만 비로소 비판적으로 사유하는 인간이 될 수 있을 거라고 믿기 때문입니다. 이 모든 일들을 이성을 근거로 하여 야성적으로 실천하고 있습니다. 평소 관심을 갖고서 고민하며 생각하던 내용들을 생각지도 못한 방법으로 엮어 그 결과를 《생각지도 못한 생각지도》라는 책으로 담아보았습니다. 감수성, 상상력, 창조성, 역발상, 전문성, 혁신력 등 뒤집고 비틀어서 새로운 시각으로 접근해봐야 할 주제들을 테마로 결정하여 고정관념과 타성에 젖은 생각의 틀을 깨고 '생각지도 못한 생각 여행'으로 구성해보았습니다. 아무쪼록 이 책이 여러분의 마음과 머릿속에 무거운 가부좌를 틀고 꿈쩍도 하지 않는 기존의 행동에 긍정적인 자극이 되기를 바랍니다. 과거의 생각에 얽매이지 않고 유연해지기를 바랍니다. 습관적으로 생각하면서 생긴 생각의 각질이나 때를 제거하고 색다른 생각 여행을 하는 데 제가 준비한 9가지 생각 세탁 샴푸가 도움이 되기를 희망합니다.

2011년 10월
지식생태학자, 지식산부인과 의사
유영만

CONTENTS

● 다시 프롤로그
다시 그려보는 생각지도 못한 생각지도
생각만 해본 사람은 당해본 사람을 못 당한다!

● 프롤로그
'사각지대 死角地帶'에서 벗어난 '생각지도 生角地圖'로의 여행
상상초월, 기절초풍 생각의 연금술!

첫 번째 생각 여행 감수성 Emotion
'느낌'은 언제나 '앎'보다 먼저 옵니다

- 감수성 1 공감 없이 감동 없다 · 037
- 감수성 2 지하철에서 자리를 잡으려면 느낌부터 믿어라! · 043
- 감수성 3 '앎'은 속이지만 '느낌'은 속이지 않는다! · 047
- 감수성 4 '머리 아픈 것'과 '가슴 아픈 것'은 하늘과 땅 차이다! · 051
- 감수성 5 '재미'가 있어야 '의미'를 찾을 수 있다! · 055
- 감수성 6 '설명' 대신 '설득'으로 다가서라! · 059

두 번째 생각 여행 상상력 Imagination
'일상'에서 '상상'해야 '비상'할 수 있습니다

- 상상력 1 '상상'은 '일상'에서 시작된다! · 067
- 상상력 2 '상상'해야 '비상'할 수 있다! · 072
- 상상력 3 '상상想像'은 '연상聯想'이다! · 076
- 상상력 4 상상력은 에둘러 말하는 은유 속에 있다! · 082
- 상상력 5 나는 상상한다. 고로 존재한다! · 086
- 상상력 6 대답(.)은 마침이지만, 질문(?)은 시작이다! · 089

세 번째 생각 여행 역발상 Contrarian
생각의 물구나무 '역발상'이 '정발상'입니다

- **역발상 1** 인생역전의 원동력, 역발상! · 097
- **역발상 2** '몰상식'한 발상이 '식상'한 '상식'을 뒤집다! · 101
- **역발상 3** '통념'을 뒤집어야 '통찰'이 된다! · 105
- **역발상 4** '역경'을 뒤집으면 '경력'이 된다! · 109
- **역발상 5** '부자데 Vu ja de'와 '데자부 De ja vu' · 113
- **역발상 6** 역설逆說로 역설力說하다 · 119

네 번째 생각 여행 창조성 Creativity
창조는 이연연상으로 시작, 이종결합의 꽃을 피웁니다

- **창조성 1** 창조는 '감상실感想實'에서 자란다! · 127
- **창조성 2** Words create Worlds! · 131
  내가 사용하는 단어의 세계가 내가 창조할 수 있는 세계다!
- **창조성 3** 데페이즈망, 창조의 신천지로 가는 이미지의 이종결합異種結合 · 135
- **창조성 4** 물음표(?)와 느낌표(!)가 만나 생각의 빅뱅, 인터러뱅이 탄생한다! · 141
- **창조성 5** '틀 밖의' 물음표(?)가 '뜻밖의' 느낌표(!)를 낳다! · 146
- **창조성 6** 독창성이란 들키지 않은 표절이다! · 150

다섯 번째 생각 여행 　체인지　*Change*

체험體을 통해 공감하는 지식,
체인지體認知가 세상을 체인지change 합니다!

체인지 1	'體認知＝Change＝體認智' 철학・159
체인지 2	체인지體認知에서 체인지體仁知로 변화change하다!・166
체인지 3	'일상'이 사라진 '책상'에 공허한 관념이 자란다!・172
체인지 4	곤충을 삼등분하면 '머리, 가슴, 배'가 아니라 '죽는다'!・178
체인지 5	'목재'보다 '분재'가 더 아름답다!・183
체인지 6	남다른 시련이 남다른 나를 만든다!・188

여섯 번째 생각 여행 　전문성　*Bricoleur*

전문가는 전문적으로 문외한, 그것밖에 모르는 사람입니다!

전문성 1	'재능'은 내가 하면 '재미' 있는 능력이다!・197
전문성 2	전문성 높이는 방법, 느낌이 와야 최고가 된다!・202
전문성 3	'파리학과' 전공의 학사, 석사, 박사, 교수의 차이・208
전문성 4	전문가는 그것밖에 모르는 문외한!・217
전문성 5	21세기 인재상, 브리꼴뢰르형 인재란?・223
전문성 6	21세기 전문가, 전문가와 전문가 사이의 차이를 전공하는 호모 디페랑스・230

일곱 번째 생각 여행 **학습력** Learnability

배움은 일종의 지적 호흡, 호흡을 멈추면 성장도 멈춥니다!

- **학습력 1** 절실해야 경이로운 실력이 쌓인다 • 239
- **학습력 2** 고스톱에서 배우는 자기 개발 스킬 Skill Go Stop • 245
- **학습력 3** 학습 찬양가에서 배우는 지혜! • 253
- **학습력 4** 안다는 것은 상처받는 것이다! • 258
- **학습력 5** 삶을 내 것으로 만드는 학습 원리 대공개! • 262
- **학습력 6** 모든 분야에 능통할 순 없어도 모든 사람과 소통할 순 있다! • 273

여덟 번째 생각 여행 **혁신력** Innovation

혁신의 실패는 설득의 실패입니다!

- **혁신력 1** '절박'함이 '대박' 혁신을 낳는다! • 283
- **혁신력 2** 질문에 대한 질문 Questioning the Question을 던져라! • 288
- **혁신력 3** '혁신의 저주'와 '지식의 저주' • 292
- **혁신력 4** My Way는 My Story에서 나온다! • 297
- **혁신력 5** '실력'은 '실패' 속에서 피는 꽃이다! • 301
- **혁신력 6** 전례 없는 반례를 남겨야 새로운 사례로 기록될 수 있다! • 306

아홉 번째 생각 여행 **생태계** **Ecosystem**
자연은 보호 대상이 아니라 학습 대상입니다

- **생태계 1** 잡초의 모습에서 배워라! · 315
- **생태계 2** 싱싱력은 야성에서 나온다! · 322
- **생태계 3** 야망野望은 야생野生에서 태어난다! · 327
- **생태계 4** 배추가 다섯 번 죽어 김치가 태어난다! · 333
- **생태계 5** 대나무로부터 배우는 삶의 지혜 · 338
- **생태계 6** 가장 높이 나는 '종달새'와 가장 낮게 기어 다니는 '뜸부기'의 만남 · 344

● 에필로그
생각지도 못한 생각의 여행

● 다시 에필로그
내 생각은 내 삶의 결론이다

첫 번째 생각 여행
Emotion
감수성

'느낌'은 언제나
'앎'보다 먼저 옵니다

다른 이의 아픔을 감지하는 정서적 마음이 감수성입니다. 내가 경험해 보지 못한 타인의 아픔과 불편함, 불안감과 불만족스러움, 외로움과 어려움을 감지하고 함께 아파하고 위로하며 배려하는 애틋한 마음이 감수성입니다. 아름다운 사람은 앓음을 견뎌내고 이겨낸 사람이자 타인의 아픔을 이해하는 사람입니다. 논리적으로 알기 이전에 감성적으로 먼저 느끼는 것입니다. 느낌은 언제나 앎보다 먼저 옵니다. 대상이나 사물에 대해서 처음으로 느끼는 감정은 거짓말을 하지 않습니다. 가슴으로 받아들인 느낌이 머리로 올라가면서 거짓말을 하게 되는 것입니다.

Emotion

01 첫 번째 생각 여행 감수성

공감 없이
감동 없다!

살아가면서 만나는 사람 중에 머리는 좋아 보이지만 따뜻한 가슴이 없어서 자신과 다른 견해가 있거나 다른 환경에서 자란 사람이 주장하는 의견에 공감하지 못하는 사람이 의외로 많습니다. 공감은 머리로 생각해서 그 사람의 입장이 되어보는 역지사지가 아니라 내가 직접 상대방의 입장이 되어서 체험해보고 생각해보면서 가슴으로 느끼는 측은지심입니다. 공감 능력은 역지사지를 머리로만 생각한다고 생기는 것이 아닙니다. 내가 직접 타인의 입장이 되어 체험해봐야 그 사람이 왜 그렇게 생각하는지를 비로소 가슴으로 이해할 수 있습니다. 역지사지는 머리로 동감하는 수준을 넘어 가슴으로 공감하는 것입니다. 고뇌 끝에 영감을 얻는 체험적인 깨달음이 없으면 그저 말로 표현하는 연민에 불과합니다. 역지사지는 책상에 앉아서 상대방의 입장이 되어보는 게 아닙니다. 진정한 의미의 역지사지는 내가 상대의 입장이 되어서 그 사람의 눈으로 세상을 바라보고 그 사람의 귀로 세상의 목소리를 들어보며, 그 사람의 가슴으로 세상을 느껴보는 것입니다. 4차 산업혁명 시대에 가장 필요한 인재도 다름 아닌 공감 능력을 갖춘 인재입니다. 공감은 기계가 쉽게 대체할 수 없는 인간의 고유한 능력입니다. 머리로 계산하면 분명히 자신에게 손해가 됨에도 타인의 아픔을 치유하기 위해 발 벗고 나서는 모습을 보면 이를 알 수 있습니다.

최근 머리는 좋지만 영혼이 없는 인재가 늘어갑니다. 직접 힘든 일을 겪으며 타인의 아픔을 온몸으로 느껴본 경우가 별로 없기 때문입니다. 내 생각과 행동이 상대방에게 어떤 영향을 미칠지를 생각하고 가슴으로 공감하는 능력이 취약한 인재人材가 양성될 때 우리 사회는 지금보다 더욱 심각한 인재人災 위기에 직면할 수 있습니다.

나와 직접적인 관계가 없는 타인의 아픔을 알게 되었을 때 우리는 다양한 반응을 합니다. 그런데 단순한 연민sympathy의 감정

첫 번째 생각 여행 **감수성**

을 느낄 때보다 공감empathy할 때 비로소 인간관계가 스쳐 지나가는 한순간이 아니라 더불어 행복한 공동체를 건설하는 희망의 연대라는 것을 알게 됩니다. 《타인의 고통》을 쓴 수전 손택은 타인의 고통에 연민하는 감정과 공감하는 능력의 차이를 실감 나게 보여주고 있습니다. 예를 들면 사람들은 최근 일어난 일본과 에콰도르의 지진 관련 뉴스를 보면서 연민의 정을 느끼면서도 나와 직접 관련이 없는 이야기처럼 흘려보냅니다. 엄청난 고통과 두려움에 시달린 지진 피해자를 위해 애도의 눈물 한 방울 흘리지 않습니다. 한국 사회의 보이지 않는 문제를 겉으로 드러나게 한 세월호 사건을 보면서도 깊은 연민의 정을 느끼지만 곧바로 다시 일상으로 돌아와 치명적인 사건과 사고가 주는 깊은 슬픔에 무감각해진 채 살아갑니다. 대중 매체에 나오는 수많은 사건과 사고가 전해주는 천편일률적인 고통의 이미지에 길든 현대인을 고발한 수전 손택은 타인의 아픔을 나의 아픔처럼 느끼는 공감 능력의 필요성과 소중함에 대해 역설하고 있습니다. 그녀는 심각한 고통을 겪고 있는 타인을 먼발치서 느끼는 '연민'의 감정을 멈추어야 하며, 타인의 아픔을 마치 나의 아픔처럼 느끼는 '공감' 능력이 더없이 소중하다는 것을 강조하고 있습니다. 연민은 지금 있는 자리에서 느끼고 더 이상의 감정과 행동이 뒤따르지 않지만 공감은 용기 있는 결단을 하여 고통으로 위협받고 있는 현장으로 달려갑니다. "연민이 내 삶을 파괴하지 않을 정도로만 남을 걱정하는 기술이라면, 공감은 내 삶을 던져 타인의 고통과 함께하는 삶의 태도다." 수전 손택의 《다시 태어나다》에 나오는 글입니다.

공감 능력이 있는 사람은 지금 여기서 내가 누리는 행복도 보이지 않는 가운데 누군가가 노력한 덕분이라고 생각하는 습관을 갖고 있습니다. 단순히 한 번 생각하는 게 아니라 그렇게 생각하는 습관을 갖고 있어서 생각과 삶이 분리되지 않습니다. 공감 능력이 있는 사람은 우리가 편리하게 사는 것은 누군가의 힘든 노동 덕분이라고 생각합니다. 우리가 겪었던 불편함이나 복잡함을

 첫 번째 생각 여행 감수성

다른 누군가가 대신 해결했을 뿐입니다. 바로 이런 사실에 주목한 사람이 아마존과 야후에서 유저 인터페이스 최고 책임자로 일했던 컴퓨터 과학자 래리 테슬러입니다. 그는 인간이 경험하는 편리함과 단순함의 실체를 '복잡성 보존의 법칙'으로 설명합니다. 복잡함의 총량은 정해져 있는데, 만약에 공급자가 복잡함을 더 짊어지면 그만큼 소비자는 단순함을 즐길 수 있게 된다는 것입니다. 마트에서 카트를 끌며 쇼핑을 한 다음, 차에 쇼핑한 상품을 싣고 카트를 아무 데나 버리는 사람이 많습니다. 아무 데나 버려진 카트는 다시 아르바이트하는 사람이 정리합니다. 아르바이트하는 사람의 불편함과 수고와 정성 덕분에 쇼핑을 즐기는 사람이 편리하게 카트를 이용할 수 있다고 생각하는 사람이야말로 공감 능력이 있는 것입니다. 공감 능력을 지닌 사람은 자신이 쌓은 전문성도 사회적 합작품이라고 생각합니다. 한 개인의 외로운 노력으로 전문성을 쌓은 것이 아니라 전문성과 직간접적으로 관련된 무수히 많은 사람과 환경 덕분에 생긴 협동의 산물이라고 생각합니다.

　공감 능력은 4차 산업혁명 시대의 인재가 갖추어야 할 가장 소중한 능력입니다. 머리는 좋지만, 타인의 아픔에 공감할 줄 모르는 인재가 리더가 되면 문제가 생겼을 때 현명하게 해결하기가 어렵습니다. 소통과 공감을 통해서 협업을 유도하고 융합을 통해 새로운 창조를 일으키는 리더십을 발휘하는 게 리더의 가장 중요한 덕목입니다. 하지만 살면서 타인의 입장이 되어본 적이 별로 없으면 독단적 의사결정을 하게 됩니다. 자만과 오만에 빠져 현장과 무관한 책상 기획을 양산할 수 있기 때문입니다.

타인을 감동하게 할 수 있는 사람은 타인에게 감동한 경험이 많은 사람입니다. 타인에게 감동한 적이 없는 사람은 타인의 목소리에 귀를 기울이지 않고 별 볼 일없는 이야기라고 치부하는 경우가 많습니다. 타자의 입장이 되어 힘든 체험을 해보지 못한 사람은 타인의 이야기가 와 닿지 않고 이해도 되지 않습니다. 당연히 감동하기보다 분석하고 따져보려는 논리적 편단이 앞섭니다. 느낌을 가슴으로 받아들이지 않고 머리로 계산하려는 이유는 그런 느낌이 오는 체험을 해보지 않았기 때문입니다. 결국, 공감 능력이 뛰어난 사람이 더 깊은 감동도 받고 타인을 감동하게 할 수 있는 능력과 여유도 생기는 법입니다. 공감과 감동, 나아가 감탄을 주고받는 삶일 때 행복은 언제나 우리 곁에서 미소 짓습니다.

첫 번째 생각 여행 감수성

02 첫 번째 생각 여행 감수성

지하철에서 자리를 잡으려면
느낌부터 믿어라!

지하철을 타는 순간 가장 먼저 확인하는 것은 빈자리가 있나 없나를 살피는 일입니다. 만약 빈자리가 없으면 금방 내릴 것 같은 사람 앞에 서 있어야 합니다. 여기서 문제는 누가 금방 내릴지를 순식간에 판단하는 일입니다. 누가 금방 내릴지는 머리로 알기 이전에 가슴으로 먼저 느낍니다. 이렇듯 대상에 대한 느낌은 대상에 대한 앎보다 먼저 옵니다. 그렇다면 '누가 내릴 것 같다'는 느낌은 언제 오는 걸까요? 그동안의 경험이 축적되어 한순간에 다가옵니다. 예컨대 금방 내릴 것 같은 사람은 주로 전철 노선도를 확인하거나 보던 책을 덮고 가방을 챙긴다거나 행동거지나 표정이 불안합니다. 이렇게 나타나는 산만한 현상들이 데이터입니다. 바로 이런 데이터를 종합해보면 느낌이 옵니다. 데이터의 논리적 조합이 순식간에 일어나면서 미래 현상에 대한 어렴풋하지만 나름의 확고부동한 신념이 결부된 느낌이 다가오는 겁니다. 아무 의미 없이 발생하는 산만한 현상, 즉 데이터를 조직화·구조화·체계화하면 정보로 바뀝니다. 정보는 데이터보다 더욱 강력한 느낌을 제공합니다. 정보는 데이터보다 미래 현상을 예언할 수 있는 힘이 큽니다. 지하철에서 자리를 차지하고 싶다면 산만한 현상을 발생하는 사람 앞에 서 있어야 합니다.

지의 예측대로 금세 내릴 것 같은 사람이 다음 역에서 내렸습니다. 그런데 제가 앉으려고 하는 순간, 예기치 못한 불상사가 발생합니다. 방금 내린 사람 옆 자리에 앉아 있던 이가 순식간에 자

출처: http://photo.naver.com/view/20100318181047739993 / 앤디님 포토갤러리(윤의성)

첫 번째 생각 여행 김수성

리를 옆으로 옮겨 내 앞 빈자리를 차지하고는 본인 앞에 서 있던 친구를 자기 자리에 앉히는 것입니다. 맙소사! 그야말로 순식간에 일어난 사건이었습니다. 전혀 예상하지 못한 현상이 눈앞에서 펼쳐졌습니다.

이렇듯 삶은 언제나 예기치 못한 불확실성으로 가득 차 있습니다. 생각대로 되지 않으며 계획대로 순조롭게 풀리지 않는 일이 많습니다. 저의 뛰어난 예감에 따라 금방 내릴 것 같은 사람 앞에 서 있었지만 결국 저는 자리를 못 앉고 맙니다. 제가 갖고 있는 정보를 실제 상황에 적용했지만 실패한 것입니다. 자리에 못 앉게 된 이유는 빈자리 옆에 앉아 있던 사람이 내 앞자리로 옮겼기 때문입니다. 살다보면 이렇듯 제 느낌대로 되지 않는 현실이 얼마든지 있을 수 있습니다. 이것이 바로 반증反證입니다.

사람은 실패를 통해 실력을 키웁니다. 진정한 실력은 색다른 실패 경험을 통해 생깁니다. 색다른 실패는 색다른 실력을 쌓아주는 원동력입니다. 한 번의 실패를 통해 저는 반성하고 성찰합니다. '자리를 잡는 데 왜 실패했을까?' 생각하면서 제가 취했던 행동을 분석하고 다음번에 자리를 차지하려면 어떻게 해야 할지 반성해 봅니다. 또다시 같은 실수를 반복하지 않으려면 이전의 행동과 다른 행동을 취해야 합니다. 다음부터는 금방 내릴 것 같은 사람 앞에 서 있되, 종전과는 다른 자세로 서 있어야 합니다. 금방 내릴 것 같은 사람 앞에서 약간 사선으로 서 있는 것입니다. 금방 내릴 것 같은 사람이 어느 쪽으로 내릴지 그 방향에 따라서 제가 서 있는 모습을 결정하고 보다 빨리 빈자리를 차지하기 위한 자세로 서 있는 방향과 각도를 조정합니다. 그렇지 않으면 자리를 차지하지 못할 수 있기 때문입니다. 이렇게 기존 정보를 실제 상황에 적용하며 몸에 각인되는 과정에서 지식이 탄생합니다. 지식은 정보를 실제 적용하면서 체화되는 과정에서 만들어지며 이런 지식은 정보보다 미래 현상을 예언할 수 있는 파워가 더 큽니다.

이렇게 정보에 나의 체험적 깨달음과 느낌이 추가되면 비로소 정보가 지식으로 바뀝니다. 이런 지식이 계속 축적되면서 지혜가 생기기 시작합니다. 지혜는 육감이자 영감이며 통찰력이자 직관이요 굳이 조목조목 따지고 분석하지 않아도 느낌으로 알 수 있는 고도의 안목이자 혜안입니다. 지혜를 쌓은 사람은 이제 지하철이 잠시 후 도착한다는 안내방송을 들으면서 지하철 가운데 대강 몇 번째 칸에 빈자리가 많을 것이라는 뛰어난 육감까지 발휘합니다. 이것이 지혜의 무서운 예언력입니다. 지혜는 지식에서 나오고 지식은 정보에서 나오며 정보는 데이터로부터 생깁니다. 지혜가 생기는 연쇄고리에 문제 상황에 대한 객관적 분석과 논리적 설명력도 관여되지만 더욱 중요한 것은 느낌입니다. 최고의 앎은 느낌으로 아는 것입니다.

첫 번째 생각 여행 **감수성**

03 첫 번째 생각 여행 감수성

'앎'은 속이지만 '느낌'은 속이지 않는다!

앎은 속일 수 있지만 느낌은 속일 수 없습니다. 가슴으로 느낀 감정이 머리로 올라가면서 희석되고 탈색되며 변색되는 것입니다. 느낌은 솔직합니다. 느낌이 앎으로 전환되는 과정에서 주관적 감정을 논리적 언어로 바꿉니다. 논리적 언어는 감성적 느낌을 모두 담아낼 수 없습니다. 우리는 아는 것보다 더 많은 것을 느낍니다. 가슴으로 느낀 점을 머리가 모두 이해할 수 없습니다. 머리는 생각하지만 가슴은 느낍니다. 우리는 지금까지 느낌보다 생각의 중요성을 강조해왔습니다. 생각하는 인간, 호모 사피엔스는 지금까지 철학의 중요한 탐구대상으로 간주되어왔을 뿐만 아니라, 모든 학교교육에서 최우선적으로 개발해야 될 분야였습니다. 느낌은 변덕스럽기에 합리적이고 객관적인 생각이나 이성의 지배를 받아야 한다고 생각해왔습니다. 그래서 '따뜻한 가슴 warm heart' 보다 '냉철한 이성 cool head'을 강조했던 것입니다.

"머리에 두 손을 얹고 생각하라."라고 하지 않고 "가슴에 두 손을 얹고 생각하라."라고 합니다. 상식적으로 머리가 생각하는 것 같지만, 사실은 가슴이 생각하는 주체이고 머리로 생각하는 것보다 가슴이 생각하는 것이 더욱 진정성이 있습니다. 머리는 거짓말을 하지만 가슴은 거짓말을 못하기 때문입니다. 가슴으로 대상이나 사람에 대해 느낀 점을 머리로 생각하기 시작하면서부터 이른바 잔머리를 굴리기 시작합니다. 오만 가지 잡생각으로 느낌을 어떻게 표현할지 구상하기 시작합니다. 그때부터 느낌은 느낀 대로 표현되지 않고 논리적 언어로 재단되기 시작합니다.

생각을 의미하는 한자 '思'는 '밭田+마음心'의 합성어입니다. 밭을 의미하는 '田'은 본래 인간의 숨골, 즉 '이성'을 의미합니다. 감성心의 기초 위에 이성田이 작동되는 것이 생각 '思'입니다. 생각 '思'를 보면 마음이 밑에 있고 그 위에 생각이 있습니다. 생각도 마음을 기반으로 작동되어야 한다는 의미입니다. 감성은 대상에 대한 가장 정직한 느낌입니다. 그래서 머리로 판단하기 전에 가슴으로 먼저 느껴야 하는 것입니다. 느낌이 오지 않는데 계속 논리적으로 설명하면 설령 이해가 되었어도 마음이 후련하지 않고 찝찝한 느낌이 남습니다. 논리적으로 '설명'하면 지루해하지만, 감성적으로 '설득'하면 눈에 광채가 납니다. 감성적 '설득' 없이 논리적 '설명'으로 일관할 경우 "그래 너 잘났다. 너나 잘해라!"라고 상대방을 비아냥거리기도 합니다. 가슴 속 깊이 공감을

출처 : http://blog.naver.com/pinkpalas?Redirect=Log&logNo=150047585336 / pinkpalas님 블로그

불러일으키지 못했기 때문입니다. 머리로 이해는 되지만 가슴으로 느껴지지 않으면 행동으로 옮기지 않습니다. 마음이 움직여야 감동感動이 다가옵니다. 감동해야 행동行動합니다.

세상을 지배하는 사람은 머리보다 마음을 뒤흔드는 사람입니다. 위대한 리더일수록 팀원의 머리가 아닌 마음을 공략합니다. 리더는 시간이나 일을 관리하지 않고 팀원의 마음을 관리합니다. 마음을 움직이면 시간과 일은 팀원이 알아서 관리합니다. 나아가 지금하고 있는 일에 몰두하고 몰입하며 열정을 쏟아 붓습니다. 팀원은 자신의 마음을 알아주는 리더에게 자신의 모든 것을 던집니다. 불광불급 不狂不及입니다. 즉 미치지 않으면 不狂 미칠 수 없습니다 不及.

프랑스의 시인 보들레르는 늘 취醉하라고 했습니다. 취醉하지 않으면 취取할 수 없습니다. 취한다는 이야기는 술에 취하는 것이 아니라 사랑하는 대상에 흠뻑 빠지는 일입니다. 무엇인가를 얻고자 한다면 무엇인가에 흠뻑 빠져야만 합니다. 빠지지 않으면 절대로 이룰 수 없습니다.

04 첫 번째 생각 여행 감수성

'머리 아픈 것'과
'가슴 아픈 것'은
하늘과 땅 차이다!

머리 아픈 것과 마음 아픈 것의 차이를 시어머니와 친정어머니의 아픔에 빗대어 설명해보겠습니다. 시어머니가 아프면 머리가 아프고 친정 엄마가 아프면 마음이 아프다고 합니다. 물론 모두 그런 것은 아닐 것입니다. 머리가 아픈 것과 가슴이 아픈 것의 차이를 상징적으로 보여주기 위한 사례에 불과하겠죠. 그런데 여기에는 우리가 주목해야 할 차이가 분명 존재합니다. 시어머니의 아픔은 머리로 이해할 수 있지만, 친정 엄마의 아픔은 가슴으로 절절하게 다가옵니다.

사례를 하나 더 소개합니다. '논문 쓰기'와 논문 뒤의 '감사의 글쓰기'에도 머리가 아픈 것과 가슴이 아픈 것의 차이를 잘 보여줍니다. 논문을 읽으면서 감동적인 느낌을 갖기는 어렵습니다. 그런데 논문 뒤의 감사의 글은 눈물이 납니다. 논문은 주로 논리적 설명으로 이루어져 있지만, 논문 뒤의 감사의 글은 논문을 쓰면서 겪은 아픈 사연과 어려움을 극복하고 마침내 논문을 완성한 스토리가 담겨 있기 때문입니다. 논문에는 주관적인 느낌이 들어가서는 안 된다고 훈련을 받습니다. 느낌은 변덕스럽고 주관적이기에 논문의 객관성을 떨어뜨리는 장본인이라고 생각하기 때문입니다. 논문論文은 논리論理라고 말합니다. 논문에 동원되는 논리적 설명의 내상은 현실이고 현상입니다. 현실이 살아 숨 쉬는 현장에는 수많은 사물과 사람, 그리고 사람과 사물, 사람과 사람, 사물과 사물 간의 관계가 숨 쉬고 있습니다. 관계는 논리적 관계도 있지만 논리 이전의 교감과 공감의 감성적 관계도 있습니다. 한 마디로 감정의 연대망을 기반으로 이루어지는 돈독한 정서적 관계가 형성되지 않으면 논리적 관계를 기반으로 아무리 설명해도 이해는 되지만 왠지 뒤끝이 남습니다. 가슴으로 와 닿지 않기 때문입니다. 체험의 공감대가 형성되지 않은 상태에서 논리적 이성에 호소하면 '골 때린다'고 합니다. 머리가 아픕니다. 마음이 움직이지 않고 머리만 아플 경우 후속적 실천으로 연결되지도 않습니다.

 첫 번째 생각 여행 감수성

행동으로 옮기는 경우는 대체로 감동을 받았을 때입니다. 사연이 담긴 스토리가 사람의 마음感을 움직여動 감동感動을 전해줍니다. 마음이 움직여야 감동이 옵니다. 감동받으면 결연한 행동으로 옮깁니다. 감동을 주지 못하는 지식은 관념의 파편으로 머릿속에 야적野積됩니다. 감동을 주는 지식이 되려면 지식을 창조하는 과정에서 결연한 용기와 체험적 통찰력, 그리고 자신의 애틋한 스토리로 재구성해야 합니다. 스토리story는 그 사람의 삶을 엿볼 수 있는 작은 히스토리history입니다. 삶의 단면을 엿볼 수 있는 한 사람의 히스토리는 그 사람의 시련과 '역경'을 극복하고 반전과 역전 속에서 아름다운 '경력'을 만들어낸 드라마drama입니다.

　지식은 빈틈없는 논리이기도 하지만 마음을 움직이는 촉매제이기도 합니다. 마음을 움직이지 못하는 지식은 실천으로 연결되지 않는 관념의 파편으로 전락할 수 있습니다. 그래서 '지식'보다 '의식'이 중요합니다. 사회현상에 대한 논리적 '지식'보다 사회현상을 어떤 '의식'으로 바라보는지가 중요합니다. '지식'으로 전문성을 키웠지만 '의식'으로 타인을 배려하는 양심이나 따뜻한 마음이 없다면 그 '지식'은 해가 되고 독이 됩니다. 의식 없는 지식은 풍전등화風前燈火이며, 지식 없는 의식은 사상누각沙上樓閣입니다. 의식 없는 지식은 바람 앞의 등불처럼 언제 꺼질지 모르는 가벼운 설명으로 전락할 수 있으며, 지식 없는 의식은 모래 위에 지은 집처럼 근거가 확고부동確固不動하지 않아서 순식간에 사라질 수 있습니다.

혹시 지금 머리가 아프십니까? 아니면 가슴이 아프십니까? 머리가 아프다면 생각대로 문제가 해결되지 않아서 생기는 '고민'의 결과이고, 가슴이 아프다면 뜻대로 되지 않아서 생기는 '고통'의 결과일 것입니다. 고민해서 해결되는 문제는 별로 없습니다. 고통체험을 통해서 깨달아야 머리가 맑아지고 느낌도 옵니다. 예전과는 다른 느낌이 다가올 때 머리는 긴장하고 가슴은 뛰기 시작합니다. 머리가 아픈 이유는 실천하지 않고 고민만 해서 나타나는 증상입니다. 실천하지 않고 고민만 하는 사람에게 줄 수 있는 약은 두통약밖에 없습니다.

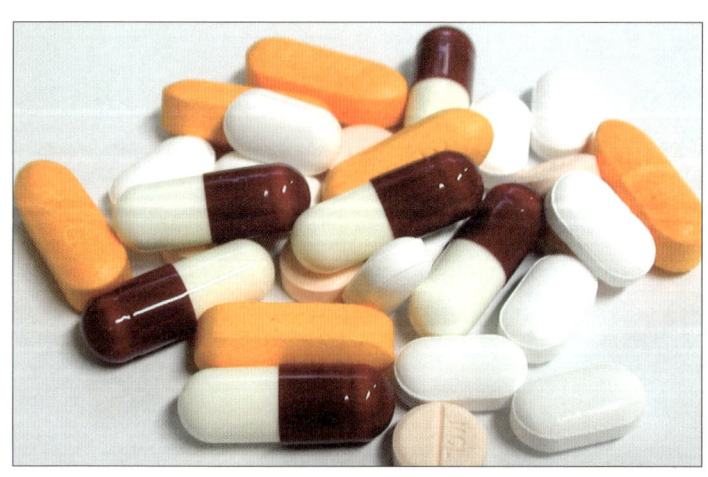

05 첫 번째 생각 여행 감수성

'재미'가 있어야
'의미'를 찾을 수 있다!

낙하산 공장 사장님이 있었습니다. 그 사장님의 바람은 낙하산 불량률을 낮추는 일입니다. 그런데 도무지 낙하산의 불량률이 떨어지지 않았습니다. 결국 GE에서 큰 성과를 거두었다는 6시그마 경영혁신 기법을 도입했습니다. 그러나 불량률은 그대로입니다. 6시그마는 불량률 제로에 도전하는 경영혁신 기법입니다. 그런데 6시그마를 도입한 이후 직원들은 여섯 시가 되기만을 기다렸다가 정각 여섯 시가 되면 "여섯 시구만."이라는 말을 하면서 퇴근해버렸습니다. 6시그마를 "여섯 시구만."이라는 말로 이해한 걸까요?

마침내 낙하산 공장 사장님이 고민 끝에 기발한 아이디어를 제안했습니다. '내일부터 본인이 만든 낙하산을 본인이 직접 메고 뛰어내리는 불량률 테스트를 실시한다!'고 선언한 것입니다. 사장님은 다음 날부터 직원들을 헬리콥터에 태우고 하늘로 올라가 직원들 한 명씩 낙하시키는 불량률 테스트를 실시했습니다. 그 순간부터 낙하산 불량률은 제로가 되었습니다. 낙하산 불량률 제로의 비결은 자신의 목숨이 걸린 낙하산 만드는 일에 목숨 걸고 만들었다는 데 있습니다. 사람은 목숨이 걸린 일에는 목숨을 겁니다. 목숨이 걸리지 않은 일은 내 일이라고 생각하지 않습니다. 대강, 대충, 발을 담급니다. 대강, 대충, 발 담그고 하는 일에는 아예 성과가 안 나올 수도 있습니다.

한편, '재미'는 일정기간 감정적 흥분이 지속되는 상태입니다. '의미' 없는 '재미'는 한바탕의 즉흥적 웃음거리밖에 되지 않습니다. 코미디나 개그를 보고 1주일 내내 감동이 가슴에 자리 잡는 일은 드뭅니다. 한바탕의 웃음이기 때문입니다. 분명히 웃고 즐기며 시간을 보냈건만 시간이 지나면 웃음이 주는 '의미'가 생각나지 않는 경우가 많습니다. '의미'는 억지로 생각나지 않습니다. 그러나 '재미' 있을 때 '의미'는 저절로 생겨납니다. '의미' 심장한 '재미'가 진짜 '재미' 있는 것입니다. '재미'가 붙으면 누가 뭐라고 해도 아랑곳하지 않습니다. '재미' 있는 일 속에 '의미'가 살아 숨

쉬기 때문입니다. 그래서 '재미'는 몰입의 전제조건입니다. 몰입하려면 무조건 나에게 '재미'있어야 하고, '의미' 심장하게 다가와야 합니다. 성공한 사람들의 공통점은 자신의 일을 '재미'있게 한다는 점입니다. '재미'있는 일을 하다보면 시간이 가는 줄 모르고 그 일에 빠집니다. '재미'있으니까 몰입하는 것이고 몰입하다보면 자신도 모르는 사이 전문가가 되는 것입니다. '재미'있게 하다보면 창의적인 아이디어가 저절로 솟아납니다. 아이디어는 짜내는 것이 아니라 재미있게 일하면서 자연스럽게 흘러나오는 것입니다. 창의적인 사람들의 공통점은 무슨 일이든 재미있고 신나게 즐겼다는 점입니다. '재미'는 내가 잘 할 수 있는 분야, 내가 하지 않으면 마음이 불편한 분야를 골라 내일처럼 즐기며 할 때 생겨납니다. 내 일을 재미와 결부하여 사는 사람의 하루하루는 즐겁게 마련입니다. 짜증을 부리거나 누구를 탓할 겨를조차 없습니다. 그러나 내 일이 아니고 남의 일, 회사의 일이라고 느껴지는 순간부터는 대강, 대충 발을 담그고 마지못해 어쩔 수 없이 주어진 일을 합니다. 하는 일이 재미없고 회사 다니는 일이 신나지 않는다면 절대로 몰입할 수 없습니다. 대강, 대충 처리합니다. 맡겨진 일, 주어진 일, 어쩔 수 없이 해야 하는 일을 억지로 하면 절대로 '재미'있을 리 없습니다. 그렇다면 재미있고 잘 할 수 있는 일은 무엇일까요? 다름 아닌 내가 하면 재미있는 일이 내가 잘 할 수 있는 일입니다. 바꾸어 말해 내가 하면 재미있는 일이 내가 성공할 수 있는 일입니다. 내가 하면 재미있는 일이 전문가가 될 수 있는 일입니다.

지금 여러분의 일은 얼마나 재미있습니까? 그 일만 생각하면 가슴이 뛰고, 주먹이 불끈 쥐어지고, 자다가도 벌떡 일어나게 됩니까? 그 일이 의미심장하게 다가옵니까? 만약 그렇지 않다면 당장 재미있는 일을 찾아 나서야 할 것입니다. 아니면 재미없는 일을 재미있게 할 수 있도록 방법을 고민해야 합니다. 자신의 일을 재미있게 즐기다 보면 행복도 성공도 뒤따라옵니다. 행복한 사람, 성공한 사람은 지금 자신의 일을 즐기는 사람입니다.

06 첫 번째 생각 여행 감수성

'설명' 대신
'설득'으로 다가서라!

언제부터인지 '설득'보다 '설명'이 난무해진 세상입니다. 훌륭한 논리적 설명은 이성을 움직이지만 판단과 의사결정을 내리도록 하는 감성을 움직이지는 못합니다. 설명은 자신이 직접 체험해보지 않은 지식으로도 가능하지만 설득은 자신이 직접 체험하지 않고서는 불가능합니다. 왜냐하면 체험해보지 않고서도 이해할수는 있지만, 체험해보지 않고서는 느낄 수 없기 때문입니다. 설명은 머리로 하지만 설득은 가슴으로 합니다. 그래서 설명은 이성과 짝을 이루고 설득은 감성과 짝을 이룹니다. 설명은 논리적이라는 말이 어울리고 설득은 감성적이라는 말이 어울립니다. 논리적 설명과 감성적 설득은 조화를 이루지만, 논리적 설득과 감성적 설명은 왠지 부자연스럽습니다. 설명은 논리적으로 머리를 자극하지만 설득은 감성적으로 가슴을 두드립니다. 마음이 움직이지 않고 머리만 움직일 경우 머리만 아플 것입니다. 마음으로 호소해서 동정심을 얻거나 공감대를 형성하지 않고 논리적인 설명으로 일관하면 이해는 시킬 수 있지만 마음을 얻을 수는 없습니다.

'together'의 의미가 'to+get+her'의 의미라는 분석도 있습니다. 그녀를 얻기 위해 그녀를 도와준다는 의미라고 합니다. 그녀의 마음을 사로잡으려면 그녀의 마음을 읽고 훔쳐야 합니다.

은밀한 설득은 머리를 움직이는 '논리적 설명' 이전에 마음을 휘젓는 '감성적 설득'입니다. 'Natan'이라는 주얼리 광고를 보면 감성적 설득을 통해 한 여성의 마음을 훔치는 작업이 얼마나 위대(?)한지 실감할 수 있습니다. 남자가 여자에게 보석을 보여줍니다. 보석을 보여주기 전에는 여자가 마음을 열지 않다가 보석을 보여주고 나니까 여자가 순식간에 마음을 활짝 연다는 광고입니다. 도발적인 섹스어필 광고지만 그만큼 마음을 누군가에게 빼앗기면 대책이 없다는 의미입니다.

예를 하나 더 들자면, 뱀장수는 뱀을 팔지 않고 뱀에 대한 자신

 첫 번째 생각 여행 김수성

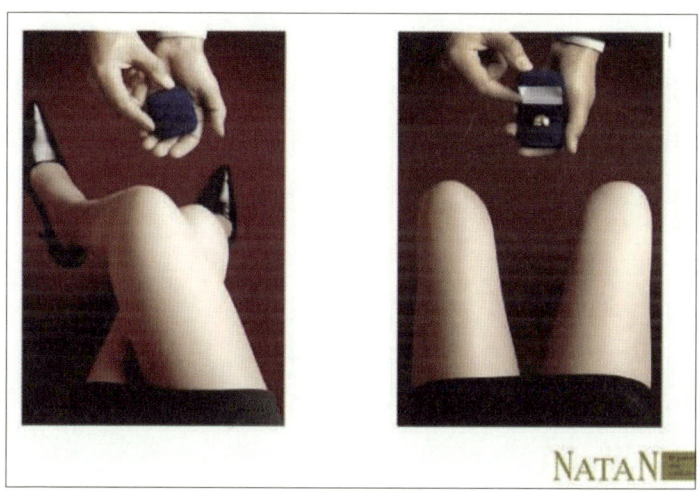

의 신념과 철학을 팝니다. 뱀장수는 뱀의 약효를 논리적으로 설명하지 않고 뱀의 약효에 대한 자신의 신념과 철학을 갖고 감성적으로 설득합니다. 자신이 직접 먹어본 것처럼, 자신의 체험담으로 고객의 마음을 훔칩니다. 우선 고객의 마음을 휘저은 후 서서히 뱀의 약효에 대해 논리적 설명을 덧붙입니다. 여기서도 설득이 먼저고 설명이 나중입니다.

이성적 또는 논리적 설명과 감성적 설득은 새의 양 날개처럼 언제나 조화와 균형을 맞추어야 합니다. 문제는 논리 이전에 감성이, 설명 이전에 설득이 이루어져야 한다는 사실입니다. 설득당한 사람에게 논리적 근거를 제시하면 빼도 박도 못하고 속수무책으로 빠져버립니다. 일단 설득에 넘어가 빠진 사람은 빠져나오기 어렵습니다.

　감성적 설득 없이 논리적으로 설명하면 지루하고 재미없습니다. 이해는 가도 재미가 없고 의미심장하게 느껴지지 않습니다. 논리적으로 설명만 일삼으면 머리 아파하지만 감성적으로 설득하면 눈에 광채가 납니다. 감성은 대상에 대한 가장 정직한 느낌입니다. 우리는 누구나 머리로 판단하기 이전에 가슴으로 먼저 느낍니다. 느낌이 와야 논리적 설명을 듣고 이해하려고 노력합니다.

첫 번째 생각 여행 **감수성**

느낌이 오지 않으면 무엇인가를 이해하려는 의식적인 노력을 포기합니다. 거기서 이해하려는 노력을 멈추고 상대방을 곱지 않은 시선으로 바라보기 시작합니다. 당연히 소통疏通은 단절되어 불통不通되며, 심지어는 분통憤痛이나 울화통이 터집니다. 이렇게 되면 아무리 논리적으로 옳고 타당한 설명이라고 해도 들으려고 하지 않는 것입니다.

두 번째 생각 여행

Imagination

상상력

'일상'에서 '상상'해야 '비상'할 수 있습니다

상상력은 타인의 아픔을 치유하기 위해 다양한 아이디어를 제시할 수 있는 능력입니다. 상상력은 구체적인 일상에서 남다른 관심을 갖고 생각 너머의 생각을 구상할 수 있는 능력입니다. 상상력은 일상에서 시작, 비상하는 꿈을 꾸는 불굴의 의지이자 도전정신의 다른 이름입니다. 누구나 상상할 수 있지만 상상한 것을 반드시 실현시키겠다는 의지와 도전정신으로 무장한 사람은 적습니다. 인류 문명은 남다른 상상을 발휘한 사람들의 끈질긴 도전과정에서 만들어진 결과입니다. 그래서 인류의 한계는 기술의 한계가 아니라 상상력의 한계입니다. 내가 상상할 수 있는 가능성의 높이가 내가 성장할 수 있는 가능성의 한계를 규정합니다.

01 두 번째 생각 여행 상상력

'상상'은 '일상'에서 시작된다!

'일상'에 대한 관심과 관찰에 근거하지 않는 '상상'은 의미 없는 '공상'이나 헛된 '망상'으로 끝날 수 있습니다. 쓸데없는 '환상'에 사로잡혀 허황된 꿈만 꾸는 몽상가는 많지만 일상을 유심히 관찰하면서 새로운 통찰력을 얻는 사람은 드뭅니다. 상상력은 거창한 아이디어를 구상하는 게 아닙니다. 누구에게나 평범한 일상 속에서도 얼마든지 남다른 상상을 할 수 있는 능력이 잠재되어 있습니다. 문제는 평범한 일상을 너무나 당연한 것으로 간주하거나 늘 언제나 그래왔던 것으로 치부하기 때문에 상상력이 싹트지 않는 것입니다. '상상'은 밑도 끝도 없는 뜬구름 잡는 생각이 아닌 구체적인 현실에서 출발합니다. '상상'이 '공상'이나 '망상' 또는 '환상'이나 '몽상'과 다른 점은 '상상'은 구체적인 '일상'에서 시작한다는 점입니다.

'상상'은 현실에서 느끼는 불편함을 해소하고 이를 치유하기 위해 발동되는 생각너머의 생각입니다. 그리고 '상상'은 반드시 일상에서 포착된 불편함을 감지하는 정서적 능력, 즉 감수성에 근거해야 합니다. 타인의 아픔을 치유하기 위해 아이디어를 '구상'하는 단계가 바로 '상상'입니다. '상상'이 일상에서 느끼는 불편함과 아픔에 근거하지 않을 경우 '상상'은 '허상', '몽상'으로 전락할 수 있습니다.

저는 고등학교를 공고로 진학하여 용접을 전공했습니다. 용접은 두 가지 철판을 용접봉으로 녹여서 하나로 붙이는 작업입니다. 한 겨울에 하는 용접은 따뜻하지만 한 여름에 하는 용접은 고욕 그 자체입니다. 물론 한 겨울 영하 10~20도에 가까운 한기가 느껴질 때 철판을 만져보면 손이 시린 정도가 아니라 섬뜩할 정도로 냉기가 피부 깊숙이 파고듭니다. 한편 한 여름에 하는 용접은 그야말로 열기와의 싸움입니다. 3,000도에 가까운 뜨거운 열기가 한 여름의 열기와 합쳐져 상상을 초월할 정도로 덥고 땀이 흐르는 견디기 어려운 작업입니다. 저는 용접만 생각하면 철판을

상상합니다. 철판이라는 사물에 담긴 애틋한 사연이 철판에 대한 저의 상상력의 원료입니다. 이게 바로 체험적 상상력입니다. 철판과 용접, 그리고 한 겨울 또는 한 여름에 철판을 만지면서 했던 용접 경험이 없는 사람은 철판과 용접, 한기寒氣 또는 열기熱氣가 연관되는 체험적 상상력을 발휘할 수 없습니다.

'사물'에 대한 '사람'의 '사연'이 그 사람의 상상력 수준을 좌우합니다. 용접의 핵심은 온도조절입니다. 제 삶에서 처음으로 겪게 된 실패 체험은 용접하면서 온도조절에 실패하여 2급 기능사 시험에서 낙방한 경험입니다. 온도조절을 잘 못해서 철판에 구멍이 뚫렸는데, 이왕 시험에 떨어진 김에 철판에 커다란 보름달 모양의 구멍을 뚫어버린 아픔이 있습니다. 철판만 생각하면 용접이 떠오르고 철판에 뚫은 커다란 보름달이 상상됩니다. 철판이라는 '사물'에 담긴 저의 애틋한 '사연'이 철판에 대한 체험적 상상력을 불러일으키는 셈이죠. 이처럼 상상력은 자신의 체험을 근간으로 발휘될 때 현실변화를 유도할 수 있는 창조적 상상력으로 발전합니다. 남다른 창조적 상상력을 지니기 위해서는 사물에 대한 남다른 체험을 통해 다양한 사연을 만들어갈 필요가 있습니다. 체험적 상상력이라야 창조적 상상력으로 발전할 가능성이 높습니다. 상상력은 구체적인 현실을 근간으로 자신이 체험한 아픔에 대한 회상이며, 그 아픔을 치유하기 위한 새로운 발상의 시작이기 때문입니다.

남들이 비웃는 괴짜 같은 '상상', 바보 같은 생각도 일단 실현되면 이 '세상'에서 아직 구현되지 않은 '이상理想'이 되는 법입니다. '공상'이든 '망상'이든 '잡상雜想'이든, 일단 현실에 적용할 수 있는 구체적인 노력과 의지가 중요합니다. '상상'한 것을 실현시키겠다는 불굴의 의지가 더해지면 '구상構想'이 됩니다. 여러분은

두 번째 생각 여행 **상상력**

'공상'과 '환상', '망상'과 '몽상'을 '상상'으로 연결시키려는 노력을 얼마나 전개하고 있습니까? 지나가다가 문득 떠오르는 온갖 '잡상'을 가슴 설레는 '상상'으로 발전시키고 마침내 구체적인 '대상'과 연결시켜 생각해보는 '구상'을 얼마나 집요하게 물고 늘어지고 있습니까? '일상'에서 만나는 구체적인 사물에 담긴 사연을 반추해보면서 그 사물이 사람과 만나는 접점에서 어떤 애틋한 사연을 간직하고 있는지 상상해본 적은 있습니까? 일상에서 겪은 불편함이나 아픔을 치유하기 위해서 '상상'의 날개를 펼쳐 본 경험이 있습니까? '일상'에서 시작하는 '상상'만이 '창조'로 연결될 수 있습니다.

02 두 번째 생각 여행 상상력

'상상'해야
'비상'할 수 있다!

라이트 형제가 인간은 날 수 있다는 '상상'을 시작하면서 인간도 새처럼 위대한 '비상飛上'을 할 수 있었습니다. '상상'은 언제나 '비상'을 꿈꿉니다. 인간은 날 수 없다는 상식적인 생각에 머물렀다면 비행기가 만들어질 수 없었을 것입니다. '비상'하는 '상상'을 해야 '상상'이 '현실'로 바뀝니다. 다가올 미래는 지금 우리가 무엇을 상상하는지에 따라 결정되는데 상상이 세상을 바꾸기 때문입니다. 지금 살고 있는 세상을 바꾸려면 지금과는 다른 상상을 해야 합니다. 상상력은 인류의 가능성과 한계를 결정하는 원

동력입니다. 상상은 고정관념과 타성, 습관적인 발상과 관행에 의문을 품으면서 시작됩니다. 왜 이렇게만 생각하는 것일까? 이런 아이디어는 어떨까? 습관화된 타성에 시비를 걸면서 새로운 상상을 해야 하는 것입니다. 새로운 상상만이 새로운 가능성의 문을 엽니다.

　잠을 자면서도 운동할 수 있는 기계, 3초 만에 화장을 하고 바로 출근할 수 있는 새로운 화장법, 강의하다가 힘이 들면 잠시 앉아 쉴 수 있는 바지 의자도 있습니다. 이런 결과물들은 상상했기 때문에 실현될 수 있었습니다. 문제는 상상하지 않기 때문에 상상을 초월하는 제품과 서비스가 나오지 않는 것입니다. 상상만이 새롭게 비상할 수 있는 일상의 제품과 서비스를 만들어냅니다. 강조하건대 상상력의 한계가 곧 인류의 한계일 것입니다.

　인류 문명의 한계, 국가와 기업발전의 한계는 기술의 한계가 아니라 상상력의 한계입니다. 상상하면 기술은 따라오는 것입니다. 인간이 어떤 상상을 하는지에 따라 개발될 기술도 달라집니다. 기술 개발은 단지 시간문제일 뿐, 상상력을 통해 우리는 불가능 속에서도 가능성의 문을 열 수 있고, 절망 속에서도 희망을 품을 수 있으며, 슬픔 속에서도 기쁨을 맛볼 수 있는 것입니다. 특히 상상력은 포기와 패배, 좌절과 절망 속에서 힘겨워하는 사람에게 현실을 박차고 꿈의 목적지로 인도합니다. 앞으로 우리가 맞이할 미래는 오늘 우리가 어떤 미래를 상상하는지에 따라서 결정될 것입니다. 물 끓이는 주전자에서 증기 기관차를 생각할 수 있는 힘은 상상력입니다. 사과가 나무에서 떨어지는 것을 대부분의 사람들은 당연하다고 했습니다. 그러나 아이작 뉴턴만이 '왜(?)' 하고 의문을 품고 질문을 했습니다. '왜?' 하고 의심을 품은 뉴턴이 세상을 이끌어가는 만유인력 법칙을 발견했고, 당연하다고 생각한 수많은 사람들은 뉴턴이 발견한 만유인력 법칙을 갖고 시험을 치릅니다. 시험문제를 내는 사람과 누군가 낸 시험문제로 시험을 보는 인생은 천지 차이입니다.

두 번째 생각 여행 상상력

모두가 당연하다고 생각하는 '일상日常'에 의문의 화살을 던질 때 '일상'에서 '비상'함을 발견할 수 있는 상상력이 발동되는 것입니다. '일상'에서 '비상非常'한 관심과 주목을 받는 아이디어를 찾으려면 상식적인 사람들의 생각에 통렬한 문제를 제기할 수 있는 몰상식한 발상이 필요합니다. 세상은 몰상식하고 비정상적이며 비합리적으로 '상상'해서 '구상構想'한 사람들이 이룩한 역사적 산물이기 때문입니다. 몰상식한 사람이 세상을 바꿉니다! 비정상적인 사람이 당연과 물론의 세계에 의문을 제기합니다! 비합리적으로 접근하는 사람이 합리적인 잣대로 재단되는 논리의 세계에서도 예측불허의 상상력을 발휘할 수 있습니다! '상상'해야 '비상飛上'할 수 있으며, '비상'할 수 있어야 '세상' 사람들로부터 '비상非常'한 관심을 받을 수 있습니다.

03 두 번째 생각 여행 상상력

'상상想像'은 '연상聯想'이다!

가수 '윤수일' 하면 〈아파트〉라는 노래를 연상하는 사람은 나이가 어느 정도 된 사람들입니다. 윤수일을 모르는 신세대도 많습니다. 한 시대에 많은 인기를 누렸던 가수를 떠올리면 그 가수의 대표작이 자연스럽게 연상됩니다. 막걸리를 생각하면 '파전', '비 오는 날', '등산', '주전자', '농사', '머리 아프다' 등이 함께 떠오르는 것과 마찬가지입니다. 막걸리라는 개념과 연관된 상상력은 해당 개념과 관련한 체험의 깊이 및 넓이와 관련이 있습니다. 나는 철판을 생각하면 보름달이 연상됩니다.

고등학교에 다니면서 전기용접 기능사 2급 자격증 시험을 볼 때 온도조절을 잘 못해서 철판에 구멍을 뚫어버렸습니다. 이미 합격은 물 건너간 시험이었습니다. 어차피 불합격할 시험이라는 생각에 용접봉을 녹여서 철판에 구멍을 크게 뚫었습니다. 그 이후로 철판만 생각하면 보름달이 연상됩니다. 아무 관계가 없는 철판과 보름달이 연결되어 상상력을 발휘할 수 있었던 이유는 내가 철판에 보름달 같은 구멍을 크게 뚫어봤기 때문입니다. 상상력은 체험적일 때 창조로 연결됩니다. 체험적 상상력이 아닐 경우 공상이나 허상, 망상이나 몽상, 환상일 경우가 많습니다. 특정 개념과 관련해서 해본 것이 많을수록 연상의 폭이 넓어지고 깊어집니다. 생각은 연상세계에서 벗어날 수 없습니다.

"그 사람의 사상은 그가 주장하는 논리 이전에 그 사람의 연상세계, 그 사람의 가슴에 있다고 믿습니다. 그 사람의 사상이 어떤 것인가를 알기 위해서는 그 사람이 어떤 연상세계를 그 단어와 함께 가지고 있는가를 묻는 것이 더 정확하다고 봐요." 이는 신영복 교수님의 《냇물아 흘러흘러 어디로 가니》에 나오는 구절입니다. 사상은 머릿속에 잠재한 논리가 아니라 특정 단어와 관련한 추억이 가슴에 축적된 연상이라고 합니다. '사상은 연상'이라는 말은 '상상도 연상'이라는 말로 해석할 수 있습니다. 상상은 주제와 관련된 단어에서 무엇인가를 연상하는 과정입니다. 한 사람의 상상력 수준과 정도를 점검해보는 가장 좋은 방법은 특정 단어를 제시하고 그 단어와 연상되는 게 무엇인지를 생각나는 대로 이야기해보는 과정을 관찰하는 것입니다. 연상력이 뛰어나다면 연상세계가 그만큼 풍부한 것입니다. 일상적으로 사용하는 단어와 관련해서 해본 게 별로 없으면 연상세계도 미천할 수밖에 없습니다. 결국 상상력을 기르려면 앉아서 생각만 할 것이 아니라 몸으로 부딪히는 체험을 통해서 해당 단어와 관련된 아름다운 추억을 많이 만들어가야 합니다.

"우리 삶에는 시간의 점이 있다. 이 선명하게 두드러지는 점에는 재생의 힘이 있어, 이 힘으로 우리를 파고들어 우리가 높이 있을 때는 더 높이 오를 수 있게 하고, 우리가 쓰러졌을 때는 다시 일으켜 세운다." 윌리엄 워즈워스의 《서곡》에 나오는 말입니다. 윌리엄 워즈워스는 과거의 경험이 추억으로 떠오르는 모든 체험 흔적을 '시간의 점 Spot of Time'이라는 용어로 표현했습니다. 어린 시절 부모님 손 잡고 떠났던 낯선 여행지에서 겪은 체험이나 우연히 집어 든 책 한 권이 준 강렬한 지적 충격도 시간의 점입니다. 누군가를 만나 잠깐이지만 깊은 인상을 받았거나 어떤 일을 하면서 돌이킬 수 없는 심각한 좌절과 절망 또는 말로 다 할 수 없는 강렬한 성취를 맛본 추억도 시간의 점입니다. 시간의 점을 연결하면 선이 되고 선을 연결하면 면으로 거듭납니다. 한 사람의 면모는 바로 그 사람이 만들어온 인생 곡선의 산물이고 인생 곡선은 그 사람이 삶의 매 순간 찍어온 수많은 점의 산물입니다. 결국, 내 삶은 내 몸에 찍은 또는 찍힌 점들의 집합이 나름대로 얼룩과 무늬를 만드는 과정입니다. 상상력이 풍부하면 연상의 세계가 깊고 넓다는 의미이며 연상의 세계가 깊고 넓으면 '시간의 점'이 풍부한 사람입니다.

"기억은 과거의 것만이 아니고 미래를 구축하기 위한 구성요소다. 기억의 폭이 좁을수록 미래를 폭넓고 독창적으로 구상할 가능성도 줄어든다. 기억을 먹여 살리는 방법은 몸을 먹여 살리는 방법만큼 중요하다. 개인의 경험은 부족한 식단이지만 남들에게 습득한, 사실상 살아 있거나 죽은 모든 인류에게서 습득한 간접 기억으로 보완할 수 있다. 기억이 빈약하면 이전에 가본 곳 말고는 앞으로 어디로 갈지를 상상할 수 없다." 시어도어 젤딘의 《인생의 발견》에 나오는 말입니다. 과거에 해본 게 별로 없으면 미래를 상상할 힘도 약해진다는 말입니다. 우리가 가능한 한 풍요로운 추억을 만들어나가야 하는 이유입니다. 풍요로운 추억은 시간이 지나도 생생하게 기억납니다. 그 당시 체험에 강렬한 감정이 동반되었기 때문입니다. 감정을 동반하지 않는 체험은 시간이 지나면 생각나지 않습니다.

더구나 새로운 자극이 들어오면 뇌 속에 저장된 기존 단어와 경험을 쉽게 엮어버립니다. 뇌는 다른 가능성을 모색하지 않고 기존의 생각과 생각을 연결하려는 욕구가 본능적으로 있습니다. 연상 장벽이 높을수록 색다른 연상이나 의외의 조합이 어려워집니다. 배추, 고추, 칼, 소나무를 제시하고 관계없는 것 한 가지를 골라내라고 하면 대부분의 사람은 칼이라고 대답합니다. 머릿속에 들어 있는 기존 범주에 따르면 배추, 고추, 소나무는 생물이고 칼은 무생물이어서 하나의 범주로 묶을 수 없기 때문입니다. 색다른 '상상'이 '무덤'에 갇히지 않으려면 그동안 경험해본 적이 없는 색다른 자극을 뇌에 제공해야 합니다. 동시에

'범주화'를 통해 '지름길'을 택하려는 뇌에 시비를 걸어야 합니다. 사물을 '범주화'하려는 두뇌에 의식적으로 맞설 때 우리는 '한계'를 넘어서서 '상상'할 수 있습니다.

04 두 번째 생각 여행 **상상력**

상상력은 에둘러 말하는
은유 속에 있다!

저는 지식의 창조와 공유과정을 에둘러 말하기 위해서 지식생태학을 공부하고 있습니다. 지식생태학은 지식을 관리의 대상으로 보면서 불특정 다수와 빠르게 지식을 공유하려는 서구적 지식경영의 개념이 갖는 한계를 극복하기 위한 대안 찾기 과정에서 만들어낸 조어입니다. 서구적 지식경영은 지식을 지식창조 주체와 분리·독립시켜 공유하고 습득할 수 있다는 개체론적 지식관에 근거합니다. 개체론적 지식관은 지식은 지식 소유자와 분리·독립시켜 마음대로 공유할 수 있다는 발상입니다. 예컨대 김치 담그는

두 번째 생각 여행 **상상력**

노하우를 오리지널 노하우를 갖고 있는 사람과 분리·독립시켜 매뉴얼로 만든 후, 지식관리 시스템을 통해 효율적으로 공유할 수 있다는 생각의 표현입니다. 그런데 지식관리 시스템에 저장된 김치 담그는 노하우에 관한 매뉴얼대로 김치를 담근다고 오리지널 김치 담그는 노하우를 갖고 있는 사람의 지식을 온전히 습득할 수는 없습니다. 김치 담그는 노하우는 그 노하우를 갖고 있는 몸에 체화되어 있기 때문입니다. 김치 담그는 노하우의 핵심은 손맛일 것입니다. 손맛은 매뉴얼로 만들 수 없고, 지식관리 시스템에 저장할 수도 없습니다. 김치 담그는 노하우를 습득하는 방법은 오리지널 노하우를 보유한 사람과 인간적 접촉을 통해 무수한 시행착오를 경험하면서 체득하는 방법이 전부입니다.

좀 다른 시각으로 상상력에 대해 접근해보겠습니다. 뒷 부분 창조성 테마에서 다시 다루겠지만 메타포는 '이연연상二連聯想'을 통해 생각 너머의 생각을 촉진해줍니다. 상상력의 핵심은 관계없는 것처럼 보이는 두 가지 이상의 개념을 연결해 색다른 가능성을 모색하는 과정에 있습니다. 예컨대 제가 요즘 즐겨 사용하는 지식 산부인과 의사라는 말은 제가 추구하는 지식창조의 메커니즘을 은유적으로 표현한 것입니다. 지식생태학과 산부인과학을 이종 결합하여 새롭게 조어한 개념입니다. 그런데 한 의사가 저에게 '적법한 절차를 거쳐 의사 자격증을 습득하지 않았으니 의사라는 말을 쓰지 마라'고 따지는 웃지 못 할 해프닝이 있었습니다. 대중을 상대로 의사도 아닌 사람이 의사라고 사기詐欺 치지 말고 사칭詐稱하지 마라는 주장입니다. 참으로 어처구니없는 주장에 말문이 막히고 말았습니다. 그렇다면 윤봉길 의사義士는 의사醫師인가? 의사 선생님은 선생님 자격증을 갖고 있는가? 구두대학병원은 병원인가? 구두대학병원을 차린 사람은 병원설립 허가증을 갖고 있는가? 이런 반론으로 젊은 의사의 속 좁은 생각에 일침을 준 적이 있습니다. '의사를 함부로 보지 마라'는 주장과 함께 '아무나 의사하면 안 된다'는 억지 반론에 '참으로 한심하기 짝이 없는 의사가 있구나' 하고 생각한 적이 있습니다.

아래에 한 초등학생이 그린 20년 후의 세계지도가 있습니다. 엄청난 상상력의 표현입니다. 상상만 해도 가슴 뛰도록 만드는 지

과연 이 지도를 그린 아이가 제국주의적 발상을 갖고 영토 확장의 꿈을 그린 걸까요? 이 지도를 보고 영토 확장의 꿈을 꾸는 제국주의적 발상이라는 시각을 갖는 건 어른들의 틀에 박힌 생각의 결과일 뿐입니다.

두 번째 생각 여행 **상상력**

도를 트위터에 올렸더니 한 사람이 반론을 제기하여 저를 아연실 색케 했습니다. "영토 확장은 꿈이 아니다. 제국주의적 발상이다. 더불어 살아가는 세상을 아이들에게 가르쳐야 한다."라고 주장하며 이런 지도를 아이들이 그리면 안 된다는 반론이었습니다. 아이들은 제국주의적 발상을 갖고 이런 지도를 그리지 않습니다. 순진무구하고 천진난만한 아이들의 상상력이 어른들의 고정관념이나 습관화된 생각의 틀에 막혀 무너지기 일쑤입니다. 상상은 "왜 안 돼?"라고 말하면서 발칙한 도전을 하는 가운데 이루어지는 생각 너머의 생각입니다. 상상력의 꽃이 피기도 전에 안 된다고 생각하면 상상력은 거기서 죽습니다. 현실에 대한 걱정이 앞서면 상상력은 자랄 기회조차 갖지 못합니다. 현실적으로 불가능해 보여도 가능성을 꿈꾸는 것이 상상력입니다.

　인간은 이성적으로 생각하기 이전에 미래에 대한 상상력을 먼저 발휘하기 시작했습니다. 인류 문명의 발전도 합리적이고 이성적으로 생각하는 사람보다 비합리적으로 상상하는 사람들에 의해서 현실적 한계와 제약조건을 뛰어넘는 도약을 통해 이루어져 왔습니다. 다른 상상을 하려면 다른 메타포를 동원해야 합니다. 직접 설명하는 직유법으로 보면 불가능해보이지만 다양한 대안을 꿈꿀 수 있는 은유로 현상을 바라보면 가능성의 문이 열립니다. 상상은 은유와 함께 무한한 도전을 가능케 합니다.

05 두 번째 생각 여행 상상력

나는 상상한다.
고로 존재한다!

이미지는 이매지네이션 imagination 의 원료입니다. 이미지는 상상력을 발동시키는 원천인 셈입니다. 여기 세 개의 이미지가 조합된 사진 한 장이 있습니다. 개, 공, 사과라는 이미지 배열이 어떤 배치나 위치를 염두에 둔 것은 아닙니다. 이미지 간에 순서나 특별한 상관관계는 없습니다. 세 가지 이미지가 특별한 목적의식 없이 배치된 그림은 무엇을 의미하는 것일까요? 혹자는 사과를 먹을지, 아니면 공을 먹을지 고민하는 개를 상징하는 그림이라고 해석합니다. 동일한 이미지를 각자 다르게 상상하고 해석할 수 있습니다. 이미지를

두 번째 생각 여행 상상력

공개사과라는 텍스트 메시지를 '공개사과'라는 이미지에 추가하는 순간, '공'과 '개', 그리고 '사과'가 만들 수 있는 상상의 가능성은 거기서 멈추고 다른 상상을 하지 않게 됩니다.

상상하는 과정에 체험이 작용하기 때문입니다. 체험을 통해 깨달은 인식이 이미지에 대한 상상력을 규제합니다. 각자各自는 자신의 경험과 기존 지식을 근간으로 다르게 생각하고 상상하며 깨닫는 존재, 각자覺者입니다.

　대학교수가 강의를 시작합니다. 5분이 지나면 5명이 졸기 시작하고 10분이 지날 무렵 10명이 졸기 시작합니다. 급기야 50분의 수업이 끝날 무렵 무려 50명이 다 졸기 시작하는 재미없는 강의가 많다고 합니다. 교수가 조는 학생에게 졸지 말라고 하면 그 학생은 거꾸로 "교수님이 졸게 했으니 교수님이 직접 오셔서 깨우세요."라고 항변합니다. 교수님은 당돌한 학생의 답변에 화가 났습니다. 그 학생을 가리켜 교수님은 "너 공개사과해."라고 합니다. 학생은 교수님 홈페이지에 '공'과 '개', 그리고 '사과'라는 이미지 파일을 올려놓고 아무런 메시지도 남기지 않았습니다. 한참을 생각해본 교수님은 그것이 '공개사과'라는 의미임을 뒤늦게 깨달았다는 이야기가 있습니다. 구체적인 텍스트 메시지로 커뮤니케이션하지 않고 텍스트 메시지에 해당하는 이미지로 커뮤니케이션한 사례라고 볼 수 있습니다.

하나의 이미지는 그야말로 다양한 상상력을 발동시킵니다. 동일한 이미지라고 해도 그것을 해석하는 사람의 입장과 관점에 따라 달리 해석될 가능성이 있습니다. 그러나 해당 이미지에 텍스트 메시지를 추가하는 순간, 상상력은 거기서 멈춥니다.

상상력은 가슴 뛰는 미래를 위한 능력이기도 하지만, 힘들고 어렵게 사는 사람들의 고통을 함께 치유하기 위한 공감 차원에서도 필요합니다. 상상력이 고통의 공감 차원에서 발동될 때 상상력은 타인의 아픔을 치유함으로써 아름다운 공존의 세계를 구축할 수 있는 원동력이 됩니다. 그래서 상상력은 뜬구름 잡는 이야기가 아니라 아름다운 삶에 없어서는 안 되는 일종의 휴머니즘이 됩니다. 상상력이야말로 인간을 다른 동물과 구분하는 가장 중요한 차별적 능력일 것입니다. '나는 상상한다. 고로 존재한다'는 명제는 '나는 생각한다. 고로 존재한다'는 명제보다 인간의 본질을 더욱 잘 표현해줍니다.

06 두 번째 생각 여행 상상력

대답(.)은 마침이지만,
질문(?)은 시작이다!

아이가 호기심 어린 눈으로 초등학교에 입학합니다. 모든 것이 의문의 대상이고 질문의 주제입니다. 이것저것 물어보지만 속 시원한 답을 얻지 못합니다. 그래도 끈질기게 물어보지만 여전히 돌아오는 답은 '당연히 그런 거'라고 합니다. '원래 그런 거'니까 의심하지 말라는 강요 아닌 강요를 받습니다. 점차 아이는 호기심을 잃어가고 당연, 원래, 물론의 세계에 길들여집니다. 그리고 '왜?'라는 질문보다 이미 정해져 있는 답을 외우기 시작합니다. 외우지 못하면 공부 못하는 아이가 되고 맙니다. 물음표를 가슴에 품고 학교에 갔지만 마침표를 찍고 집에 돌아오기 일쑤입니다. 그래서 아이는 더 이상 질문하지 않고 마음속의 물음표가 점차 마침표로 바뀌기 시작합니다. 물음이 없어지면 호기심과 궁금함도 사라지고 맙니다. 그리고 남다른 상상도 하지 않습니다. 상상력의 날개가 꺾이기 시작하면서 점차 창의력도 함께 퇴화되기 시작합니다.

어느 중학교 한문 시험에 '백문이불여일견 百聞而不如一見'이라는 한자말의 뜻을 적으시오'라는 문제가 출제되었습니다. 한 학생이 '백 번 묻는 놈은 개만도 못 하다 百問而不如一犬'라고 답을 적었습니다. 들을 문 聞자는 물을 문 問자로 볼 견 見자를 개견 犬자로 바꿔서 해석했습니다. 물론 교과서에 나오는 답과 비교하면 분명 틀린 답입니다. 그러나 마냥 야단칠 문제만은 아니라고 생각합니다. 상식을 깨는 기상천외한 답임이 분명합니다. 어떻게 이처럼 상상을 초월한 답을 구상했는지 그 사연을 알아보는 것이 더 의미심장한 교육적 의미가 될 수 있을 것입니다. 상상은 언제나 상식을 초월하는 발상에서 비롯되기 때문입니다.

많은 사람들이 정형화된 틀을 벗어나는 대답을 하면 무조건 답이 아니라고 생각합니다. 그리고 누가 어떤 기준으로 정답을 만들었는가에 의문을 던지지 않고 우선 당연한 것으로 받아들입니다. 교과서 문제의 답을 누구보다 빠른 시간 안에 찾아내는 능력을 중요하게 생각합니다. 정답 찾기 중심의 교육이 이루어지다 보니 정상궤도에서 벗어나 다른 생각을 할 시간적·정신적 여유가 없습니다. 문제를 4지선다형으로 출제하고 그 중 하나의 정답을 찾는 교육은 남다른 사고능력과 창의력을 길러주는 데 부정적인 결과만 제공합니다. 학생들은 주어진 시간 안에 많은 정답을 찾아서 맞히는 정답 찾기 선수가 되어가고 정상궤도에서 벗어난 답 찾기 노력은 원천적으로 봉쇄당하기 시작합니다. 교과서적 답이 유일한 정답이라고 생각하도록 길들여집니다. 길 밖의 길을 걸어가면서 다른 가능성을 생각해볼 여유가 없습니다. 그러나 답은 길 밖에 있는 경우가 더 많습니다.

창의적 발상은 창의적 문제해결보다 창의적 문제제기에 있습니다. '당신이 생각하는 답은 무엇인가요?What's your solutions?'보다는 '당신이 마음속에 품고 있는 질문이 무엇인가요?What's your question?'가 더 중요합니다. 이제까지 던지지 않은 질문을 던져야만 새 답을 구할 수 있습니다. 내가 던진 질문의 성격과 깊이가 내 삶의 방향과 의미심장함을 결정합니다. 질문의 차이가 '능력'의 차이를 가져옵니다! 능력의 차이는 질문의 차이에서 비롯됩니다. 내 능력을 향상시키려면 질문하는 능력을 키워야 합니다. 습관적으로 던지는 질문을 바꾸지 않으면 습관적으로 생각하고 행동합니다. 다른 고기를 잡으려면 다른 그물을 던져야 하듯이 다른 답을 얻으려면 다른 질문을 던져야 합니다. 하지만 질문에도 격이 있는 법입니다.

창의적 발상은
창의적 문제해결보다 창의적 문제제기에 있습니다.

'당신이 생각하는 답은 무엇인가요?' 보다는
What's your solutions?

'당신이 마음속에 품고 있는 질문이 무엇인가요?' 가
What's your question?

더 중요합니다.

두 번째 생각 여행 **상상력**

이것저것 생각나는 대로 던지는 질문은 삶의 질을 바꿀 수 없습니다. 문득 지나가다 생각나는 대로 던지는 질문은 잡념만 불러일으킵니다. 의미심장한 질문만이 삶의 의미를 다시 생각해보도록 만듭니다. 나는 어디로 달려가고 있는가? 내 삶의 목적은 무엇인가? 나는 누구인가? 내가 생각하는 행복한 삶은 어떤 삶인가? 등등….

　나이가 들면서 가장 불행한 일은 색다른 질문을 던질 기회를 상실할 뿐만 아니라, 질문 자체를 제기하지 않는 삶에 익숙해져가고 있음조차 깨닫지 못하는 일일 것입니다.

세 번째 생각 여행

Contrarian

역발상

생각의 물구나무
'역발상'이
'정발상'입니다

역발상은 상식을 배반하는 과정에서 시작됩니다. 당연한 상식을 뒤집어 의심해보고 과감히 결별할 때 상식은 더 이상 상식으로 통용되지 않고 식상한 상식으로 전락합니다. 역발상은 생각의 물구나무를 서는 것입니다. 기존 생각에 대한 물구나무서기를 통해 색다른 생각이 발현되는 것입니다. 역발상은 타성과 고정관념, 습관과 관습이 당연하다고 생각하는 가정을 아예 없애버리거나 다른 가정으로 대체하는 과정을 통해 새로운 창조를 시도하는 발상입니다. 거꾸로 생각해보거나 뒤집어보고 파헤치면서 다른 가능성의 문을 두드려보는 부단한 시도가 바로 역발상입니다.

01 세 번째 생각 여행 역발상

인생역전의 원동력, 역발상!

"우리의 상식은 세상을 의식하는 데는 훌륭하지만 세상을 이해하는 데는 그렇지 않다." 《상식의 배반》의 저자 던컨 와츠의 말입니다. 상식에 비추어 사람들이 생각하고 행동하는지에 대해 의문의 여지없이 나도 비슷한 생각을 하게 되지만, 왜 그렇게 생각하고 행동하며, 어떤 근거로 그런 생각과 행동을 하는지를 이해하는 데에는 많은 맹점이 있습니다. 늘 그래왔기 때문에 자신도 모르게 무의식적으로 생각하는 습관이 생긴 것입니다. 그런 상식을 한 번쯤 뒤집어보고 의심해보면 꼭 그렇지 않을 가능성이 너무 많이 존재한다는 사실을 깨닫게 됩니다.

역발상은 '옛발상'에 대한 반론이자 일종의 '폐기학습unlearning' 이기도 합니다. 옛발상은 옛날 생각, 흘러간 생각을 붙잡고 고정관념에서 벗어나지 못하는 생각일 뿐만 아니라, 의식적 비판 없이 무조건 당연한 것으로 받아들이는 습관적인 생각입니다. 옛발상에 대한 역발상은 사람들이 상식적인 타성에 갇혀 다른 생각을 하지 못하는 기존의 생각에 비판적인 문제를 제기하는 발상입니다. 가령 성공체험이 중요한 것이 아니라 성공체험은 오히려 현재나 미래의 성공의 적이라는 발상이 역발상입니다. 내가 직면한 문제를 이미 해결한 사람에게 배우는 노력도 중요하지만, 오히려 그런 배움은 다른 생각을 할 수 없도록 만드는 방해물이 될 수 있다고 생각하는 발상 또한 역발상입니다. 내 마음에 꼭 드는 사람을 채용하는 것이 아니라 나를 불편하게 만드는 사람을 채용해야 한다는 발상이 역발상입니다.

한편, 역발상은 일종의 '불장난'입니다. 불장난은 '불가능'하다는 말에서 불不자를 제거하고 가능하다고 생각하며, 불만족을 만족으로, 불안을 편안으로, 불쾌함을 쾌활함으로, 부조화 속에서 조화를 추구하고 발견하는 사고방식입니다. 역발상은 불가능해보이는 한계나 문제, 그리고 현실적 제약조건이 있어서 안 된다고 생각하는 발상에 브레이크를 거는 발상입니다. 심한 비바람에 키우던 사

세 번째 생각 여행 **역발상**

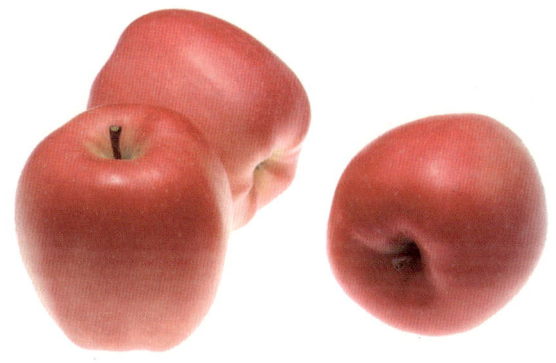

과가 모두 떨어져 절망하는 농부가 있는가 하면, 떨어진 사과를 역발상 마케팅으로 판매하는 농부도 있습니다. 예컨대 떨어진 사과를 팔면서 '이 사과를 먹으면 수능에 절대로 떨어지지 않는다'고 마케팅하는 농부 입장에서 보면 떨어진 사과는 절망의 사과가 아니라 새로운 가능성의 문을 열어주는 희망의 사과로 변합니다. 사과가 떨어진 절망적인 현실만 바라보면 지난 1년 동안 들인 시간과 노력에 대한 안타까움만이 감돕니다. 그러나 떨어진 사과를 현실로 인정하고 이 사과를 다른 방법으로 활용할 수 있는 가능성을 찾기 시작하면 놀랍게도 다른 가능성이 보이기 시작합니다.

이렇듯 역발상은 막다른 골목에 몰렸을 때 새로운 가능성의 돌파구를 마련하는 발상입니다. 더 이상의 대안은 없다고 포기하기 직전에 다른 대안을 모색하기 위해 지금까지 생각한 것을 모두 백지로 돌리고 처음부터 다른 대안을 모색하는 발상이 역발상입니다. 주어진 문제에 대해 집요하게 파고들기 전, 혹시 지금 파고드는 방식에 내가 습관적으로 생각한 과거의 선입견과 편견이 개입되지 않았는지를 생각해보는 노력이 필요합니다. 역발상은 나도 모르게 당연하다고 생각하는 가정, 사물이나 현상들을 의심해보고 아예 제거해버리는 발상입니다. 또한 진리처럼 의심 없이 받아들이던 속담이나 명언에 대해서도 '과연 그런가?' 의문을 던져보는 발상입니다. '올라가지도 못 할 나무는 쳐다보지도 마라'는 속담은 '올라가지도 못 할 나무는 사다리 타고 올라가면 된다'고 뒤집어 생각합니다. '버스 지나간 뒤 손 드는 격'이라는 속담은 '버스 지나가고 나면 지하철이나 택시를 타도 된다'고 바꿔서 생각합니다. 그간 너무 당연한 것으로 믿어왔던 속담조차도 다른 대안을 모색하는 사고과정에 발목을 잡는 걸림돌이 될 수 있습니다. 이처럼 우리의 생각은 시간이 지나면서 생각이 생각을 잡아먹고 그 생각이 이전 생각을 구속하는 방식으로 작용하기도 합니다. 인생을 바꾸려면 뒤집어 생각해보는 역발상을 시도해보십시오.

세 번째 생각 여행 역발상

02 세 번째 생각 여행 역발상

'몰상식'한 발상이 '식상'한 '상식'을 뒤집다!

뇌는 평소 편안한 상태를 유지하면서 대부분의 시간을 보냅니다. 뇌는 평소 익숙한 정보나 자극이 입력되면 뇌 안에 축적된 기존의 단어나 이미지, 기억을 떠올립니다. 이미 있는 것을 엮어서 외부적 자극에 반응을 합니다. 그래서 뇌는 평소 머리를 쓰지 않습니다. 엄밀히 말해서 뇌는 머리를 쓸 필요가 없다고 생각합니다. 뇌는 선천적으로 게으를 뿐만 아니라 효율을 추구합니다. 외부에서 색다른 자극이 들어오지 않으면 늘 익숙한 방식으로만 반응합니다. 익숙한 자극이 뇌 안으로 입력되면 뇌 안의 프레임은 기존의 경험을 통해 알고 있는 정보나 이미지를 조합하여 뭔가를 생각해 냅니다. 익숙한 자극이 뇌 내로 입력되면 기존 고정관념을 근간으로 일정한 단계와 절차로 프로그램화된 회로가 습관적으로 돌아갑니다. '습관적'이라는 말은 '습관'이 '적'이라는 뜻이라고 합니다. 이처럼 뇌는 평소 습관의 적에 의해서 움직입니다.

그런데 우리 몸이 위험에 노출되었거나 심각한 불편함을 느낄 때 뇌는 긴장 모드로 전환됩니다. 이제까지 경험해보지 못한 낯선 환경과 자극이 뇌로 입력되면 뇌는 비로소 머리를 쓰기 시작합니다. 뇌는 한계상황에 놓여 있을 때 발 빠르게 작동하기 시작합니다. 절박한 상황에 내몰리면 기존의 정보나 경험적 기억으로는 벗어날 수 없다고 판단을 합니다. 이미 있는 기존 정보나 생각으로 이제까지 경험해보지 못한 위기나 한계 상황을 돌파할 수 없다는 판단을 내리면 신통하게도 이제까지와는 다른 방식으로 뇌가 작동하기 시작합니다. 배수의 진을 치고 한계상황을 돌파할 수 있는 색다른 방법을 모색하기 시작합니다. 극도의 긴장감이 감돌고 전혀 다른 발상으로 위기상황을 탈출할 수 있는 방안을 궁리하기 시작합니다. 지금까지 조합해보지 않은 방식으로 기존의 생각과 경험을 연결해보고 이런저런 시도로 뇌는 바빠지기 시작합니다. 절박한 상황의 강도가 높아질수록 뇌는 극도의 긴장상태를 유지하면서 이런저런 방식으로 위기 탈출방안을 분주하게 시도합니다.

세 번째 생각 여행 역발상

이제까지 받아보지 못한 색다른 자극을 받았을 때, 이제까지 만나 보지 못했던 익숙하지 못한 사람을 만났을 때, 이제까지 가보지 못한 낯선 곳을 가봤을 때, 이제까지 읽어보지 못한 책을 읽었을 때, 이제까지 경험해보지 못한 심각한 위기상황과 한계를 맞이할 때 뇌는 비로소 이제까지와는 다른 방식으로 프레임을 작동시킵니다. 결국 남다른 아이디어를 내는 적절한 방법은 남다른 자극을 뇌에 끊임없이 제공하는 것입니다. '다른 답을 얻고 싶으면 다른 자극으로 뇌에 주먹질을 해대라. 일상이 지루하면 의도적으로 한계상황을 만들어 그 속으로 몸을 던져 돌파구를 찾아보라!' 삶이 다이내믹하고 드라마틱해집니다.

한편, 기존과 다른 것들을 상상하려면 지금 갖고 있지 않은 색다른 개념이 있어야 합니다. 틀에 박힌 개념을 사용하면 세상은 언제나 물론과 당연, 원래 그런 세상으로 보일뿐입니다. 이제까지 볼 수 없었던 새로운 가능성의 세계를 보고 그런 가능성의 세계로 현실을 바꾸려면 이제까지 없었던 새로운 개념을 창조해야 합니다. 상식은 식상한 지식입니다. 상식적인 사람들이 모여 아이디어를 내어도 금세 식상해지는 이유는 상식적인 지식으로 주고받는 아이디어가 상식적인 틀 안에서 사고하는 사람들의 일상을 깨트릴 수 있는 일탈의 길이 보이지 않기 때문입니다. 상식도 더 이상 통용되지 않는 상식이 될 수 있다고 생각하지 않는 것이 지금 우리가 직면한 심각한 위기입니다. 과거의 상식을 믿고 과거와는 판이하게 다른 상황이 전개되고 있음에도 불구하고 과거의 상식을 그대로 믿고 따른다면 새로운 가능성의 문이 열리지 않습니다. 그래서 상식을 몰상식한 눈으로 바라볼 필요가 있습니다. 몰상식은 모두가 지켜야 될 예의범절이나 도덕을 지키지 않는 것이 아니라 상식적인 생각에 의문을 던져 상식도 더 이상 상식이 아닐 수 있다고 생각하는 것입니다. 식상한 상식을 몰상식하게 보는 사람에게 세상은 길을 열어주는 법입니다. 상식이 식상해지기 전에 상식에 시비를 거는 몰상식한 사람이 되어봅시다.

세 번째 생각 여행 역발상

03 세 번째 생각 여행 역발상

'통념'을 뒤집어야 '통찰'이 된다!

'상식이 통해야 한다'는 말이 있습니다. 과학적으로 검증되었고, 법적으로 따져봐도 아무 문제가 없더라도 상식에 위배되면 과학적 검증결과나 법적 해석결과에 관계없이 사람들에게 인정받지 못하는 일이 많습니다. 그만큼 상식은 평범한 사람들이 믿고 의지하는 일종의 보이지 않는 가치이자 규범입니다. 그런데 문제는 상식을 믿는 상식적인 사람들이 모여서 머리를 짜내어봤자, 상식을 넘어서는 아이디어가 나오지 않는다는 점입니다. 그래서 상식과 통념에 통렬한 시비를 거는 용기가 필요합니다. 통념을 뒤집어야 통찰이 이루어지는 것입니다. 당연과 물론의 세계에 의문을 품고 질문하는 사람, 즉 몰상식한 사람만이 세상을 변화시킬 수 있습니다. 학문발전의 과정에는 상식적인 생각에 시비를 걸고 상식의 세계에 안주하지 않은 채 벗어나려는 몰상식한 사람이 큰 기여를 해왔습니다. 위대한 과학적 업적 대부분은 몰상식한 사람이 물론과 당연의 세계, 원래 그런 상식에 의문과 문제를 제기하면서 만들어진 결과들입니다. 상식에서 벗어난 몰상식한 뉴턴만이 '왜?' 하고 질문을 던져 만유인력의 법칙을 발견했습니다. 상식적으로 생각한 수많은 사람들은 몰상식한 뉴턴이 발견한 만유인력의 법칙을 이제 상식적으로 받아들입니다. 상시 이전에는 상식이 아니었지만 몰상식한 사람에 의해 비로소 상식이 아닌 것이 상식으로 통용되기 시작합니다. 이처럼 몰상식한 사람이 많아야 상식의 틀에서 벗어나 새로운 창조가 시작될 수 있습니다.

상식적으로 생각하고 습관적으로 생각을 거듭할수록 '통념'이 자리를 잡습니다. '통념'은 '통상적'인 생각입니다. 즉 '통념'은 상식적인 수준에서 당연히 그렇다고 생각하는 관념입니다. 아무 문제의식 없이 그냥 받아들이는 사고방식입니다. 나이가 들수록 '원래 그렇고', '당연히 그렇고', '물론 그런' 세계가 늘게 마련입니다. 그러나 '통찰'은 '통념'에 의심을 가지고 질문을 제기할 때 비로소 일어납니다. '통상관념 사전'이라는 책에 보면 '바보'는

'보통사람보다 지능이 낮은 사람'이 아니라 '나와 같이 생각하지 않는 모든 사람'을 지칭합니다. 통상관념, 즉 '통념'에 '통렬'한 시비를 건 새로운 개념정의입니다. '통념'은 주로 기존 '개념'에 대하여 아무 문제의식 없이 받아들일 때 생깁니다. '개념'에 대한 통상적인 생각, '통념'에 심각한 문제를 제기할 때 '개념'은 재탄생하고 '통찰력'이 생겨납니다. '통념'은 상식으로 받아들여지고 상식은 '통념'으로 굳어집니다. '통념'이 생기면 다르게 보기를 무의식적으로 회피하고, 언제나 상식적인 눈으로 세상을 바라보게 됩니다. 남과 다르게 세상을 바라보는 '통찰력'을 얻기 위해서는 '통념'을 뒤집어보는 시각이 필요합니다. 《생각의 법칙》의 저자 존 맥스웰은 '통념은 최선의 최악이고 최악의 최선'이라고 말했습니다. 그만큼 통념은 그저 평범하고 평균적인 수준에서 다른 대안을 모색하지 못하도록 만드는 주범입니다. 통념은 평범한 평균에 안주하게 만들어 지금이 극히 정상이라고 스스로를 위로하도록 만듭니다.

'통념'을 뒤집기 위해서는 너무나 당연하다는 생각과 물론 그렇다는 생각에 의문을 품어야 합니다. '통념'을 뒷받침하는 기본 가정이 과연 반드시 그래야만 되는지에 대해서 한 번쯤 뒤집어보고 삐딱하게 바라봐야 합니다. 모든 음식점에는 메뉴가 있다는 당연한 가정을 뒤집어 음식점에는 메뉴가 없을 수도 있다는 생각을 해야 새로운 음식점이 탄생할 수 있습니다. 모든 스테이플러_{stapler}는 알이 있다는 가정을 뒤집어야 알이 없는 스테이플러_{stapleless stapler}가 탄생할 수 있습니다. 일상적으로 당연하다고 생각하는 것, 물론 그렇기 때문에 물음을 제기하지 않는 것, 원래 그렇다고 생각하기 때문에 문제제기의 대상이 되지 않는 현상, 대상, 일상을 생각나는 대로 기술해봅시다. 기술된 당연하고 물론 그렇고 원래 그런 것을 뒷받침하는 가정을 겉으로 드러내놓고 과연 그런 가정이 지금도 여전히 유효한지 생각해보기 바랍니다. 오늘 하루를 살면서 당연하고, 물론 그렇고, 원래 그런 세상에 몇 가지 질문을 던져보셨는지요?

04 세 번째 생각 여행 역발상

'역경'을 뒤집으면 '경력'이 된다!

노련한 뱃사공은 험난한 파도 속에서 탄생합니다. 잔잔한 바다는 노련한 뱃사공을 길러낼 수 없습니다. 시련과 '역경'을 견뎌내고 극복하려는 노력만이 남다른 '경력'을 만들어줍니다. '경력'은 '역경'의 흔적이 보여주는 아름다운 무늬입니다. '역경' 그 자체는 극복하기 어려운 장애물이지만 역경을 극복한 사람은 아름다운 경력의 무늬를 만들어갑니다. '경력'은 이처럼 숱한 장애물, 넘을 수 없다고 생각되는 장벽, 혹독한 고난과 시련을 경험한 사람이 보여주는 아름다운 '이력履歷'입니다. 결국 남다른 '경력'을 갖고 있는 사람은 남다른 '이력'을 갖고 있는 사람입니다. 남다른 '경험'을 통해 남다른 '경력'을 만들어가는 사람의 이력서는 언제나 진행형입니다. 어제와 다른 나를 만들어가기 위해 어제와 다른 시도와 도전을 즐기기 때문입니다. '역경'은 '역전'을 통해 '경력'으로 바뀝니다. '역경'이 '경력'으로 바뀌는 순간에는 언제나 '역전'의 명수와 생각할 수 없는 '역전'의 기술이 숨어 있습니다. '자살'을 뒤집으면 '살자'가 되고 '악'을 의미하는 영어 'Evil'을 뒤집으면 '삶'을 의미하는 'Live'가 됩니다. '입산금지 入山禁止'를 뒤집으면 '지금산입 止禁山入', 즉 지금 즉시 산에 들어가라는 의미로 바뀝니다.

한편 '역경'을 뒤집어서 '경력'을 만들면 '순경 順境'이 찾아옵니다. 일이 마음먹은 대로 잘 되어가는 경우, 또는 모든 일이 순조로운 환경이 '순경'입니다. '순경'은 한 마디로 별 다른 걸림돌이나 장애물이 없는 순탄한 환경입니다. '역경'의 이면에 '순경'이 있고, '순경'의 이면에 '역경'이 있습니다. 이렇듯 '역경'과 '순경'은 동전의 양면과 같습니다. '역경'에 처해 있다고 운명을 탓하거나 좌절하지 맙시다. '역경'을 뒤집어 '순경'으로 만들 수 있는 힘과 의지, 꿈과 희망은 우리 안에 있습니다. 오르막이 있으면 내리막이 있는 법, '순경'이 있으면 '역경'도 있는 법입니다. '역경'을 극복하면 다시 '순경'이 찾아옵니다. 그러나 '순경'은 그렇게 오랫동안 지속되지 않습니다. '역경'은 길고 '순경'은 짧습니다. '역경'은 아픔이지만 '순경'은 기쁨입니다. 짧은 '순경'을 맛보기 위해 우리는 오랜 시간 '역경'을 극복하는 삶을 살아가는 것입니다.

또한, '교육'을 뒤집으면 '육교'가 됩니다. 교육은 지금 이 자리에서 미래로 가는 육교를 건설하는 업입니다. 교육은 백년지대계라는 말이 있듯이 지금은 불가능해보이고 현실적인 어려움이 있지만 미래로 향하는 꿈을 심어준다면 불가능도 가능해집니다. 교육은 미래로 향하는 꿈의 다리를 건설하는 작업입니다. 교육은 역발상을 통해 새로운 가능성을 창조하는 작업입니다. '금지'를 뒤집으면 '지금'이 됩니다. '금지'라는 팻말을 뒤집어 '지금'으로 바꾸어 해석하면 '절대불가'도 '절대가능'으로 바뀝니다. '금지'된 곳에서 '지금' 새로운 도전을 시작하라는 말로 바꿔 생각할 수 있습니다. '소변금지'도 거꾸로 뒤집으면 '지금변소'로 바뀝니다. 안 된다고 생각하면 안 되지만, 된다고 생각하면 되는 방법이 떠오릅니다. 시도하기도 전에 불가능하다는 생각을 품으면 불가능합니다. 내가 어떤 생각을 품는지에 따라 행동이 바뀝니다. 절망의 다른 이름은 희망이고, 슬픔의 뒷면은 즐거움입니다. 한계는 도전이 시작되는 지점입니다. 무엇이든지 생각의 물구나무를 서면 새로운 가능성이 보입니다. 세상은 뒤집기를 통해 언제나 변화와 혁신을 거듭해왔습니다.

역경을 뒤집어서 경력을 만들듯이 주변의 것들을 뒤집고 또 뒤집어봅시다. 그러다 보면 새로운 역발상이 떠오르게 마련입니다. 배는 바다의 도크라는 시설이 있어야만 만들 수 있다는 고정관념을 깨고 역발상을 시도하면 바다 한 가운데에서 배를 만드는 수상 건조법이 탄생하고 땅 위에서 건조하는 육상 건조법을 생각해낼 수 있습니다. 기존 고객보다는 이제까지 고객으로 생각하지 못했던 비고객非顧客에 눈을 돌리면 새로운 시장이 열리고, 모든 우편물은 빨리 가야 된다는 고정관념에 도전하면 천천히 가는 우편물을 생각할 수 있습니다. 신발은 가벼워야 한다는 틀에 박힌 생각을 뒤집으면 무거운 다이어트 신발을 창안해낼 수 있습니다. 모든 안경은 안경테가 있어야 한다는 발상에 시비를 걸면 테 없는 무테안경이 탄생합니다. 이처럼 사물이나 현상이 당연히 그럴 것이라는 가정을 없애는 일에서부터 역발상이 시작되는 것입니다.

겉으로만 보이는 것이 아닌 본질을 파악해보려는 시도 또한 역발상일 수 있습니다.

세 번째 생각 여행 **역발상**

05 세 번째 생각 여행 역발상

'부자데 Vu ja de'와 '데자부 De ja vu'

역발상을 시도하는 방법 가운데 '부자데Vu ja de'와 '데자부De ja vu' 라는 말이 있습니다. 로버트 서튼 교수는 《역발상 마케팅》이라는 책에서 '데자부De ja vu'를 거꾸로 적은 '부자데Vu ja de'라는 흥미로운 용어를 만들어냈습니다. '부자데'란 '익숙한 것도 낯설게 바라보는 시각이나 느낌'이란 의미로서 신시감新視感이라고도 합니다. '부자데'는 늘 접하는 익숙한 상황이지만 처음 접하는 것처럼 낯설게 보는 것입니다. 그래서 부자데를 '낯설게 하기'라고도 합니다. '부자데'가 익숙한 것을 낯설게 생각하고 행동하는 것이라면,

'데자부'는 낯선 것임에도 불구하고 마치 어디서 본 것처럼 생각하고 행동하는 것입니다. 본래 Dejavu 현상이란, 기억의 착각과 신경세포의 혼란으로 인한 뇌의 저장정보 전달 과정상의 오류를 의미합니다. 마치 예지력이 작동된 듯이 특이한 느낌을 경험하지만 사실은 자기 최면 효과의 일종으로 누구나 흔히 경험하는 현상입니다. 이를 '부자데'의 신시감에 비추어 '데자부'를 '기시감既視感'이라고도 합니다. 즉 '데자부'란 '처음 접하지만 낯설지 않은 느낌'을 가리키는 심리학 용어인데 가령 처음 만나는 사람, 처음 접하는 상황이지만 언젠가 만났던 사람, 경험했던 상황으로 느껴진다는 것입니다. 가끔씩 실제로는 체험한 일이 없는 데에도 불구하고 마치 이전에 체험한 듯한 착각이 들 때가 있습니다. 이처럼 '처음 접하지만 낯설지 않은 느낌'을 심리학 용어로 '데자부 현상'이라고 합니다.

아이디어의 원천은 '부자데'를 '데자부'로, '데자부'를 '부자데'로 자유롭게 변화시켜 생각해보는 데 있습니다. 혁신은 이전에 없었던 것을 새롭게 만드는 노력이기도 하지만, 이미 있는 것을 남다른 방식으로 조합하여 새롭게 느껴지도록 만드는 노력이기도 합니다. 3D로 제작했던 화제의 영화 〈아바타 Avatar〉나 애플의 태블릿 PC인 '아이패드 iPad'가 부자데와 데자부를 통해 혁신적인 성과를 올린 상품의 전형적인 사례입니다. 영화나 IT 시장에서 새로운 획을 그었다고 평가받는 두 가지는 이전에 없었던 분야를 새롭게 창조한 혁신적인 사례가 아닙니다. 영화 〈아바타〉는 이전의 다양한 작품을 남다른 방식으로 편집하여 사람들로 하여금 새롭게 느낄 수 있도록 제작한 작품입니다. 제임스 캐머런은 이미 우리에게 익숙한 일본의 세계적인 애니메이션 거장 미야자키 하야오 Miyazaki Hayao 감독의 여러 작품들에서 다양한 시각적 요소들을 차용해 기시감의 연출 효과를 극대화하였습니다. 어디서 본 익숙한 것을 남다르게 편집, 색다르게 보여줌으로써 관객들로 하여금 처음 보는 것처럼 느끼게 한 것입니다. 〈아바타〉야말로 '부자데'의 전형적인 본보기라 할 수 있습니다. 어디서 본 것 같은데 처음 보는 것처럼 디자인하거나 한 번도 본 적 없는 것을 어디선가 본 적 있는 것처럼 느끼도록 디자인하는 능력이 혁신적인 제품이나 작품을 만들어내는 원동력으로 작용합니다. 애플사의 아이패드도 이미 나와 있는 다양한 IT 기능들을

남다른 방식으로 디자인한 제품입니다. 사실 태블릿 PC는 아이패드 이전에도 있었습니다. 2002년 후지쯔가 출시한 유사 기기의 이름도 아이패드였다는 것을 상기해볼 때, 아이패드는 스티브 잡스가 세상에 없던 제품을 보여준 것이 아니라 이미 있는 것을 남다른 방식으로 디자인해 보여준 것입니다. 이런 점에서 아이패드는 '부자데'의 속성뿐 아니라 '데자부'의 전형도 보여주고 있습니다. 처음 보는 것이지만 어디서 많이 본 것 같은 느낌을 주면서 고객들에게 친숙하게 다가가고, 낯선 아이디어 같지만 익숙하게 느껴지도록 하여 고객들의 구매력을 자극합니다. 스티브 잡스가 추구하는 단순미의 극치라고 볼 수 있는 디자인의 마력 덕분입니다. 극한의 아름다움extreme beauty을 추구하기 위해 멀리서 봐도 애플의 디자인이라는 것을 한 눈에 알아볼 수 있습니다. 불필요한 기능을 과감히 삭제하고 더 이상 뺄 수 없는 기능만을 엄선, 극도의 단순미를 추구한 덕분입니다. 디자인의 핵심은 더 이상 더할 것이 없는 것이 아니라 더 이상 뺄 것이 없는 상태이기 때문입니다.

〈중앙 SUN Day〉의 김환영 기자는 '데자부'와 '부자데'가 지나칠 경우 각각 지루함과 거부감을 일으킬 수 있다고 분석합니다. '데자부', 즉 기시감이 과도하게 드러나면 지루하고 따분합니다. 처음 보는 것 같지만 어디선가 본 것 같은 느낌이 들면 들수록 호

 세 번째 생각 여행 **역발상**

기심이 떨어지고 궁금함이 사라지기 때문입니다. 반면에 '부자데', 즉 신시감이 지나치면 익숙한 것이 낯설게 보이는 빈도가 많아지므로 생소하다고 느껴서 결국 거부감을 불러일으킬 수 있습니다. 〈아바타〉나 아이패드가 사람들로부터 인기를 한 몸에 받을 수 있었던 중요한 이유도 기시감과 신시감을 절묘하게 혼합했기 때문입니다.

'부자데'와 '데자부'를 활용해 역발상으로 성공한 제품들을 우리 주변에서 많이 찾아볼 수 있습니다. 세계적으로 인기가 많은 스와치 Swatch 시계가 대표적일 것입니다. 스와치의 경우 '스위스 시계' 하면 자연스럽게 떠올려지는 전통을 지키는 장인정신, 엄격한 보수성, 지나칠 정도의 정확함에 대한 집착, 다른 시계와 차별화되는 고가 제품이라는 인식을 불식시키기 위해 젊은 세대들의 구매 욕구에 맞게 저가의 플라스틱 전자시계, 화려한 색상

스와치 시계의 성공은 기존 시계의 익숙함이나 친숙함을 새롭게 체험할 수 있는 파격적인 디자인을 시도했을 뿐만 아니라, 새로운 시계지만 어디서 많이 본 듯한 느낌을 제공해주었다는 점에서 찾을 수 있습니다.

과 의상에 맞는 콘셉트로 혁신적인 디자인을 선보였습니다. 스와치가 이런 변신을 시도할 수 있었던 발상의 출발점에는 '부사데'와 '데자부'를 활용한 역발상에 있습니다. 스와치는 세계적인 디자이너, 화가, 사진작가, 패션전문가, 예술가들을 동원하여 매년 100종류 이상의 새로운 디자인을 개발하였고 다양한 색 배합과 독특한 이미지 창출에 역점을 둔 혁신적인 디자인으로 세계적인 돌풍을 일으켰습니다. 스와치 시계의 성공은 기존 시계의 익숙함이나 친숙함을 새롭게 체험할 수 있는 파격적인 디자인을 시도했을 뿐만 아니라, 새로운 시계지만 어디서 많이 본 듯한 느낌을 제공해주었다는 점에서 찾을 수 있습니다. 그들은 '부사데'와 '데자부'를 자유자재로 활용하면서 혁신적인 아이디어지만 친숙하게 제품을 디자인함으로써 거부감을 줄였습니다. 익숙한 아이디어지만 새로운 감각을 체험할 수 있도록 역발상을 시도함으로써 지루하거나 따분한 일상에 새로운 활력소를 제공받아 보시길 바랍니다.

06 세 번째 생각 여행 역발상

역설逆說로
역설力說하다

정설定設을 아무리 정확正確하게 설명說明해도 생각의 흐름을 뒤집지는 못합니다. 그저 지금 세상을 이해시킬 뿐입니다. 혁명적인 변화는 정설을 뒤집는 역설逆說을 역설力說할 때 이루어집니다. '상식'과 '정상'에 머무르지 않고, '몰상식'하고 '비정상적'으로 생각해야 색다른 창조가 시작됩니다. 정상분포 곡선을 아시나요? 이 곡선은 정상적인 사람이 약 80퍼센트 정도 되고 정상 범주에 들지 못하는 왼쪽 극단의 10퍼센트와 오른쪽 극단의 10퍼센트로 이루어져 있습니다. 우리는 좌우 극단의 사람을 별종別種

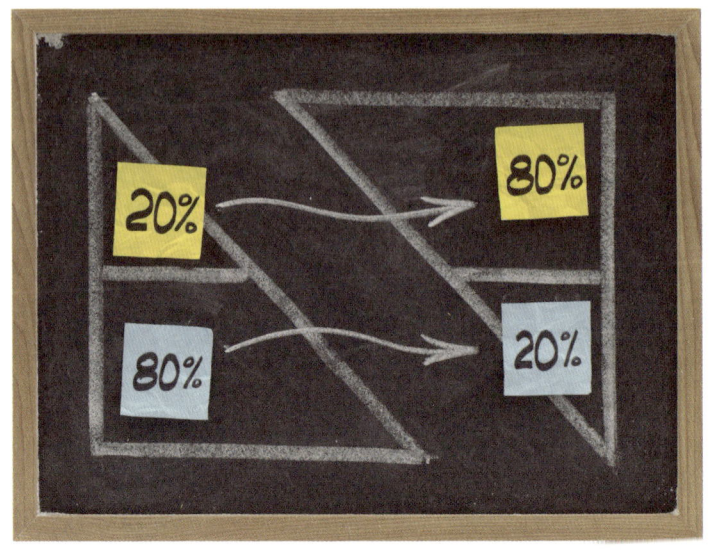

또는 이종異種이라고 합니다. 한 마디로 비정상적인 생각과 행동을 하는 사람들입니다. 이들은 정상적인 사람들의 생각과 행동에 시비를 걸고 상식에 물음표를 던져, 몰상식한 발상으로 생각지도 못한 생각을 즐깁니다.

정상적인 사람들이 믿는 법칙 중의 하나가 파레토 법칙Pareto 法則입니다. 80 대 20 법칙이라고도 부르는 파레토 법칙은 '원인의 20퍼센트가 결과의 80퍼센트를 만든다'는 뜻입니다. 20퍼센트의 고객이 백화점 전체 매출의 80퍼센트에 해당하는 만큼 쇼핑하는 현상을 예로 들 수 있습니다. 이 용어를 경영학에 처음으로 사용한 사람은 조셉 M. 주란입니다. '이탈리아 인구의 20퍼센트가 이탈리아 전체 부의 80퍼센트를 가지고 있다'고 주장한 이탈리아의 경제학자 빌프레도 파레토의 이름에서 따왔습니다.

파레토 법칙은 한동안 경영학의 정설이었습니다. 그런데 정설을 뒤집는 역설을 역설하는 사람이 나타났습니다. 다름 아닌 미국의 인터넷 비즈니스 잡지, 〈와이어드Wired〉의 편집장 크리스 앤더슨입니다. 파레토 법칙으로 통용되는 정설을 뒤집은 법칙은 롱테일 법칙Long Tail Theory입니다. 롱테일 법칙이란, 80퍼센트의 비핵심 다수가 20퍼센트의 핵심 소수보다 더 뛰어난 가치를 창출한다는 이론입니다. 앤더슨은 많이 판매되는 상품 순으로 그래프를 그리면 적게 팔리는 상품들은 선 높이가 낮지만 긴 꼬리Long Tail처럼 길게 이어진다고 말합니다. 이 긴 꼬리에 해당하는 상품을 모두 합치면 많이 팔리는 상품들을 넘어선다는 뜻에서 롱테일 법칙이라고 이름 지었습니다. 정설을 주장하는 사람과 정설을 따르는 사람은 역설을 인정하지 않으려고 합니다. 상식에 의문을 던지는 몰상식, 정상을 문제 삼는 비정상, 주류에 시비를 거는 비주류, 중심에 동화하지 않고 독자적인 노선을 걷는 변방에서 시대의 흐름을 뒤흔드는 새로운 이론과 많은 사람에게 감동을 주는 대박 히트 상품이 나옵니다.

"합리적인 사람은 자신을 세상에 맞춘다. 비합리적인 사람은 세상을 자신에게 맞추려고 애쓴다. 따라서 진보는 전적으로 비합리적인 사람에게 달려 있다." 조지 버나드 쇼의 말입니다. 여기서 합리적인 사람은 정상적인 사람이며 상식에 머물러 현실을 있는 그대로 받아들이는 사람입니다. 비합리적인 사람은 비정상적인 사람이며 상식에 시비를 거는 몰상식한 사람이자 현실에 언제나 불만을 품고 기정사실을 사실로 받아들이지 않는 사람입니다. 정상적인 사람은 언제나 합리적인 논리와 이성적 판단으로 대응하는 사람입니다. 그래서 틀 밖의 생각을 하기 어렵고 언제나 기대했던 답을 말합니다.

"다른 사람이 보지 못한 것을 본다는 것, 어떤 사실을 기정사실로 보지 않는 것이다. 물론 기정사실로 보지 않을 때, 사태는 일종의 무의미로 다가올 수 있다. 여기서 무의미는 무서운 마력을 가진다. 무의미는 시인에게 '당신이 의미를 빼앗아 갔으니, 당신이 새로운 의미를 채워야 한다'고 강제하기 때문이다." "새로운 의미가 사태에 채워지는 순간, 시가 탄생한다! 그리고 오직 이럴 때에만 시인은 다른 사람과는 다른 방식으로 사태와 관계 맺는다." 강신주의 《김수영을 위하여》에 나오는 말입니다. 정상적인 사람들이 지금까지 부여된 의미를 정설로 받아들인다면 발상은 뒤집히지 않습니다. '모든 선풍기에는 날개가 있다'는 기정사실을 그대로 받아들이지 않고 '선풍기에는 날개가 없을 수도 있다'는 역발상을 시도할 때 독일의 다이슨 회사가 개발한 세계 최초의 날개 없는 선풍기가 탄생합니다. '~에는 ~가 있다'는 기존 가정을 없애버리고 '~에는 ~가 없다'는 역발상을 시도할 때 세상을 바라보는 인식의 지평이 새롭게 열립니다. '음식점에는 메뉴가 있다'는 발상을 버리지 않으면 모든 음식점에는 메뉴가 있는 것이 당연하다고 생각합니다. 하지만 역발상을 시도할 경우 주방장이 그날그날 기분에 따라서 만들고 싶은 음식을 고객에게 제공하는 혁신적인 음식점이 탄생할 수도 있습니다.

"신기한 것들에 한눈팔지 말고, 당연한 것들에 질문을 던지세요. (중략) 질문 자체가 답이에요. 어떤 의미가 있는 게 아니라 의미를 만들어가는 과정이 있을 뿐이에요." 이성복 시인의 《무한화서》 시론집에 나오는 말입니다. 당연한 것들에 질문을 던지면서 당연함을 부정할 때 역발상이 시작됩니다.

네 번째 생각 여행

Creativity

창
조
성

창조는 이연연상으로 시작, 이종결합의 꽃을 피웁니다

창조의 핵심은 전혀 관계없어 보이는 두 가지 이질적 정보나 사물을 엮는 이연연상의 상상력과 이종결합의 융합입니다. 창조는 이제까지 존재하지 않았던 새로운 것을 만들어내는 노력이기보다 존재하는 두 가지 이상을 남다른 방식으로 조합할 때 탄생합니다. 관계없는 사물과 사람은 없습니다. 관계없는 이질적 개체를 관계 있는 전체로 전환하는 과정에서 창조가 만들어집니다. '해 아래 새로운 것이 없다'는 말처럼 세상에 존재하는 모든 것을 남 다른 방식으로 융합하면 관계가 생깁니다. 창조는 전혀 다른 이질적 경계를 넘나드는 크로스오버를 통해 탄생합니다. 모순처럼 보이지만 모순을 끌어안으면 놀라운 창조가 빛을 발합니다.

01 네 번째 생각 여행 **창조성**

창조는 '감상실感想實'에서 자란다!

세종대왕이 글 모르는 백성을 궁휼히 여기는 연민의 마음이 감수성입니다. 세종대왕의 감수성이 없었다면 한글은 창제되지 않았을 것입니다. 세종대왕은 백성들이 겪는 아픔을 어떻게 하면 치유할 수 있을지 구상하기 시작합니다. 세종대왕은 백성들이 겪는 아픔을 마치 자신의 아픔인 것처럼 공감하는 능력이 있었습니다. 그런 공감력이 감수성이고 감수성을 기반으로 발휘되는 새로운 발상이 창조성입니다. 창조성은 타인의 아픔을 치유하기 위해 발휘되는 적극적인 경청 능력이자 타인에 대한 애듯한 사랑과 배려입니다. 타인의 아픔을 감지하는 정서적 마음인 감수성과 이 같은 감수성을 기반으로 타인의 아픔을 치유하기 위해 궁리에 궁리를 거듭하면서 아이디어를 구상하는 상상력, 그런 아이디어를 현실로 구현하기 위해 마지막까지 포기하지 않고 이런저런 시도를 해보는 실험정신實驗精神이 창조가 이루어지는 '감상실感想實'입니다.

창조성과 관련하여 재미있는 이야기를 소개합니다. 대부분의 사람들이 술을 마실 줄 압니다. 그런데 술을 전혀 못 마시는 사람도 있습니다. 술만 마시면 엘러지 반응이 나타나 남들이 즐겁게 마시는 술을 바라만 보는 사람도 있습니다. 혹자는 이런 사람들의 아픔을 긍휼히 여겨 '그들이 술을 마실 방법은 없을까?' 궁리합니다. 술을 못 마시는 사람의 아픔까지 챙기는 마음이 왠지 아름답습니다! 이 같은 감수성이 상상력을 동원하고 결국 창조로 이어집니다. 그리고 궁리에 궁리를 거듭한 끝에 술을 액체 상태가 아니라 기체 상태로 마시는 방법을 구상하기 시작했습니다. 여러 번 실험 끝에 술을 기체 상태로 마실 수 있는 막걸리 가습기를 개발했습니다. 분사량을 조절해 언제쯤 취하도록 할 수 있는지 어느 정도 예측 가능한 놀라운 발명품입니다. 막걸리 가습기의 경우 막걸리를 액체 상태로만 마셔야 한다는 고정관념을 깼을 뿐 아니라, 막걸리를 기체 상태로도 마실 수 있는 새로운 시장을 개척한 상품

술을 못 마시는 분들도 이와 같은 막걸리 가습기를 이용하면 자연스럽게 취할 수 있을 것입니다. 막걸리뿐 아니라 소주나 맥주도 기체 상태로 마실 수 있는 놀라운 발명품입니다.

입니다. 그야말로 막걸리 블루오션이 열린 것입니다! 사례를 하나 더 소개합니다. 지하철에서 피곤함에 지친 한 여성이 치마를 입은 채 다리를 벌리고 잡니다. 누군가는 그런 여성의 모습을 보며 그녀가 느끼는 불편함과 불안감을 포착합니다. 그리고 잠을 자면서도 다리가 절대로 벌어지지 않게 하는 방법이 없을까를 상상합니다. 가방을 무릎 위에 올려놓고 가방의 양쪽 끝 부분에 긴 끈다리를 달고서 자면 절대로 다리가 벌어지지 않습니다.

새로운 창조는 불편함을 사랑하는 감수성에 출발, 포착된 불편함을 해소할 수 있는 참신한 아이디어를 현실화하면서 불굴의 의지를 갖고 마지막까지 포기하지 않는 실험정신을 통해 구현됩니다. 상상력은 내가 경험하지 못한 타인의 불편함을 공감하는 능력입니다. 상상력은 반드시 타인의 불편함을 감지하는 정서적 마음에서 발동될 때 창조로 연결될 가능성이 높습니다. 감수성을 기반으로 발휘되는 상상력이라야 창조로 연결될 가능성이 높습니다. 다시 말하지만 상상력은 그래서 구체적인 현실을 기반으로 출발합니다. 상상력은 밑도 끝도 없는 뜬 구름 잡는 그저 그런 생각이나 허무맹랑한 공상이 아닙니다.

이처럼 모든 변화와 혁신, 상상과 창조는 모두 '감상실'에서 싹을 틔워 줄기와 가지가 자라고 마침내 꽃이 핍니다. 창조성을 개발하고 싶다면 남다른 관심을 갖고 유심히 관찰하는 습관을 길러야 합니다. 저런 상태에서 고객이 느끼는 불편함이나 아픔, 불만족스러움, 그리고 불안감이 무엇일까를 곰곰이 생각해봐야 합니다. 관심을 갖고 관찰하면 통찰력이 생겨납니다. 결국 관찰이 창조를 불러일으키는 것입니다. 창조는 이런저런 실험과 시행착오 끝에 마침내 포착된 우리 삶의 불편, 불안, 불만을 해소하려는 노력으로 만들어집니다.

네 번째 생각 여행 **창조성**

02 네 번째 생각 여행 창조성

Words create Worlds!
내가 사용하는 단어의 세계가
내가 창조할 수 있는 세계다!

'개념'은 누구에게나 보편적으로 통용되는 논리적 개념입니다. 논리적 개념은 솔직히 맛이 없습니다. 수많은 개론서에 나오는 개념들은 모두 누군가 문제의식을 갖고 정의해놓은 개념들입니다. 그런데 그런 개념을 받아들이는 사람은 겉으로 드러난 개념의 피상적 의미에 치중합니다. 특정 개념이 왜 어떤 문제의식을 갖고 태어났는지에는 관심이 없습니다. 교육이란 무엇인가? 경영이란 무엇인가? 교육학 개론과 경영학 개론에 나오는 수많은 학자들의 개념의 정의를 읽고 눈물을 흘린 사람이 얼마나 될까요? 춘추전

국시대를 방불케 할 정도로 개념의 향연이 펼쳐지고 있는 개론서는 사람을 감동시킬 수 없습니다. 개론 책 읽고 감동받았다고 말하는 사람을 본 적 있으십니까? '개론서'가 감동을 주지 못하는 이유는 '개소리'하는 '론論'이기 때문입니다. 자신의 치열한 문제의식과 열정으로 개념을 재정립하고 재정립된 개념에 신념과 의지를 담아야 합니다. 그런 개념만이 세상을 다르게 볼 수 있는 재료가 될 수 있습니다.

살아가면서 우리가 노력해야 할 일 중 한 가지는 나를 표현하는 '개념'을 배우는 것입니다. '개념'은 세상을 상상하고 창조하는 원료입니다. 내가 어떤 개념을 갖고 있느냐에 따라 세상은 개념의 색깔대로 보입니다. 내가 갖고 있는 개념의 다양성이 내가 상상할 수 있는 가능성의 수준을 결정합니다. 뒤에서 다시 설명하겠지만 '내가 사용하는 단어의 세계가 내가 창조할 수 있는 세계를 규정한다Words create World'는 말이 있습니다. 상상력과 창의력은 어휘력에서 비롯됩니다. 풍부한 어휘력은 풍부한 상상력을 낳습니다. 된장찌개를 먹어보고 그 맛을 표현하는 데 동원할 수 있는 어휘 수준은 그 사람이 된장찌개에 대해 상상할 수 있는 가능성을 결정합니다. 재미난 이야기를 하나 소개합니다.

네 번째 생각 여행 **창조성**

1일 콩
2일 나물
3일 콩나물
4일 콩나물국
5일 콩나물무침
6일 콩나물볶음탕
7일 콩나물무쳐튀김
8일 콩나물무쳐튀김찜
9일 콩나물무쳐튀겨데침
10일 콩나물무쳐튀겨쩌데침
11일 콩나물무쳐튀겨끓여조림
12일 콩나물무쳐빨아삶아끓여찜
13일 콩나물무쳐끓여던져받아튀김
14일 콩나물수육포떠또떠막떠다떠탕
15일 콩나물삶아건져담가말려찢어중탕
16일 콩나물끓여식혀덥혀익혀말려푹쩌찜
17일 콩나물다시무쳐끓여돌려주고받아데침
18일 콩나물다시무쳐다시끓여다시받아다시찜
19일 콩나물먹어뱉어다시삼켜다시게워그걸무침
20일 콩나물심어길러뽑아갈아끓여삶아데쳐때려탕
21일 콩나물말아돌려풀어볶아삶아끓여갈아모아튀김
22일 콩나물훔쳐들켜튀어잡혀맞아터져부어그걸밟아국
23일 콩나물꼬셔벗겨입혀볶아데쳐튀겨씻어빨아말려조림
24일 콩나물때려울려달래그걸볶아삶아부쳐조려다려불려탕
25일 콩나물끓여식혀무쳐줬다뺏어다시끓여식혀무쳐푹삶아탕
26일 콩나물잘라붙여갈라써무쳐던져받아놓쳐버려그걸주어볶음
27일 콩나물꼬아말려붙여늘려그걸잘라갈아뿌려주어팔아키워부침
28일 콩나물끓여말려갈아불려죽쒀개줘때려뱉어모아삶아빨아신선로
29일 콩나물심어길러모아팔아골라골라때돈모아부어마셔망해도길러찜
30일 콩나물죽여살려밟아찢어꿰매눌러당겨돌려뿜아잘라간라볶이말아국

부부싸움을 하고 난 후 부인이 남편에게 차려주는 식단 30일을 보면 어휘력 수준이 음식을 만들 수 있는 종류를 결정한다는 점을 알 수 있습니다. 부인이 콩이라는 단어 한 가지만 알면 30일 동안 남편은 콩을 먹을 수밖에 없습니다. 부인이 30가지 요리를 만들 수 있는 원동력은 30가지 요리에 들어가는 어휘력을 갖고 있기 때문입니다.

된장찌개를 먹어보고 구수하다는 말만 안다면 구수한 된장찌개만 만들어질 뿐입니다. 맛을 표현하는 우리말 어휘는 200여 개가 넘는다고 합니다. 맛이나 냄새가 조금 구수하다는 우리 말 표현에 '엇구수하다'는 말이 있습니다. '엇구수하다'는 말은 하는 짓이나 차림, 또는 어떤 내용이 수수하면서도 은근한 맛이 있어 마음을 끈다는 의미도 담고 있습니다(참고: 〈네이버 국어사전〉).

여러분은 개념을 창조하기 위해 어떤 노력을 기울이고 있습니까? 기존의 개념을 쉽게 받아들이고 있지는 않은가요? 오늘 새롭게 재개념화한 개념은 몇 가지나 될까요?

03 네 번째 생각 여행 창조성

데페이즈망, 창조의 신천지로 가는 이미지의 이종결합異種結合

창의적 사고는 두 가지 이질적 사물, 정보, 지식 등을 엮어서 새롭게 보여주는 가운데 발휘될 수 있습니다. 창의적 사고에서 가장 중요한 것은 바로 관계없는 두 가지 이상의 것을 관계 있는 것으로 엮어내는 '이연연상二連聯想'이나 '이종결합異種結合'입니다. 예를 들면 실내화와 걸레는 아무 관계없는 두 가지 이질적인 일용품입니다. 그런데 누군가가 관계없다고 생각되는 실내화와 걸레를 결합시켜 실내화 걸레를 만들었습니다. 실내화 밑바닥에 걸레를 부착시켜 실내화도 되고 걸레도 되는 실내화 걸레를 창조한 깃입 익숙했던 일상적 관계를 낯설게 배치하거나 조합함으로써 세상과 사물에 대한 고정관념을 흔들어 깨울 때 내면에 잠재된 욕망이 탈출구를 향해 이동하는 것입니다.

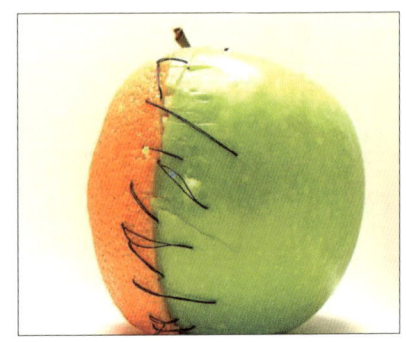

니다. 창의적 사고란 바로 남들이 보기에 전혀 관계없다고 생각되는 두 가지 이상의 이질적인 물건이나 물체, 또는 기존의 아이디어와 아이디어, 정보와 정보를 조합시키는 능력을 발휘하여 이제까지 존재하지 않던 새로운 것을 만들어내는 사고입니다.

중국 상하이에 가면 죄수복을 입고 수갑을 찬 채 철창에 갇히는 식당이 있습니다. 음식이 나와야 수갑이 풀리고 자유롭게 먹을 수 있습니다. 호기심을 자극하면서도 특이한 체험을 할 수 있는 식당이라고 생각합니다. 식당과 감옥의 만남, 공통점이 전혀 없어 보이는 특이한 두 가지 이질적 경험의 실체가 만나 새로운 경험을 제공합니다. 《고객체험의 경제학》이라는 책을 보면 '앞으로는 기업의 고객가치를 결정하는 요소가 상품과 서비스가 아닌 상품과 서비스에 어떤 체험을 담아내느냐에 달려 있다'고 주장합니다. 고객으로 하여금 잊을 수 없는 추억의 체험을 제공하는지의 여부가

네 번째 생각 여행 **창조성**

기업의 성패를 좌우한다는 말일 것입니다. 프랑스 철학자 들뢰즈는 "욕망은 주체 안에 존재하는 것이 아니라 주체를 둘러싼 환경의 배치가 주체의 욕망을 부추긴다."라고 주장하였습니다. 욕망이란 '나'라는 주체에 속하는 것이 아니라 나와 내가 만나는 것들과의 관계에 속한다는 의미입니다. 비슷한 맥락에서 프랑스 전 축구감독 르네 지라르도 "사람은 어떤 대상 자체를 보고 욕망을 느끼는 것이 아니라 제3자가 그 대상에 대한 욕망을 부추길 때 욕망을 느낀다."라고 밝힌 바 있습니다. 내가 대상과 만나는 관계가 바뀌면 이제까지 꿈틀거리지 않던 잠재욕망이 욕망의 탈출구를 향해 질주하는 것입니다. 가령 새로운 자동차 모델의 경우 고객의 요구를 분석해서 만들어지기보다는 고객의 욕망을 자극하는 대상과 현상을 재배치함으로써 본래 고객이 요구한 바 없는 욕망을 자극하는 것입니다. 즉 익숙했던 일상적 관계를 낯설게 배치하거나 조합함으로써 세상과 사물에 대한 고정관념을 흔들어 깨울 때 내면에 잠재된 욕망이 탈출구를 향해 이동하는 것입니다.

이러한 욕망의 분출구로 미술은 인간적 삶에서 때로는 현실적이지 않은 것을 현실적으로 구현시키는 강력한 매개체라고 볼 수 있습니다. 특히 현실에서 접할 수 없는 사건과 이미지, 그리고 대상과 장면을 재배치하고 이제까지와는 다르게 조합함으로써 감정적인 충격과 놀라움을 주는 초현실주의는 인간의 욕망을 자극하는 대표적인 사조입니다. 벨기에의 르네 마그리트는 초현실주의 화가 중 대표적인 인물입니다. 초현실주의의 거장 마그리트가 사용하는 방법이 바로 데페이즈망 방법 또는 위치전위법입니다. 데페이즈망 방법이란 우리에게 친숙한 대상을 사실적으로 묘사하되 모순되거나 대립되는 요소들을 동일한 화폭에 결합, 또는 어떤 오브제를 전혀 엉뚱한 환경에 위치시킴으로써 시각적 충격과 신비감을 불러일으키는 기법입니다. 늘 익숙하게 접했던 것을 낯설게 조합하거나 이제까지와는 다른 방법으로 결합함으로써 당혹감과 충격, 놀라움과 신비감을 주는 초현실주의적 화법입니다. 마그리트의 대표작 〈이미지의 배반 the betrayal of images〉을 감상해봅시다. 이 그림은 상상력을 기반으로 일상의 사물, 익숙한 것과의 결별을 선언하는 언어, 믿어왔던 상식이나 고정관념 등을 흔들어 놓습니다.

    꿈과 무의식의 세계를 탐구함으로써 이성에 의해 속박되지 않는 상상력의 세계를 회복시키고 인간정신 해방을 목표로 하는 초현실주의적 상상력은 21세기적 하이브리드 문화로 새롭게 계승, 발전하고 있습니다. 흔히 접했던 것을 색다른 방법으로 결합함으로써 뜻밖의 충격과 효과를 줄 수 있는 방법은 무궁무진합니다. 데페이즈망 방법은 초현실주의 화가가 사용하는 방법을 넘어서서 일상에서 창조적 융복합을 통해 새로운 지식을 창출할 수 있는 의

파이프 그림 아래 있는 글귀 'Ceci n'est pas une pipe(이 것은 파이프가 아니다)'가 관객들의 생각을 혼돈과 당황함으로 몰아넣습니다. 마그리트의 대표작 〈이미지의 배반〉

미 있는 방법으로 얼마든지 전환될 수 있습니다. 본래 창조란 무에서 유를 만들어내는 활동이라기보다 기존의 유有와 유有가 남다른 방식으로 뒤섞여 제3의 새로운 유有가 만들어지는 과정입니다. 데페이즈망 방법은 평소에는 만날 수 없는 두 사물을 나란히 붙여놓는 '이상한 만남'이자 '낯선 충격'이지만 두 사물을 하나의 이미지로 응축하는 '이미지의 중첩'을 통해 익숙한 것을 낯설게 보여줌으로써 창조적 상상력의 새로운 가능성을 열어줍니다.

다른 예로 도마뱀 로봇Stickybot이라는 로봇을 발명한 미국 스탠포드 대학의 김상배 씨는 도마뱀의 발과 로봇을 결합해 수직의 벽도 쉽게 올라갈 수 있는 로봇을 만들었습니다. 이 로봇은 2006년 타임지가 선정한 올해의 과학발명품으로 선정된 바 있습니다. 이런 이미지의 낯선 조합은 언뜻 장난처럼 보이지만 본래 창조는 난동을 일으키는 작란作亂에서 비롯되는 일이 많습니다. 작란하면서 노는 장난과 놀이가 창조적 충동을 불러일으키는 원동력이 되는 것입니

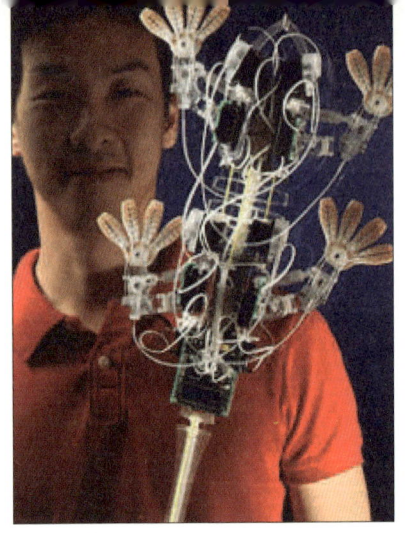

다. 창조는 놀이나 유희 충동에서 비롯된다는 심리학자 칼 융의 말을 되새길 필요가 있습니다. 낯선 것을 익숙하게 바꾸는 것이 '일'이라고 한다면 익숙한 것을 낯선 것으로 바꾸는 행위를 '놀이'라고 합니다. 놀이가 언제나 재미있고 기대가 되는 이유는 이제와 다른 낯선 방법으로 변형 또는 변용하는 과정에서 느끼는 즐거움 때문입니다. 진정으로 재미있는 놀이와 장난은 새로운 창조의 가능성을 열어주는 메신저일 수 있다는 점을 기억해야 할 것입니다. 즐겁게 놀고 장난치는 가운데 전대미문의 창작품이 탄생할 수 있습니다. 너무나 엄숙하고 권위주의적인 일터 분위기, 그런 회사문화라면 창조성을 제한하는 덫으로 작용할 수 있다는 점도 잊지 말아야 할 것입니다. 재미가 있어야 의미가 있고, 의미가 있어야 재미가 따라옵니다. 재미와 의미가 없다면 몰입도 창조도 이루어질 수 없습니다.

네 번째 생각 여행 **창조성**

04 네 번째 생각 여행 창조성

물음표(?)와 느낌표(!)가 만나
생각의 빅뱅, 인터러뱅이
탄생한다!

인터러뱅은 물음표(?)와 느낌표(!)와 합쳐져서 탄생한 경이로운 문장부호입니다. 물음느낌표 또는 의문경탄부호라고 합니다(이어령, 《젊음의 탄생》). 물음표(?)와 느낌표(!)가 하나로 합쳐진 모양의 '인터러뱅'은 1962년 미국 광고대행사 사장 마틴 스펙터 Martin K. Specter가 만든 새로운 개념의 문장부호입니다. 그 전까지 사람들은 비공식적인 글에서 그 자체로는 정확히 의문도 아니고 감탄도 아닌, 두 가지의 의미를 동시에 표현하기 위해 물음표와 느낌표를 혼합해 종종 사용하곤 했습니다(박원시, 2010; 이미나, 2010). 예를 들면 '과연 그런가?!'와 같은 표현에 사용되었습니다. 여기서 아이디어를 착안한 스펙터는 '수사학적 질문'과 '교차시험'이라는 뜻을 가진 라틴어 'interrogatio'와 감탄사를 표현하는 인쇄은어 'bang'을 조합해 '인터러뱅INTERROBANG'이라는 단어를 만들었습니다.

워낙 낯선 단어여서인지 이어령 박사는 《젊음의 탄생》이라는 책에서 아예 영어로만 표기했고, 삼성경제연구소는 '인터러뱅'으로 표기했습니다. 느낌물음표 또는 경탄의문부호가 아니라 물음느낌표 또는 의문경탄부호라고 하는 이유는 물음 뒤에 느낌이 찾아오고, 의문과 질문 뒤에 감동적인 해결 대안이 떠오르기 때문입니다. 즉 물음표가 느낌표를 만날 때 생각의 빅뱅, 인터러뱅이 경

이로운 선물을 갖고 우리 곁으로 다가옵니다. 이런 점에서 인터러뱅은 세상을 향해 의문을 품고 집요하게 질문을 던지면서 무한 탐구를 하는 사람에게만 선사하는 감동의 대가라고 할 수 있습니다.

전대미문의 새로운 혁신과 창조는 모두 생각의 빅뱅을 일으키는 인터러뱅에서 살아갑니다. 삼성경제연구소는 '인터러뱅'이라는 동영상을 통해 의구심(?)과 놀라움(!)이 공존하는 대단히 역설적인 문장부호, 상식을 훌쩍 뛰어넘는 믿기지 않을 정도의 놀라움, 상상초월의 감탄사가 바로 '인터러뱅'이라고 소개했습니다. 아무도 예상치 못한 생각으로 우리를 깜짝 놀라게 하는 일종의 생각의 빅뱅이 인터러뱅이라는 것입니다. 세상을 깜짝 놀라게 하는 출발점은 모두가 당연하다고 생각하는 세계에 물음표를 던지면서 시작됩니다.

세상을 더 아름답게 만들 수는 없을까요?
지금보다 더 나은 세상을 만들 수는 없을까요?
위기를 탈출할 수 있는 묘안이 없을까요?
많은 사람들이 당연하다고 믿는 저것은 정말 그럴까요?
꼭 그 방법밖에 없는 것일까요? 혹시 이런 방법은 안 먹힐까요?

인터러뱅은 이처럼 의구심에서부터 시작됩니다. 깜짝 놀랄 만한 혁신, 새로운 창조, 패러다임 전환은 모두 물음표에서 시작되었습니다. 수많은 질문과 질문에 대한 답을 찾는 과정에서 직면하는 수많은 시행착오가 모여 어느 순간 세상을 깜짝 놀라게 하는 생각의 빅뱅을 일으키는 지점에 인터러뱅이 있습니다.

한편, 생각의 빅뱅 인터러뱅의 출발점 역시 '타인의 아픔이 나의 아픔'이라는 공감에서 출발합니다. 비록 나는 상대가 겪고 있는 아픔을 경험하고 있지 않지만 그 아픔을 치유할 책임이 나에게 있다는 인식이 물음표를 던지게 만드는 원동력입니다. 즉 상대의 아픔을 어떻게 하면 치유할 수 있을까요? 좋은 방법이 없을까요? 이런저런 방법을 찾아 부단히 실험하고 모색하면서 시행착오를 거듭합니다. 부단한 실험과 모색, 좌절과 실패, 절망과 패배감 속에서도 반드시 상대의 아픔을 치유해야겠다는 뜨거운 의지가 상상력과 맞부딪히면서 창조의 스파크가 일어납니다. 여기서 상상력은 물음표(?) 속에서 살고 창조는 느낌표(!)와 함께 다가옵니다.

묻고 또 묻는 가운데 수많은 물음표의 빈 곳에는 어느덧 느낌표가 찾아들기 시작합니다. 답이 없는 상황에서 답을 찾겠다는 지칠 줄 모르는 열정, 감출 수 없는 호기심이 합작해서 감동과 감탄을 자아내는 혁신적인 창조가 꽃을 피웁니다. 남들이 한계라고 스스로 도전을 포기한 그 지점, 이러지도저러지도 못하는 진퇴양란의 위기나 딜레마적 상황, 앞뒤가 안 맞는 모순 속에서도 뭔가 묘안이 있을 것이라는 희망을 갖고 부단히 시험, 모색하는 가운데 인터러뱅이 탄생합니다. 물음표와 느낌표 사이에 일어나는 변화와 혁명, 상상과 창조가 인터러뱅입니다. 의문과 질문이 꼬리에 꼬리를 물고 방황을 거듭하다 마침내 실마리가 발견되는 격정의 순간, 모두가 예상하지 못한 경이로운 성취는 짜릿합니다. 그런데 단순한 의구심이나 호기심에서 출발한 의문이 마침내 질문으로 바뀌어 창의적인 아이디어로 전환되는 순간에도 여전히 의구심은 남아 있습니다. 과연 지금까지 무수한 탐색과 실험을 통해서 탄생한 창의적인 아이디어가 지금 누군가가 느끼고 있는 아픔을 치유할 수 있는 좋은 대안이 될 수 있을까요? 여전히 의구심은 남아 있습니다.

다시 원점으로 돌아가 의문이 시작된 출발점에서 다시 질문을 던져봅니다.

내가 직면하고 있는 문제의 본질은 무엇인가?

그 문제의 본질에 맞게 나는 지금 제대로 질문을 던지고 있는 것일까?

05 네 번째 생각 여행 창조성

'틀 밖의' 물음표(?)가 '뜻밖의' 느낌표(!)를 낳다!

창의적 사고는 질문(?) 속에서 자랍니다. 엄밀히 말해서 창의적 사고는 물음표와 느낌표 사이에 살아갑니다. 물음표가 느낌표를 탄생시킵니다. 즉 느낌표는 물음표가 낳은 것입니다. 물음표는 '틀 밖의' 사고에서 비롯됩니다. 틀 안에 갇혀 살면 물론 그렇다고 여기거나 원래 그렇다고 생각합니다. '틀 밖의' 사고를 해야 '뜻밖의' 결과를 낳습니다. '뜻밖의' 결과는 틀 밖에서 물음표를 던지면서 궁리에 궁리를 거듭해야 나옵니다. '틀 밖의' 물음표가 '뜻밖의' 느낌표를 동반합니다. 늘 비슷한 생각과 아이디어가 나오는 이유는 예전에 내가 던진 질문과 비슷한 질문을 반복해서 던지기 때문입니다. "하느님 기도하는 도중에 담배 피워도 되나요?"라는 질문을 던진 사람은 담배를 피우지 못하지만 "하느님 담배 피우는 도중에 기도해도 되나요?"라는 질문을 던진 사람은 담배를 피울 수 있습니다. 남다른 사고는 이제까지 어느 누구도 던지지 않은 질문 속에서 잉태되는 것입니다. 창의적 사고를 키우고 싶거든 남이 경험해보지 못한 색다른 경험을 하면서 이제까지와는 다른 질문을 던져야 한다고 재차 강조합니다. 물음 속에 창조의 싹이 자라기 때문입니다.

물음표(?)를 뒤집으면 낚시 바늘이 됩니다. 고기를 낚으려면 낚시 바늘을 바다나 호수로 던져야 됩니다. 답을 얻으려면 세상을 향해서 질문을 던져야 됩니다. 낚시 바늘이 달라지면 낚을 수 있는 고기가 달라집니다. 다른 물고기를 잡으려면 낚시 바늘을 바꾸어야 합니다. 다른 물고기를 잡으려면 낚시 바늘을 바꾸어야 되는 것처럼 지금까지와는 다른 답을 얻으려면 질문을 바꾸어야 합니다. 지금까지 던진 질문이 오늘의 나입니다. 나는 어디로 가고 있는 것일까요? 나는 무엇을 하고 싶은가요? 내가 하면 신나는 일은 무엇인가요? 어떤 일을 하면 보람을 느낄 수 있을까요? 나는 왜 지금 여기서 이런 일을 하면서 불평불만만 늘어놓고 있는 걸까요? 지금보다 더 나은 삶은

어떻게 하면 만들어지는 것일까요?

  이렇듯 언제나 본질에 대한 질문이 근본적인 대안을 찾아줍니다. 물음이 없는 사람은 죽은 사람이나 다름없습니다. 묻고 또 물으면 열정이 고개를 내밀기 시작합니다.

  진정한 공부는 모두가 당연하다고 생각한 현상에 대해서 남다른 호기심과 의심의 눈초리로 시비를 걸면서 의문을 던지고 구체적인 질문으로 만들어보는 것입니다. 공부는 정답을 찾는 과정이 아니라 여러 가지 현명한 답, 현답을 찾을 수 있는 질문을 던지는 과정입니다. 남다른 질문을 던지기 위해서는 질문을 찾아 헤매야 합니다. 그렇게 하기 위해서는 이전의 연구 성과물을 통독通讀하고 정독精讀하면서 묵독默讀해야 합니다. 대강 대충 읽어서는 여전히 이전의 선각자가 던진 질문에 대한 답만 보이지 다른 질문을 던질 수 없습니다. 다른 질문을 던지기 위해서는 기존의 학자들이 당연하다고 생각했던 허점을 파고들어야 하며, 물론 그렇다고 간과한 부분을 들춰내야 하며, 원래 그렇다고 폄하한 부분을 헤집고 드러내야 합니다. 평범한 질문은 식상한 답을 가져다주지만, 색다른 질문은 우리에게 꼭 필요한 몰상식한 답을 가져다줍니다. 겉으로 보기에 그리고 지금 당장 보기에 몰상식해 보이지만 조금만 참고 기다리면 몰상식한 답에 세상을 뒤집는 비밀의 열쇠가 숨어 있습니다.

네 번째 생각 여행 **창조성**

'물음'은 '모름'을 해결하기 위해 던지는 지적 자극제입니다. 안다고 확신하는 사실도 잘 모른다고 생각해야 '물음'이 시작됩니다. 안다고 생각하는 대부분의 '앎'을 의심하고 질문을 던져야 내가 안다고 생각하는 앎의 수준을 알 수 있습니다. 창의적 사고는 의문으로 시작합니다. 당연히 안다고 생각하는 앎에 질문을 던져야 색다른 사고가 가능해집니다. 창의적 사고는 시대를 불문하고 인간이 갖추어야 될 가장 중요한 능력으로 인정되어 왔습니다. 그만큼 창의적인 사람들은 불가능하다고 생각되는 한계에 도전해서 놀라우면서도 새로운 창조적 업적을 만들어왔습니다. 창의적인 아이디어는 처음에는 심한 저항과 비난, 조소와 조롱을 받는 경우가 많습니다. 시대를 앞서 새로운 아이디어를 제시하기 때문에 보통 사람의 눈으로는 받아들이기 어렵기 때문입니다. 21세기는 보통 사람의 눈에는 엉뚱하다고 생각되는 색다른 상상력을 발휘하면서 새로운 가능성에 도전하는 창조화 사회입니다. 창조화 사회는 다양한 가능성을 꿈꾸는 상상력, 상상한 세계에 대해서 남다른 생각으로 다양한 아이디어를 쏟아내는 창의력, 그리고 창의적인 아이디어를 현실로 구현시키기 위한 창조성이 중시되는 사회입니다.

06 네 번째 생각 여행 창조성

독창성이란
들키지 않은 표절이다!

논문 표절이 사회적 이슈로 떠오르면서 유명 연예인이나 강사가 지금까지 쌓은 명성이 하루아침에 무너진 적이 있습니다. "독창성이란 들키지 않은 표절"이라는 윌리엄 랠프 잉의 말을 곱씹어 생각해보면 무엇이 오리지널이고 무엇이 모방인지 구분하기 쉽지 않습니다. "세상이 어떤 작품을 오리지널이라고 할 때, 그 십 중팔구는 그 작품이 참조한 대상이나 최초의 출처를 모르기 때문이다." 소설가 조너선 레섬의 말입니다. 비슷한 맥락에서 아인슈타인은 "창조성의 비밀은 내가 아이디어를 가져온 원천을 숨기는 방법을 아는 것"이라고 말하지 않았던가요? 독창적인 글을 썼거나 신제품을 개발했어도 결국 누군가의 창조를 기반으로 이루어진 작품이라고 볼 때, 어디까지 순수한 아이디어이고 어디까지 남의 아이디어인지 구분하기 쉽지 않은 세상입니다. 창조는 전대미문의 무언가를 만들어낸다기보다는 지금까지 존재하는 것을 남다른 방식으로 조합하는 것입니다. 많은 사람에게 익숙한 것을 낯설게 보여주는 것이 예술이라면, 창조도 결국 식상한 사물이나 현상을 남다른 방식으로 조합하여 이제까지 사람들이 간과했던 부분에 새로운 관계를 부여하고 해석해내는 작업입니다. 태양 아래 새로운 것은 없다(전도서 1:9)고도 하지 않나요? "쓰여야 할 모든 이야기는 이미 다 쓰였다. 하지만 아무도 귀 기울이지 않았기에 그 모든 것은 다시 쓰여야 한다." 앙드레 지드의 이런 말을 곰곰이 생각해보면 이 세상에 새로운 것은 없습니다. 다만 새롭게 읽힐 뿐입니다.

자기계발서의 변하지 않는 공통된 주제도 꿈, 열정, 도전, 변화, 창조, 정성, 배려, 용기 등 누구에게나 필요한 삶의 화두입니다. 꿈을 갖고 도전하면서 열정적으로 살아가고 변화를 추구하되 타인에 대한 배려와 존중도 잊지 말고 지극한 정성으로 매사에 임한다면 누구나 성공할 수 있다는 메시지입니다. 이런 메시지는 변함이 없지만, 자기계발서는 아직도 계속 쓰이고 있습니

다. "훌륭한 시인은 훔쳐온 것들을 결합해서 완전히 독창적인 느낌을 창조해내고 애초에 그가 어떤 것을 훔쳐왔는지도 모르게 완전히 다른 작품으로 탄생시킨다." 시인 T. S. 엘리엇의 말입니다. 남의 아이디어를 훔치되 훔쳐온 아이디어를 남다른 방식으로 결합하면 창조가 된다는 것입니다. 결국, 창조는 다양한 체험과 독서를 통해 체득한 깨달음을 이전과 다른 방식으로 조합하는 것에 지나지 않습니다. 조합하여 탄생한 창조는 없었던 생각을 발상하는 것이 아니라 있는 생각을 이전과 다른 방식으로 연상하는 과정입니다. 연상을 많이 하는 사람은 창조적 재료가 풍부한 사람입니다. 창조적 재료가 풍부한 사람은 직접 경험한 일이 많거나 책을 읽고 영화를 보며 사람을 만나는 간접 체험이 풍

네 번째 생각 여행 **창조성**

부한 사람입니다. 지금까지 축적한 다양한 직간접적 체험을 참조해서 창조합니다. 참조 없이는 창조도 없습니다. 모든 창조는 기존의 작품이나 재료를 참조해서 이루어집니다.

그런데 창조는 골방에서 이루어지는 외로운 독창적 노력이 아니라 다른 사람이 인정해주고 지원해주어야 비로소 꽃피는 공조共助와 동조同調의 결과입니다. 세상을 움직이는 새로운 사조思潮는 어떻게 탄생할까요? 이전의 사조에 대한 철저한 불만과 불안감, 불편과 불평에서 출발합니다. 이전의 사조가 내 마음을 아프게 할 때, 이전의 사조로는 내 사유체계를 표현하기 어려울 때 새로운 사조는 꿈틀거리기 시작합니다. 새로운 사조가 탄생하기 위해서는 기존의 사조가 담고 있는 근본적인 사유 구조와 사상체계를 철저하게 이해하고 그 한계와 문제점을 직시해야 합니다. 기존 사유체계의 근본적인 문제의식과 지향점을 내가 지금 새롭게 창조하려는 사조와 비교하고 대조對照해야 새로운 사조가 품고 있는 문제의식과 방향성을 감지할 수 있습니다. 대조는 대안을 잉태하는 출발점입니다. 대조는 새로운 사조를 탄생시키기 위한 대안적 사조의 전환점입니다. 기존 사조와 기존 사조를 비교하거나 대조하기도 하고, 기존 사조와 새롭게 창조하려는 사조를 대조하면서 새로운 사조로 개조改造하려는 노력이 끊임없이 뒤따라야 합니다. 그래야 다른 사람의 노력을 끌어들여 상조相助하고 부조扶助하

조합하여 탄생한 창조는
없었던 생각을 발상하는 것이 아니라,
있는 생각을 이전과 다른 방식으로
연상하는 과정입니다.

○ 네 번째 생각 여행

는 상부상조相扶相助의 기운을 받을 수 있습니다.

　기존 사조와 대조를 잘못하면 위조와 날조로 변조할 수 있습니다. 사조에는 사조를 만든 사람의 사상적 문제의식과 지향점이 내재합니다. 사조는 사조를 만든 사람의 곤조이자 자기 고유의 철학과 신념으로 만든 자조自造의 결과물입니다. 사조가 더욱 많은 사람에게 공감을 얻으려면 공조共助와 협조協助가 필요합니다. 아무리 위대한 사조라도 세상 사람들에게 공감과 동감을 얻지 못하면 개인의 외로운 목소리로 전락합니다. 인식과 관심을 같이하는 사람들이 새로운 사조에 관심을 갖고 지원하는 것을 넘어 함께 공감하면 적극 동조同調하는 힘이 더해져 사조는 창조創造로 연결되고 신사조新思潮가 탄생합니다. 색다른 사조도 중요하지만 많은 사람에게 공조와 협조, 그리고 동조할 수 있는 공감대를 형성하려는 노력이 더욱 중요합니다. 그렇지 않으면 사조는 사조직의 오만불손한 사리사욕私利私慾을 표현하는 폐쇄적 슬로건에 불과합니다.

다섯 번째 생각 여행
Change
체인지

체험體을 통해 공감하는 지식, 체인지體仁知가 세상을 체인지change 합니다!

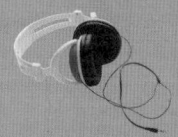

변화는 머리 좋은 사람이 일으키기보다 손발을 움직여 우직한 실천을 반복하는 사람들이 만들어갑니다. 아무리 위대한 생각과 아이디어라고 할지라도 직접 실천을 통해 현실로 구현시키지 않으면 무용지물입니다. 남의 좋은 생각보다 나의 확실한 주관과 체험적 지식이 세상을 변화시켜 나갑니다. 범람하는 정보, 쏟아지는 이론, 물결치는 새로운 사상도 실천을 통한 검증과정을 거치지 않으면 나의 지식으로 전환되지 않습니다. 몸을 움직여 체험한 것만이 변화를 일으킬 수 있는 나의 지식으로 전환됩니다. 몸體을 움직여 체험하는 가운데 깨달은 결과認가 나의 지식知으로 전환되며, 그런 지식만이 변화(change=體認知)의 물결을 만들어나갈 수 있습니다.

01
다섯 번째 생각 여행 **체인지**

'體認知 = Change = 體認智'
철학

오늘날의 지식은 정보와 차이가 거의 없는 상태로까지 와 있습니다. 디지털 기술 덕분에 지식은 산고의 고충과 고통 없이도 빠르고 쉽게 조작되고 조합되어서 첨단정보 통신기술로 무장한 인터넷 항해자들의 약삭빠른 마우스 놀림에 의하여 검색·편집·가공되어 전혀 다른 지식으로 신출귀몰 神出鬼沒 합니다. 여기에는 지식창조자의 현실에 대한 사회역사적 문제의식은 물론 성찰적 여과의 과정이 존재하지 않으며 깨달음의 순간과 법열도 박제·생략된 채 이곳에서 저곳으로 빠르게 질주할 뿐입니다. 지식창조의 여정에서 느끼는 체험과 뜨거운 열정은 증발되고, 단지 윤기 없는 피상적 지식만 난무할 뿐입니다. 정보나 다름없는 도처의 파편적 지식을 조합해 또 다른 지식으로 재목적화Repurposing시켜 촌음을 다투어 빠르게 유통시키는 과정이 반복되고 있습니다. 지식의 현장성과 맥락성, 그리고 역사성이 거세된 창백한 아류작을 대량 양산하는 지식폭증 과정이 세상을 덮고 있습니다. 지식창조 여정에 담겨진 산파의 고뇌와 고통체험이 갖는 내면적 의미심장함보다는 정보검색과 편집의 기능적 합리성과 효율성만이 높이 평가되고, 나아가 주어진 정보 또는 내가 창조한 개인적 지식Personal Knowledge을 이해하고 해석하면서 탄생하는 의미와 지혜를 남과 더불어 나누는 의사소통적 합리성은 찾아보기가 어려워졌습니다.

지식이 쌓이면 쌓일수록 인간적 삶의 질을 높일 수 있는 지혜로 발전하기보다는 기능적 효율성과 편의성이 증가하고 결과적으로 그런 편의성을 추구하는 도구적 삶이 우리 삶을 해치는 심각한 문제들이 발생하고 있습니다. 모든 일을 성공적으로 수행하기 위해서 항상 해당 분야의 전문 지식을 축적해야 되고 지식의 축적은 곧 지혜로 발전한다는 낙관적인 생각에 경종을 울려야 할 때입니다. 해가 갈수록 지식은 더욱 폭증하지만 여전히 지식은 부족하며 분야별 세분화 수준을 넘어서 이제 지식 이전의 전체가 분해되어 다시 재통합이 원천적으로 불가능할 정도로 전공의 나눔과 담쌓기로 치닫고 있습니다. 계속해서 새로운 분야가 등장하는 한편 기존 분야 간 세분화의 길이 심화되면서 지식의 기하급수적 팽창과 동시에 한편으로는 지식의 수확체감 법칙Laws of diminishing returns이 발생하고 있습니다. 즉 주어진 문제를 해결하거나 새로운 상품을 생산하기 위해 필요한 지식을 투입하면 할수록 어느 정도까지는 지식 투입량에 비례해 가치가 기하급수적으로 향상되지만 어느 시점이 지나면서부터 지식을 아무리 투입해도 가치가 향상되지 않고 정체되다가 오히려 급강하되는 수확체감의 법칙이 작용하는 것입니다. 오늘날 우리가 직면한 가장 심각한 문제는 바로 기하급수적으로 필요로 하는 지식량에 비해 급강하되는 지식가치가 공존한다는 점입니다. 이런 현상의 이면에는 단편적 지식을 아무리 많이 축적해도 해결되지 않는 복잡한 문제가 존재하며 이러한 문제는 지식보다는 지혜가 해결대안으로 작용한다는 점을 시사하고 있는 것입니다.

이제 발 빠른 기교와 재치로 도처에 산재한 단편적 지식을 긁어모으고, 그것을 짜깁기해 겉으로 보기엔 좋지만 근원적 의미심장함이 증발된 표피적 지식을 대량 양산하는 노력을 과감하게 포기해야 할 때입니다. 대범하게 'ESC'키를 눌러 한발 물러나 자기점검을 해야 할 때입니다. 대신 기존 정보와 남의 지식을 나의 문제 상황에 적용하고 체험하면서 보고 느끼고 깨달은 지저 고뇌와

몸이 따르는 고통체험을 나의 비판적 문제의식과 성찰적 판단, 그리고 결연한 결행경험을 모두 쏟아 부어서 통합해내는 지혜가 필요합니다. 그리고 사고의 전환이 필요한 시점에 와 있습니다. 시대가 요구하는 결단과 결행이 무엇인지를 진지하게 성찰하는 순간이 온 것입니다. 앞으로 디지털 기술발전은 더욱 가속화될 전망이고, 그런 기술적 변화의 속도에 대항하는 인간적 속도를 확보하는 진정한 대안을 모색하는 노력이 절실하게 요청되고 있음을 알아야 할 것입니다.

이러한 문제의식 하에 '體認知=Change=體認智' 철학을 제시합니다. 체인지 철학은 영어 'change'를 발음하면 '체인지'로 읽힌다는 점에서 착안, 창안한 새로운 변화지향적 학습관이자 지식관입니다. 체인지 철학에 따르면, 진정한 의미의 변화가 일어나기 위해서는 우선 몸體이 동반된 '고통' 체험이 동반되고, '고통'

을 체험하는 가운데 지적 '고뇌'의 작용으로 새로운 깨달음이 인식認識으로 다가와 마지막 순간 자연스럽게 머릿속으로 정리된 결과가 지식知識이라는 사실을 강조한 변화 메타포입니다. 체인지 철학은 고통체험이 생략된 채 머리로 고민만 하고 구체적인 삶의 현장을 매개로 결연한 실천을 전개하지 않는 교실학습의 폐단을 지적합니다. 나아가 나의 지식을 내 몸이 직접 움직여서 스스로 고민·고뇌·고통체험한 결과 창조된 지식만이 나의 사고방식과 행동, 내가 몸담고 있는 삶의 현장을 변화시킬 수 있는 지식이라고 강조합니다. 지식에 나의 고통체험이 녹아들어 있고 체험적 소산의 결과에 대한 나의 해석과 의미체계, 그리고 나의 열망과 열정이 나의 육성으로 가미될 때 강력한 생명의 메시지로 울려 퍼질 것입니다. 체인지 철학은 결국 디지털 시대의 만개와 함께 한없이 가벼워지고 빨라진 지식담론에 무게와 여유, 그리고 느낌의 철학을 반영하여 참을 수 없는 인식의 무거움과 깨달음의 배움 여정을 강조하기 위해 등장한 인간적 삶의 기본Basic과 토대Fundamental에로의 원상복귀 운동이라고 볼 수 있습니다. 체인지 철학은 기본과 토대 없는 가벼운 디지털 지식담론의 위험과 위기현상에 경종을 울리고, 그런 지식관이 만들어가는 위험한 사회에 맞서 대항할 수 있는 대안이라고 할 수 있습니다.

체인지 철학은 지식을 활용해 다른 사람의 약점을 공격하고 자

기 이익 챙기기에 혈안이 된 지식 기술자, 지식 수입업자, 지식 도매상을 경계합니다. 오히려 체인지 철학은 단편적 지식에 얽매어 현실의 벽을 뚫고 나가지 못하는 어리석은 지식중독자知識中毒者를 양성하기보다는 지식을 근간으로 남이 가지 않은 길을 갈 수 있는 결단과 결행, 그리고 결연한 용기를 중시합니다. 지식과다섭취증知識過多攝取症 또는 지식중독증知識中毒症에 걸려 있는 지식 현자들에게 더불어 살아갈 수 있는 지혜를 제시하려는 것이 체인지 철학의 요점입니다.

    무거운 책상에서 공부하는 것도 중요하지만 삶의 현장, 일상에서 스스로 부딪혀가면서 깨닫는 공부가 더욱 중요할 것입니다. 무거운 책상에서 학습하면 머리가 아프지만 역동적인 '일상'에서 학습하면 가슴이 뜁니다. 무거운 책상에서 공부한 사람에게 집을 그리라고 하면 지붕부터 그리지만 힘겨운 건설현장에서 집을 지어본 사람은 절대로 지붕부터 집을 그리지 않습니다. 집을 그리는 순서는 집을 짓는 순서와 같아야 합니다. 무거운 책상에서 공부한 사람에게 곤충을 삼등분해보라 하면 '머리, 가슴, 배'라고 대답하지만 실제로 곤충을 일상에서 삼등분해본 사람은 '죽는다'고 대답합니다. 무거운 책상에서 공부한 사람은 별 다른 어려움 없이 쑥쑥 자라는 목재를 좋아하지만 일상에서 시련과 역경을 견뎌본 사람은 분재를 좋아합니다. 목재보다 분재가 아름답습니다. 무거운 책상에서 공부한 사람은 '화초'처럼 극진한 보살핌이 없으면 죽지만 일상에서 공부한 사람은 '잡초'처럼 아무 곳에서나 적응할 수 있습니다. 무거운 책상에서 공부한 사람은 외형적으로 빨리 '성장'하려고만 하지만 일상에서 공부한 사람은 내면적으로 '성숙'해지는 과정을 먼저 경험합니다. 진정한 의미의 성숙은 '몸살'을 앓아봐야 가능한 것입니다. '몸살'을 앓아봐야 '몸'이 건강해집니다. 흔들리는 '진통'이 흔들리지 않는 '전통'을 만들어갑니다. 흔들리는 '진통' 없이 흔들리지 않는 '전통'은 만들어지지 않습니다. 책상에서 보내는 시간도 중요하지만 밖에 나가 몸으로 부딪히고 넘어지면서 스스로 깨닫는 시간이 더 중요합니다.

02 다섯 번째 생각 여행 체인지

체인지體認知에서 체인지體仁知로
변화change하다!

몸體을 움직여 깨달은認 지식知, 체인지體認知만이 '나'를 변화change 시킬 수 있습니다. 위대한 생각이 세상을 바꾸는 것이 아니라 작은 실천을 진지하게 반복하는 손이 세상을 바꿉니다. 손발을 움직여 진지한 실천體을 반복하면 깨달음이 몸에 각인認되고 그렇게 체화하면 지식知이 탄생합니다. 그런 지식體認知만이 자신을 바꾸고 타인을 변화시키며 세상을 바꿀 수 있습니다. 세상을 바꿀 수 있는 지식을 창조하려거든 머리만 굴리지 말고 몸을 움직여 고통을 체험하고 새로운 깨달음을 얻어야 합니다. 깨달음은 '고통'이

 다섯 번째 생각 여행 체인지

주는 아름다운 선물입니다.

어느 순간부터 체인지體認知 철학을 생각하면서 체인지體認知의 인認과 지知가 깨달음의 과정과 결과 또는 앎의 상태를 지칭하는 의미를 동시에 지니고 있다는 생각이 들었습니다. 그래서 체인지體認知의 한자를 바꾸어서 체인지體仁知로 쓰기로 했습니다. 이런 변화의 움직임에는 나름의 사연이 숨어 있습니다.

우선 '인認'이 왜 '인仁'으로 변화해야 하는지를 밝혀내야 합니다. 체인지體認知의 '인認'은 개인 차원의 고통 체험으로 얻은 깨달음입니다. 반면에 체인지體仁知의 '인仁'은 다른 사람의 아픔을 나의 아픔처럼 느끼는 능력입니다. 또한 체인지體認知의 '인認'은 수직적 깊이를 추구하는 앎이지만 체인지體仁知의 '인仁'은 수평적 관계의 확산을 추구하는 느낌입니다. 체인지體認知가 지루하면서도 외로운 실천과 고통 체험으로 수직적 깊이를 추구하는 개인 차원의 깨달음에 해당한다면, 체인지體仁知는 수직적 깊이의 추구와 더불어 나와 직간접인 관계를 맺은 다른 사람의 공감 영역을 확산해 나가는 과정에서 얻는 측은지심입니다. 이런 점에서 체인지體仁知는 몸을 움직여 직접 체험하면서 얻은 깨달음體으로 자기보다 딱한 처지에 놓인 사람을 불쌍히 여기면서仁 식견과 안목을 부단히 심화·확장해 나가는 과정에서 온몸으로 느끼는 지식知입니다. 나아가 체인지體仁知의 지知는 측은지심으로 세상을 아름답게 만드는 데 필요한 지식입니다. 그렇기에 개인의 깨달음을 의미하는 인認은 더 나아가 다양한 인간관계 속에서 서로의 아픔을 어루만져주고 긍휼히 여기는 아름다운 마음인 인仁의 경지로 승화·발전되어야 합니다. 체험으로 깨달은 개인 차원의 수직적 깊이와 더불어 체험으로 느끼는 관계 차원의 수평적 확산이 있을 때 비로소 아름다운 변화가 시작됩니다. 그래서 체인지體認知는 체인지體仁知가 되어야 합니다.

몸體을 움직여 타자 입장이 되어 직접 느낀仁 지식知만이 '세상'을 변화change시킬 수 있습니다. 논어에 보면 교언영색 선의인 巧言令色 鮮矣仁이라는 말이 나옵니다. 진심 어린 말을 하지 않고 상대가 듣기 좋게 교묘한 말만 하고巧言 아첨하는 태도로 낯빛만 꾸미는 사람令色치고 어진 경우가 드물다鮮矣仁는 뜻입니다. 교언은 과장되고 허황된 거짓말, 허풍떠는 말, 진실이 결여된 말입니다. 영색은 얼굴과 몸짓에 나타난 표정입니다. 사람이 하는 말 그리고 말할 때 하는 표정과 몸짓을 보면 진심으로 진실을 말하는 것인지 아닌지를 판단할 수 있습니다. 고통스러운 체험과 지루한 반복을 진지하게 실천하면서 얻은 깨달음이 바로 체인지體認知의 인認입니다. 체인지體認知의 인仁은 책상에 앉아서 편안하게 취득한 깨달음이 아닙니다. 온몸을 던져 시행착오도 겪어보고 우여곡절을 겪고 파란만장한 체험을 한 뒤에 비로소 체득한 깨달음입니다. 자신이 직접 체험해보지도 않고 대중을 상대로 허장성세하는 사람은 오래가지 못합니다. 거룩한 문제의식과 참을 수 없는 지적 호기심을 해결하기 위해 온몸을 던져 깨달은 사람은 함부로 이야기하지 않습니다. 알면 알수록 더욱 자세를 낮추고 겸손해지려고 노력합니다. 고통을 체험하며 깨달은 앎은 자신의 독자적인 노력으로 깨우친 앎이라기보다 다른 사람이나 주어진 환경과의 관계 속에서 교감하여 얻은 공감적 깨달음입니다.

인仁이라는 한자를 보면 사람人이 둘二 있습니다. 즉, 사람이 사람에 대해 갖는 측은한 마음, 그것이 인仁입니다. 두 사람이 정신적으로 완전히 하나가 되도록 사랑하는 것을 의미합니다. 다른 사람을 아는 것은 결국 다른 사람의 아픔이나 고통을 마치 나의 아픔이나 고통처럼 느끼는 것입니다. 타인의 아픔을 단지 머리로만 이해하는 것이 아니라 가슴으로 이해하는 것입니다. 인仁은 나를 사랑하고 점차 모든 사람을 사랑하는 단계로 발전하는 것입니다. 다른 사람을 사랑하기 위해서는 다른 사람의 아픔을 알아야 합니다. 내가 경험해보지 못한 타인의 아픔을 사랑하는 마음이 있을 때 비로소 온전히 타인을 이해할 수 있는 길이 열립니다. 체인지體仁知를 통해서 탄생하는 지식은 단지 외형적 변화나 개인 차원의 투명한 앎을 위한 지식이 아닙니다. 체인지體仁知의 핵심은 살신성인殺身成仁에 잘 드러납니다. 살신성인은 자신自身의 몸을 죽여 인仁을 이룬다는 뜻으로, 자기自己의 몸을 희생犧牲하여 옳은 도리道理를 행行한다는 말입니다. 체인지體仁知 철학은 축적된 지식을 악용하여 다른 사람의 약점을 공격하거나 자기 이익 챙기기에 혈안이 된 기능적 지식 기술자나 교언영색 하는 지식인을 경계합니다. 오히려 자신이 체험으로 깨달은 지식을 근간으로 어려움에 직면하여 아픔을 호소하는 다른 사람들을 위해서 기꺼이 봉사하며, 감각적 마비 상태에 빠져 타인의 아픔을 느끼지 못하는 암울한 사회를 변화하기 위한 과감한 결단決斷과 결행決行을 강조합니다. 체인지體仁知 철학은 나보다 어려운 처지에 놓인 사람과 그냥 내버려 두면 위험에 처할 상황을 지나치지 않고 결연한 용기를 발휘해서 과감하게 실천하는 노력을 중시합니다.

앎은 개인 차원의 깨달음이기도 하지만 개인 차원의 깨달음은 항상 관계 속에서 일어납니다. 나와 다른 사람과의 관계, 나와 주어진 환경과의 관계, 나와 제도, 문화와의 관계 속에서 새로운 깨달음을 얻습니다. 인식이 개인 차원에 머물러 자신의 전문성을 심화하는 데에만 몰두하면 자신을 둘러싸고 벌어지는 사회적 이슈에 눈을 감습니다. 차마 눈 뜨고 볼 수 없는 참혹한 살인 사건을 보고 마치 내 아픔인 양 느낄 줄 모르는 사람이 많아질수록 (공자가 이야기하는) 마비된 사회가 됩니다. 다른 사람의 아픔을 느낄 줄 모르는 마비된 사회를 다른 사람의 아픔이 무엇인지를 가슴으로 느낄 줄 아는 아름다운 사회로 바꾸려면 내가 먼저 많이 아파 봐야 합니다. 아파 본 사람이 아픈 사람의 마음을 압니다. 몸소 아파본 경험이 없는 사람은 아프면 어떤 느낌인지를 알 수 없습니다. 아픔이 무엇을 의미하는지 가슴으로 느껴본 사람만이 다른 사람의 아픔을 진정으로 이해할 수 있습니다. 공자가 말하는 인(仁)은 결국 많이 아파 본 사람이 아픈 사람의 마음을 가슴으로 느끼며 발휘하는 예술적 또는 심미적 감수성입니다. 아름다움은 앓고 난 사람이 보여주는 사람다움입니다. 그래서 아름다움은 '앓음다움'이었습니다. 아름다운 사람은 다른 사람의 아픔을 느낄 줄 아는 사람입니다.

03 다섯 번째 생각 여행 체인지

'일상'이 사라진 '책상'에 ==공허한 관념==이 자란다!

'책상'에서 배웠어도 '일상'에서 실천하지 않으면 공염불空念佛입니다. 머리로 이해했어도 몸으로 실천하지 않으면 사상누각砂上樓閣입니다. 몸으로 실천한 것만이 진정한 사상이 될 수 있습니다. 사상은 관념적 이해의 산물이 아니라 실천적 적용의 결과입니다. 일상적 실천 없는 책상 논리와 이론은 이상異常한 논리論理, 이론異論으로 전락합니다. 이론의 출처는 실천이 이루어지는 현장과 현실입니다. 일상적 삶의 현장에서 일어나는 복잡하고 혼돈스러운 피상에서 보이지 않는 구조와 질서를 찾아내는 과정이 공부입니

다섯 번째 생각 여행 체인지

다. 평범한 '일상'에서 비범한 '이상'을 발견하려면 관심을 갖고 관찰하면서 규칙적인 질서나 공통적인 패턴을 포착해야 합니다. 앞서 말했듯이 관심과 관찰이 통찰력을 일으킵니다. 관찰이 질문을 만나면 위대한 통찰을 불러일으킵니다. 내가 던진 질문의 그물에 어떤 답이 걸릴지는 전적으로 내가 세상을 향해 던지는 질문의 성격과 방향과 수준에 따라 결정됩니다. 여기서 필요한 질문은 '책상'에서 던지는 관념적 질문이 아닌 '일상'에 관심 갖고 관찰하면서 던지는 생생한 질문입니다. 질문은 우선 '일상'에서 시작해야 합니다. 사람들의 살아감에 대해 묻고, 나의 삶에 대해 물어야 합니다. 나는 지금 어디로 가고 있는가? 나는 무엇을 위해 왜 지금 이런 일을 하고 있는가? 나는 무엇을 하고 싶은가? 등등 일상에 대한 간절함과 절박함이 담긴 질문이라야 통찰력을 얻을 수 있습니다. 평범한 '일상'에 대한 관심과 관찰이 비범한 '이상'을 꿈꿀 수 있는 원동력인 것입니다.

정채봉 님의 시가 있습니다.

광야로

내보낸 자식은

콩나무가 되었고

온실로 들여보낸 자식은

콩나물이 되었고…

　여기서 광야와 온실은 각각 '일상'과 '책상'에 비유할 수 있습니다. '일상'과 관계없는 '책상'에서 가공한 지식으로 '일상'을 설명, 이해하려는 과정에서 문제의 심각성이 발생합니다. '일상'을 움직이는 힘이 '책상'에서 나올수록 심각한 사상적 위기가 발생합니다. 일례로 한 초등학교의 미술시간이었습니다. 미술 선생님이 학생들에게 멋있는 집을 그려보라고 했습니다. 대부분의 학생들은 지붕부터 그립니다. 그런데 유독 지붕부터 집을 그리지 않고 밑에서부터 위로 집을 그리는 학생이 하나 있었습니다. 선생님은 조용히 그 학생 옆에 가서 물었습니다. "다른 아이들은 지붕에서부터 아래로 집을 그리는데, 너는 거꾸로 밑에서 위로 그리는구나. 특별한 이유라도 있니?" 학생은 부끄러운 듯 수줍어하며 이렇게 대답했습니다.

다섯 번째 생각 여행 **체인지**

"저희 아빠는 하루하루 일거리를 찾아 나선답니다. 주로 아파트 건설현장이나 개인주택을 짓는 일터에서 일하는 막노동자입니다. 하루는 제가 아버지 일을 따라가 하시는 일을 도와준 적이 있습니다. 그때 많은 분들이 일하는 모습을 보고 알았습니다. 건설현장에서 일하는 아저씨들은 집을 지을 때 지붕부터 짓지 않더라고요. 그래서 저는 밑에서부터 위로 그린 집이 하나도 이상하지 않은데….”

실제로 집짓는 과정에 참여하여 일을 해본 사람이라면 집을 그리더라도 절대 지붕부터 그리지 않습니다. 그러나 '책상'에서 공부한 사람은 지붕부터 집을 그립니다. 지붕부터 '집을 그리는' 관념적 미술이론과 밑에서부터 '집을 짓는' 구체적 건축 행위는 일치되어야 합니다. 집 그리기와 집짓기의 차이는 흔히 말하는 이론과 실제 또는 실천의 차이입니다. 이론은 추상적이고 실천은 구체적이기에 둘은 가까이 하기에는 너무나 먼 당신이라고 아예 접목 자체를 시도하지 않습니다. 사실 이론이 잉태된 장소가 어디인가요? 척박한 현실일 수도 있고 모호하고 불확실하며 조용하지만 역동적인 움직임이 늘 존재하는 우리 살아가는 삶의 터전이 아닌가요? 하루하루 살아가는 평범한 삶을 설명하고 이해하지 못하거나 오히려 이런 삶을 왜곡하거나 희석할 경우 이론은

그야말로 이상한 논리들의 결집체가 아닐까요? 이상한 논리는 현실과 유리된 장소에서 현실과 관계없는 교과서적 지식을 가공하는 과정에서 나옵니다. 논리적 이성을 강조한 나머지 현실에서 들려오는 구체적인 목소리를 외면한다면 이론은 더 이상 현실을 설명하거나 이해할 수 없습니다. 오히려 이런 이론은 현실을 왜곡하거나 희석시킵니다. 논리적으로는 맞지만 현실적으로 설득력을 지니지 못하는 주요 원인이 바로 '책상'에서 공부했기 때문입니다.

학습은 평범한 사람들의 일하는 논리 속에서 싹트고 꽃피며 열매를 맺습니다. 학습은 또한 평범한 사람들의 일하는 사고방식에 따라 노작체험勞作體驗을 통해 내면화되는 과정입니다. 나아가 학습은 도처에 산재한 파편화된 정보조각들을 실제 적용하는 과정을 통해 자기 것으로 체화시키는 활동입니다. 집을 짓는 방식대로 집을 그리는 교육이 이루어질 때 그 교육을 받은 사람이 자연과 더불어 어우러지는 환경친화적 건물을 지을 수 있습니다. 집이 자연과 배치되거나 자연적인 에너지 흐름을

다섯 번째 생각 여행 체인지

거역하는 논리나 위치로 만들어질 경우 집은 건물house이 될 뿐, 인간적 친화의 무대이자 교감의 장소이며 자연과 어우러지는 한 폭의 동양화로서의 집home이 되기가 어렵습니다. 교과서 지식을 암기하고 토해내서 순위를 결정짓는 시험으로 아이들의 목을 죄고 압박할 것이 아니라 독립적인 의사결정과 자율적 판단에 따라 사람 살아가는 세상에서 이루어지는 일들을 직접 보고, 듣고, 체험하게 할 필요가 있습니다. 엄마는 아파트 평수를 따지고 아이들은 학교 성적이 몇 등인지만 따진다면 삶은 피폐해지고 교육은 죽어갈 뿐입니다.

  '책상 고민'보다 '일상 고통'이 삶을 바꾸고 세상을 바꿉니다. 오늘 하루 일상에서 무엇을 깨닫고 있습니까? '책상'에서 얻은 '관념'을 '일상'에 적용하여 나의 '개념'으로 만드는 노력을 얼마나 전개하고 계십니까? '책'에 들어 있는 남의 관념은 '산책'을 통해 나의 생각과 주장으로 만들어야 합니다. '책'보다 '산책'이 더욱 소중합니다.

04 다섯 번째 생각 여행 체인지

곤충을 삼등분하면
'머리, 가슴, 배'가 아니라 '죽는다'!

초등학교 시험문제!

곤충을 삼등분하면?
( ), ( ), ( )

대부분의 학생이 (머리), (가슴), (배)라고 대답했지만 한 학생은 (죽), (는), (다)라는 다소 엽기적인 대답을 했다고 합니다. 이렇게 답한 학생도 나름 이유가 있을 것 같아 선생님은 학생을 불러놓고 이유를 묻습니다. 그러자 학생은 "곤충을 삼등분하면 죽잖아요?"

다섯 번째 생각 여행 체인지

라고 당돌하게 말했습니다. 머리, 가슴, 배라는 정답은 이론이지만 실제로 곤충을 삼등분하면 죽는 것이 현실입니다. 학생은 책에 나와 있는 대로 대답하지 않고 왜 엉뚱한 대답을 했을까요?

현실과 괴리된 교실에서 곤충을 삼등분하면 머리, 가슴, 배라는 대답이 나올 수 있습니다. 그러나 실제로 곤충들이 살고 있는 늪, 산, 들판에서 곤충을 잡아다 삼등분하면 정말로 죽는다는 논리일 것입니다. 우리는 살아가면서 많은 것을 보고, 느끼고, 배우지만 제도교육을 통해 배우는 것보다는 제도 밖, 학교 울타리 밖에서 우연히 자연스럽게 배우게 되는 것들이 훨씬 많습니다. 이상적인 학습은 학습결과를 적용하거나 활용할 만한 현장에서 몸소 체험하며 배우는 일일 것입니다. 누가 가르쳐주지 않았어도 일상에서 우연한 기회에 무의식적으로 어떤 일을 하다가 불현듯 깨닫는 일, 특정 과제를 추진하는 도중에 자연스럽게 터득하는 학습이 긍정적인 삶과 직결되는 내용들일 것입니다. 그런데 제도교육을 통해 교육받는 과정은 현실과 차단되거나 괴리된 경우가 많습

니다. 창백한 교실 공간에서 추상화된 관념이나 감동 없는 개념을 배우는 것입니다. 이런 과정으로 배우게 된 지식이나 이론, 나아가 내 안에 축적된 개념은 위험할 수 있습니다. 그렇게 알게 된 개념이나 이론은 설명력과 이해력이 현격하게 떨어지면서 주어진 현실 이해에 도움이 되기는커녕 오히려 역기능으로 작용할 수 있습니다. 또한 주어진 현실을 왜곡하거나 각색, 탈색, 희석시킬 가능성이 농후합니다. 일상적 삶의 현실을 반영하지 못하는 메마른 논리와 추상적인 관념의 덩어리가 부표하는 수업은 일상의 작은 문제해결에 하등 도움이 되지 않습니다. 문제가 바로 여기에 있습니다.

창백한 교실에 앉아 수없이 암기해야 하는 무수한 사실, 개념, 원리, 법칙, 이론 등에 짓눌려 찌들어가는 해맑은 학생들. 그들 삶은 웃음과 즐거움을 잊은 지 오래입니다. 땀의 소중함을 체험하면서 땀의 진정한 의미와 가치를 느껴보지 못하고 '벼'를 보고 '쌀나무'라고 지칭하는 데에는 다 이유가 있는 것입니다. 머릿속에 산만하게 흩어져 있는 모래알 지식으로 복잡하게 얽히고설킨 현장의 역동성을 얼마나 이해할 수 있을까요? 내가 먹는 밥이 어떤 과정을 통해서 누구에 의해 어느 정도 힘든 노동이 보태어져 생산, 유통되는지 알지 못한 채 단순화시킨 프로세스를 통해 그 과정을 머리로 익히는 학습활동은 진정한 학습이 아닙니다. 손발이 동반되지 않은 머리만의 사유과정은 관념의 유희로 전락할 가능성이 높습니다.

 곤충을 삼등분하면 머리, 가슴, 배라고 가르칠 필요도 있지만 삼등분하는 과정에서 곤충이 당하는 고통과 아픔을 느끼는 일이 더욱 중요합니다. 내가 살아가는 일상 속에서 직면하는 수많은 생물체와 무생물체가 나와 어떤 관계가 있고, 나의 특정한 생각과 행동이 그들에게 어떤 고통을 가져다주는지를 구체적으로 생각해보고 토론하는 과정이 필요합니다. 그 토론결과가 실제로 적용될 때 머릿속으로 돌고 돌던 상념의 나래와 생각의 파편들이 일상 현장에서 어떻게 유기적으로 통합되는지, 어떤 관계에 의해서 그들의 삶이 전개되는지를 곰곰이 생각해볼 여유와 기회가 제공되어야 합니다. 그렇지 않으면 우리의 삶은 메마른 논리가 뜨거운 감성을 지배하고 삶과 유리된 상태에서 쓸데없는 이상적 담론들만 판칠 수 있습니다. 산 지식은 '책상'이 아닌 '일상'에서 나옵니다.

05 다섯 번째 생각 여행 체인지

'목재'보다 '분재'가 더 아름답다!

솔방울이 여물면 소나무 씨앗을 바람에 날려보냅니다. 운 좋은 소나무 씨앗은 비옥한 땅에 떨어져 '목재'로서의 가치를 뽐내면서 쑥쑥 자라다가 목수에게 어느 순간 베어지면서 일생을 마감합니다. 운 좋지 못한 소나무 씨앗은 바위 사이에 떨어져 몸속에 담고 있는 아주 적은 양의 수분으로 삶을 견디어냅니다. 바위에 틈을 마련하고 거기에 빗물을 담아서 치열한 생존투쟁을 시작합니다. 자라기 쉬운 터전에 자리 잡은 소나무는 아무 불편 없이 쑥쑥 자라 근사한 건축물의 목재로 쓰이지만 바윗돌 위에 자리 잡은 소나무 씨앗은 수십 년이 지나도 땅 좋은 곳에 자리 잡고 성장한 소나무 몇 년 자란 키도 안 됩니다. 큰 불편 없이 빠르게 자란 소나무는 좋은 목재로 사용되는 일생을 마감하지만 고난과 역경을 이겨낸 키 작은 소나무 분재는 애호가들의 애정 어린 손길에 이끌려 생명을 아름답게 가꾸어나갈 수 있는 또 다른 삶의 기반을 마련하는 것입니다.

우리의 삶도 곧게 뻗은 소나무처럼 남의 눈길을 받으면서 화려하게 자라다가 화려하게 자신의 생을 마감하는 거목인생이 있는가 하면, 악조건 속에서 오랫동안 고군분투하다가 결정적 기회를 맞이하여 전화위복의 아름다운 삶을 만들어가는 분재 같은 인생도 있습니다. 분재는 목재로서의 가치는 없지만 온갖 풍상과 환경적 악조건을 극복하고 모든 고난과 고통을 내면으로 삭히면서 자랐기 때문에 나무의 강도가 거목보다 강합니다. 외유내강外柔內剛이라기보다 겉도 강하고 내면은 더 강한 외강내강外剛內剛, 겉은 아름다우면서 그 아름다움을 풍기는 내면의 강인함이 서린 외미내강外美內剛이라는 표현이 더욱 잘 어울립니다.

우리는 대부분 누군가 닦아놓은 탄탄대로의 길에 무임승차해서 편안하게 남의 길을 따라가는 사람입니다. 그러나 남들이 가지 않은 길, 남들이 갔던 길과 반대 방향으로 가려는 도전하는 삶이 감동을 주는 인생역전을 만들어갑니다. 지금 내가 발을 딛고 서 있는 곳이 분재가 자라는 바위일 수도 있습니다. 그러나 그곳에도

희망의 빛이 있게 마련입니다. 운 좋게 직선주로처럼 빠르게 자라다 빠르게 생을 마감한 '목재'와 운 나쁘게 곡선의 궤적을 그리면서 느리게 자라다 평생 자신의 향기를 내뿜으면서 자라는 '분재', 자 어떤 길을 선택하시겠습니까?

 꽃이 피는 풀과 나무 또는 꽃이 없더라도 관상용이 되는 모든 식물을 통틀어 '화초'라고 합니다. '화초'는 주로 온실 속에서 자랍니다. 온실 속의 '화초'라는 말로 어려움이나 고난을 겪지 아니하고 곱게 자란 사람을 비유하기도 합니다. 온실은 화초가 자라는 세상입니다. 온실이라는 세상은 외부 세계와 차단 또는 분리되어 바깥세상의 추위, 비바람, 눈보라에 관계없이 따뜻한 온도가 일정하게 유지되는 곳입니다. 따라서 온실은 시련과 역경이 없는 평탄한 삶의 조건과 환경을 지칭합니다. '화초'는 '화초'가 자라는 온실을 떠나서는 살 수 없습니다. 세파를 경험해보지 못한 '화초'는 온실이라는 보호막을 없애면 바로 죽음을 맞이합니다. 우리가 살아가는 세상은 온실만 있는 것이 아닙니다. 온실은 삶이 전개되는 극히 하나의 환경만을 지칭할 뿐입니다. '화초'는 온실에서 자라지만 '잡초'는 실온에서 자랍니다. 온실의 온도는 실온과 다릅니다. 실제의 온도가 영하의 추위라 하더라도 온실 안의 온도는 실온과 관계없이 늘 따뜻합니다. 비닐하우스라는 보호막은 실온과 관계없이 온실 안의 온도를 일정하게 유지해주는 차단막이니까요. '잡초'는 태어날 때부터 험한 삶의 환경을 무대로 살아갑니다. 비가 오나 눈이 오나 아랑곳하지 않고 자신이 시작한 삶의 터전에서 생명의 존재를 드러내면서 살아갑니다. 척박한 땅에 떨어진 '잡초'의 씨앗은 거기서 삶의 드라마를 연출해내고, 비옥한 땅에 떨어진 '잡초'는 거기서 그 나름의 삶을 개척해나갑니다. 길바닥에 떨어진 '잡초'는 사람의 발에 밟히고 걷어차이면서도 굴하지 않고 끈질긴 생명력과 자기 존재를 증명하며 살아갑니다. 사실 '잡초'는 인간중심적 사고의 전형을 보여주는 말입니다.

자연에는 많은 식물이 살아가지만 의미 없이 살아가는 생명체는 하나도 없습니다. 자연에는 거기 아무 이유 없이 존재하는 생명체가 없습니다. 모든 생명체는 살아가는 이유가 다 있게 마련입니다. '잡초'가 자연에 존재하는 이유는 '잡초'도 나름의 생존 이유가 있기 때문입니다. 언제, 어떤 환경에서도 자신이 떨어진 곳에서 끈질긴 생명력을 보이면서 자기 존재를 증명하는 생명체가

'잡초' 입니다. 흙을 온 몸으로 부둥켜안고 살아가기에 비가 많이 와도 흙이 떠내려가지 않습니다. 또 가뭄이 극심한 가운데 바람이 불어도 흙먼지가 날리지 않는 이유도 '잡초'가 있기 때문입니다. '잡초'가 필요 없다고 생각하여 온갖 수단과 방법을 동원해 '잡초'를 제거하려 해도 '잡초'는 인류 역사보다 더 오랫동안 생명력을 자랑하며 살아남았습니다. 겉으로 보이는 '잡초' 줄기와 가지에 비해 뿌리가 땅속까지 깊게 뻗어 있기 때문에 뽑고 뽑아도 절대로 죽지 않는 '잡초'입니다. 나약한 인간들이 '잡초'로부터 배워야 할 교훈은 자신이 살아가는 환경을 탓하지 않고, 오로지 종족 보전을 위한 씨앗 퍼트리기에 골몰하면서 어떤 시련과 역경에도 굴하지 않고 살아가는 끈질긴 생명력의 비밀입니다.

혹시 온실 속 '화초'처럼 세상의 세파와 차단된 나도 모르는 보호막 속에서 살아가고 있지 않은가요? 아니면 '잡초'처럼 어떤 시련과 역경이 다가와도 목표달성 여정에 만날 수밖에 없는 걸림돌이라고 생각하나요? 추운 날씨와 세찬 비바람은 온실 속 화초에게는 성장을 방해하는 장애물이자 걸림돌이지만 잡초에게는 더 강하게 성장할 수 있도록 돕는 디딤돌이자 자양강장제입니다. 온실 속 화초처럼 자라기보다는 나를 나약하게 만드는 일체의 보호막을 걷어냅시다. 그리고 모진 세파와 시류에 맞서 살아가는 씩씩한 잡초가 되어봅시다!

06 다섯 번째 생각 여행 **체인지**

남다른 시련이
남다른 나를 만든다!

바이올린의 명품, 스트라디바리우스는 다른 바이올린에 비해 가격도 비싸지만 신비의 소리를 낸다는 점에서 많은 사람들의 주목을 받고 있습니다. 스트라디바리우스 바이올린이 신비의 소리를 내는 이유는 여러 가지가 있겠지만 바이올린을 만드는 나무에 있다는 설이 유력합니다. 스트라디바리우스 바이올린의 신비의 소리를 내는 원천은 바로 빙하기 때 자란 나무로 만들어졌기 때문이라고 합니다. 겨울에는 나무가 성장을 거의 멈추고 나목으로 버티면서 새 봄을 준비하는 휴면기를 맞이합니다. 그러나 한 가지 분

다섯 번째 생각 여행 **체인지**

출처 : answers.com

명한 사실은 나무가 겨울에도 자란다는 점입니다. 여름에 비해 비록 성장이 활발하게 일어나지 않지만 겨울에도 모진 풍상과 추위를 나목으로 버티면서 봄의 희망을 잉태합니다. 겨울도 아니고 빙하기라면 나무가 거의 자라지 않겠지만 그래도 사람들이 구분하기 어려울 정도로 나무는 자랍니다. 작은 성장이지만 의미심장한 성숙의 고통이 나무를 더욱 튼실하게 가꾸는 원동력이 되는 셈입니다.

나무의 성장은 나이테에 그대로 반영됩니다. 나이테 간격이 넓은 것은 여름에 자란 흔적이고 나이테 간격이 좁으면 겨울에 자란 흔적입니다. 나이테 간격이 좁다는 것은 그 만큼 나무가 자라는 동안 외부 환경이 녹녹지 않았음을 대변합니다. 살을 에는 듯한 추위와 눈보라도 나무는 나목으로 버팁니다. 겨울 동안 나무는 외형적 성장보다는 내면적 성숙의 시간을 통해 새 봄과 함께 힘찬 출발을 준비하는 시간을 갖습니다. 외형적으로 빠르게 성장한 나무는 나이테 간격이 넓은 대신 외부적 충격이나 압박에 견디지 못하고 부러질 수 있습니다. 비록 빠르게 성장하지는 못해서 나이테 간격이 좁지만 시련과 역경을 견뎌냈기에 웬만한 충격과 압력에도 쉽게 부러지지 않는 내성을 갖고 있습니다. 스트라디바리우스 바이올린이 신비의 소리를 내는 원동력은 바로 빙하기 때 거의 자랄 수 없는 혹독한 추위 속에서 홀로 버티면서 참아낸 인고의 시간을 내면적으로 승화시킨 나무의 생존력에서 비롯되는 것입니다.

　사람도 마찬가지입니다. 탄탄대로를 아무런 시련과 역경 없이 자라는 사람은 작은 장애물과 걸림돌에도 쉽게 넘어지고 무너질 수 있습니다. 그러나 비록 인생의 첩경을 통해 탄탄대로를 걷지 못했지만 고생하면서 고뇌의 족적을 많이 남긴 인생의 뒤안길에는 상처 뒤에 남은 흉터의 흔적이 아름다운 추억으로 아롱져 떠오릅니다. 걸림돌을 만나면 디딤돌로 밟고 지나가고, 한계를 만나면 도전하면서 자기만의 길을 개척한 사람들은 언제나 빠른 성장보다 느린 성숙의 길을 묵묵히 걸었을 것입니다. 빨리 가는 쉬운 길을 의도적으로 거부하고 어렵지만 도전하면서 느끼는 성취의 보람과 가치를 추구하는 사람들이 언제나 우리 사회의 밝은 등불 역할을 합니다. 스트라디바리우스가 신비의 소리를 내는 원동력은 혹독한 추위를 나목으로 버티면서 내면으로 승화시킨 고통苦痛이 내는 잔잔한 고동鼓動이었듯이 보람 있고 가치 있는 성취의 이면에는 항상 시련과 역경을 이겨낸 사람만이 뿜어낼 수 있는 인간적 향취와 독창적인 색깔이 있습니다. 무엇인가를 달성하고 싶을 때, 그리고 그 결과를 토대로 흔들리지 않는 나만의 독창적인 컬러를 만들어가고 싶을 때, 시련과 역경은 언제나 아름다운 '전통'을 창조하기 위한 몸부림으로 작용합니다. 온 몸으로 겪는 '진통'의 체험과 흔적은 여러분 특유의 색깔을 결정하는 원동력입니다. '진통'을 경험하는 가운데 생긴 상처가 기억이 되고 기억이 아름다운 흉터로 남는

것입니다. 여러분은 나만의 아름다운 '전통'을 만들어가기 위해 어떤 '진통'을 경험하고 계신가요? 아무런 '진통'없이 무엇인가를 이룰 수 있다는 막연한 생각을 버려야 할 것입니다.

시작始作이 두려운가요? 두려우면 시작하지 마십시오. 시작하지 않으면 시험試驗도 시련試鍊도 없습니다. 시험을 통과하지 않은 사람, 시련을 견디지 못한 사람치고 위대한 시금석을 마련한 사람을 본 적이 없습니다. 시작해서 남다른 시험도 보고 시련도 겪어야 남다른 목적지에 도달할 수 있습니다. 시작하면 시험과 시련은 따라옵니다. 시작하지 않으면 시험과 시련도 경험할 수 없습니다. 시험을 견뎌내고 시련을 이겨낸 사람만이 마침내 꿈의 목적지, 시원始原에 도달할 수 있습니다. 이전과는 다른 방법으로 쉬지 않고 시추試錐해야 시원始原, 즉 사물이나 현상이 시작되는 뿌리를 만날 수 있습니다. 시추란 지각 내부 상태를 파악하기 위해 또는 석유·천연가스·온천·지하수 등을 채취하기 위해 지각 속에 구멍을 뚫는 일을 말합니다. 시추란 또한 내가 진정 하고 싶은 것이 무엇인지를 알기 위해 다양하게 시도되는 탐험을 의미합니다. 여기저기 파봐야 물줄기를 만나는 것처럼 이런저런 시도를 해봐야 내면에 잠자고 있는 욕망의 물줄기를 만날 수 있습니다.

시작하지 않고 되는 일은 없습니다. 시작하는 방법은 그냥 시작하면 됩니다. 그런데 우리는 시작하기 위한 이론과 방법을 그 동안 너무 오랫동안 연구해왔습니다. 어떻게 시작하는 것이 가장 효과적인 방법인가를 연구하고 완벽하게 시작하는 방법을 알기 위해 우리는 너무 오랫동안 준비해왔습니다. 완벽하게 준비해서 시작하다 완벽하게 시작하지 못할 수 있습니다. 일단 준비가 어느 정도 되었다면 시작하십시오. 지금 시작하지 않으면 평생 시작할 수 없습니다. 시작하는 데에는 특별한 이론이나 방법이 없습니다. 그냥 시작하면 됩니다. 시작하다 안 되면 다시 시작해도 늦지 않습니다.

여섯 번째 생각 여행
Bricoleur
전문성

전문가는 전문적으로 문외한, 그것밖에 모르는 사람입니다!

전문가가 보유하고 있는 전문성은 과연 무엇일까요? 전문가의 전문성은 도대체 무엇을 말하는 것일까요? 전문성의 실체와 본질은 무엇일까요? 전문가는 한 분야에 대한 깊은 지식과 노하우를 배경으로 해당 분야를 깊이 있게 알고 있는 인재입니다. 한편 전문가를 달리 말하면 자기 분야 이외의 다른 분야에 대해서는 아무것도 모르는 사람이기도 합니다. 그래서 '그것밖에 모르는 전문적으로 문외한'이 전문가입니다. '한 우물을 파라'는 말은 영원한 진리지만, 한 우물 파다가 자신이 판 우물에 매몰될 수 있음을 알아야 합니다.

Bricoluire

01 여섯 번째 생각 여행 전문성

'재능'은 내가 하면 '재미' 있는 능력이다!

르네상스 시대의 창조는 작란(作亂)에서 비롯되었다고 합니다. 작란(作亂)은 그야말로 난동(亂動)을 일으키는 것입니다. 난동(亂動)은 기존의 당연한 것, 상식과 고정관념에 의문을 던지고 시비를 걸면서 일어나는 활동입니다. 작란은 장난입니다. 장난치다보면 재미가 있어지고 재미있게 장난하는 가운데 자신도 모르게 이전과 다른 시도를 즐기게 됩니다. 장난치는 가운데 창조의 싹이 자라고 꽃이 피며 열매가 맺어집니다. 우리는 장난도 못치고 놀지도 못하는 가운데 오로지 일만 할 수밖에 없습니다. 그러나 창조는 놀고 싶은

유희 충동 속에서 생겨납니다. "탁월함은 본성적으로 기쁜 삶과 연결되어 있으며, 기쁜 삶은 탁월함으로부터 분리될 수 없다." 에피쿠로스의 말입니다.

　재미있게 논다는 이야기는 어제와 다른 방법으로 익숙한 것을 낯설게 바꾸면서 새로운 시도를 즐기는 것입니다. 즉 놀이는 익숙한 것을 낯선 것으로 바꾸는 활동입니다. 이에 반해서 일은 낯선 것을 익숙하게 바꾸는 활동입니다. 놀이는 재미있고 일은 지겨운 이유가 여기에 있습니다. 무엇인가 창조가 되려면 어제와 다른 방법으로 익숙한 것을 낯설게 바꿔 놀아야 합니다. 일을 놀이처럼 하는 가운데 창조가 일어납니다. 일하는 것인지 노는 것인지 구분이 안 되는 물아일체의 몰입 경험 속에서 창조가 자신도 모르게 일어나는 것입니다. 장난치고 논다는 것은 그 장난과 놀이가 재미있다는 의미입니다. 장난과 놀이에 재미가 섞임으로써 의미 있게 다가오는 것입니다. 최고의 전문성을 보유하고 있는 사람은 하나같이 자신이 하는 일이 놀이인지 일인지 구분이 안 되는 상태로 반복하다가 그렇게 된 사람입니다.

　전문가가 되고자 한다면 내가 하면 재미있는 능력, 재능을 먼저 찾아야 합니다. 재능을 발견하는 방법은 이런저런 시도를 반복하는 수밖에 없습니다. 땅 속의 물줄기를 찾기 위해 여기저기 땅을 파는 시추 작업과 마찬가지입니다. 무수한 시추 끝에 솟아오르는 물줄기를 만날 수 있는 것처럼 내 안의 잠자는 욕망의 물줄기를 찾는 방법은 이런저런 시도試圖와 도전을 해보는 방법밖에 없습니다. 이런저런 시도와 도전 끝에 느낌이 오는 순간을 만납니다. "바로 이거야!"라는 환호성이나 탄성과 함께 자신이 하면 잘할 수 있을 것 같은 분야, 내가 하면 왠지 재미있고 신나는 일일 것 같은 느낌이 어느 순간 다가옵니다. 그게 바로 나의 재능일 확률이 높습니다. 5시간이 지났는데에도 불구하고 마치 5분처럼 느껴지는 일들 말입니다. 그런 일은 절대 지루하지 않고 피곤하지도 않습니다. 오히려 내가 무엇을 하는지도 모르는 상태에서 완전히 몰입하여 빠진 경우입니다.

누구나 자신이 하면 재미있는 능력을 보유하고 있습니다. 재능은 남과 비교해서는 찾을 수 없습니다. 재능은 밖에 있지 않고 안에 잠자고 있습니다. 재능이 무엇인지를 쉽게 알 수 있는 방법은 동물학교에 입학한 오리와 토끼, 그리고 참새가 배우는 교과목을 비유를 통해 설명하는 방법입니다. 동물학교의 첫날 교과목은 수영하기입니다. 수영은 오리가 제일 잘합니다. 그런데 토끼는 선천적으로 수영을 할 수 없습니다. 토끼가 오리의 재능인 수영하는 능력을 따라잡기 위해서 토끼 엄마가 토끼를 데리고 괌으로 전지훈련을 다녀왔습니다. 그래도 토끼는 수영을 오리처럼 잘 할 수 없습니다. 둘째 날 교과목은 눈 오는 날 산등성이 올리가는 등산입니다. 산등성이 올라가는 교과목을 배우는 동안 가장 스트레스를 받는 동물은 오리입니다. 이번에는 오리가 토끼와 비교해서 토끼처럼 등산을 잘하기 위해 알래스카로 전지훈련을 다녀왔습니다. 오리는 뼈를 깎는 각오로 훈련에 임했지만 남은 것은 오리의 물갈퀴가 찢어지고 동상에 걸렸으며 관절염과 디스크라는 질병밖에 없습니다. 마지막 날 교과목은 노래하기입니다. 노래는 참새가 제일 잘합니다. 물론 오리도 노래한다고 생각할 수 있습니다. 토끼는 전혀 노래를 못합니다. 노래를 못하는 토끼를 데려다 성대수술을 해도 토끼의 재능은 노래하기가 아닙니다.

    자연에 있는 모든 생명체는 저마다의 개성과 재능을 발휘하면서 살아갑니다. 사람은 자신의 내면에 샀사고 있는 재능을 발견하기보다 남과 비교해서 타인을 따라잡으려고 노력합니다. '남보다' 잘하려고 노력하기보다 '전보다' 잘하려고 노력해야 됩니다. 비교의 대상이 남이 아니라 내 안의 재능입니다. 어제보다 나는 잘하고 있는지를 끊임없이 물어보고 점검하고 반성해야 합니다. 남과 비교하는 순간 불행이 시작됩니다. 행복한 삶은 내가 하면 신나는 일을 찾아 그 일을 재미있게 하면서 살아가는 것입니다. 전문가가 되는 유일한 길도 재능을 찾아 재미있게 갈고 닦다보면 어느 순간 최고의 대열에 올라가는 것입니다. 최고는 최악의 순간을 경험하면서도 최고가 되는 길을 포기하지 않은 사람입니다. 반전에 반전을 거듭하기도 하고 역경을 극복하여 자신만의 경력으로 바꿔 나가는 사람들입니다. 그런 최고만이 최고를 넘어서 유일함으로 발전합니다. 진정한 최고는 'Best One'이 아니라 'Only One'입니다. 'Best One'은 남과 비교해서 이루어지는 최고지만, 'Only One'은 오로지 자신의 재능을 찾아 유니크unique를 추구하는 최고입니다.

재능은 우선 기능에서 출발합니다. 기능은 반복적인 연습을 통해 연마되고 단련되는 기술적 능력입니다. 기능은 의도적으로 생각하면서 발휘되는 초보적인 전문성입니다. 최고의 전문가는 자기가 하면 재미있는 능력을 찾아 꾸준히 반복적인 연습을 통해 예술적 기능, 즉 예능 수준으로 발전시킵니다. 예능은 무의식적으로 자신의 재능이 발휘되는 물아일체의 전문성입니다. 예능은 자신의 재능이 최고로 발휘되어 자신도 모르는 사이에 무의식적으로 드러나는 기능입니다. 예능 수준으로 발전했는지를 알아보는 방법은 물아일체의 경험을 했다는 느낌으로만 알 수가 있습니다. 느낌은 말로 설명할 수 없고 계량적으로 측정하거나 평가하기 곤란한 암묵적 지식이 몸으로 느껴지면서 다가옵니다. 온 몸으로 느낌이 오는 순간까지 지루한 반복과 연습을 하는 수밖에 없습니다. 그런 느낌은 남이 알 수 없으며 오로지 자신만이 느낌으로 아는 것입니다.

02 여섯 번째 생각 여행 전문성

전문성 높이는 방법,
느낌이 와야 최고가 된다!

한 분야의 전문가가 되는 길은 멀고도 험합니다. 검도를 배우는 단계를 수파리守破離 3단계로 설명합니다. 첫째, 수守 단계는 기본基本과 원칙을 연마하는 단계입니다. 기본이 없으면 그 위에 어떤 노력도 순식간에 물거품이 될 수 있습니다. 기본은 토대입니다. 집으로 말하면 정초定礎를 놓는 단계입니다. 정초가 부실하면 집이 순식간에 무너지듯이 기본이 없으면 무너지고 맙니다. 그래서 기본을 닦는 데 많은 시간을 투자해야 합니다. 한 분야의 위업을 달성하기 위해서는 적어도 1만 시간을 투자해야 한다고 말합니

여섯 번째 생각 여행 전문성

다. 1만 시간은 하루에 3시간씩 10년을 투자하는 시간입니다. 그래서 '1만 시간의 법칙' 또는 '10년 법칙'이라고도 합니다. 바닥에서 힘든 여정을 보내는 가운데 미래의 언젠가 웅비할 날개를 준비하는 과정입니다.

둘째, 파破 단계는 수守 단계에서 연마한 기본기를 근간으로 자기만의 고유한 기술을 창조하는 단계입니다. 살아가는 데 필요한 자기만의 독창적인 생존 기술技術을 필살기必殺技라고 합니다. 상대를 한 순간에 무너뜨릴 수 있는 일종의 한 칼입니다. 기본기를 토대로 응용동작을 연마하고 자기만의 독창적인 기술을 연마하는 과정입니다. 기본기가 없이는 필살기가 결코 만들어질 수 없습니다. 기존 이론을 철저하게 익히지 않고서 기존 이론을 능가하는 대안적인 이론을 제시할 수 없는 것과 마찬가지입니다. 창조적 파괴를 통해 새로운 가능성의 문을 열어가는 단계입니다. 독창적인 기술이 없으면 나의 존재 이유는 없어집니다. 기회가 왔을 때, 절호의 찬스가 왔을 때 한 칼로 승부할 수 있는 필살기 없다면 나는 아무것도 아닙니다.

셋째, 리離 단계는 기절초풍할 기운氣運으로 훨훨 날아가는 단계입니다. 스승으로부터 배운 기본기를 근간으로 자기만의 독창적인 필살기를 연마했으면 스승의 그늘을 벗어나 자기만의 독창적인 컬러로 세상을 지배하는 단계로 발전해야 합니다. '리' 단계는 이른바 청출어람 靑出於藍의 단계라 할 수 있습니다. 스승의 은혜에 보답하는 길은 스승의 가르침을 토대로 스승의 가르침에서 벗어나 스승과 다른 길을 안내하는 또 다른 스승의 길을 가는 것입니다. 기氣가 흐르면 세상도 자기편이 됩니다. 기가 흐르려면 자기만의 독창적인 무기, 생존기술, 필살기가 준비되어 있어야 합니다. 무의식적으로 자연스럽게 물 흐르듯이 생존기술인 필살기를 발휘할 때 나의 기氣가 세상으로 퍼집니다. 의식적으로 연마한 지식과 기술이 무의식적으로 자연스럽게 발휘될 때 비로소 느낌이 옵니다. '행함으로써 습득'한 전문성이 '느낌으로써 체득'되는 단계에 이르면 몸과 기술이 하나의 혼연일체가 되어 기능이 예능으로 발전하는 단계입니다. 느낌이 온 몸을 휘감으면서 귀가 번쩍 뜨이고 동공이 확대되며 탄성이 터지면서 나를 전율시킬 때 비로소 절정의 경지에 오른 것입니다.

최고의 고수, 전문가는 느낌이 올 때가지 지루한 반복을 합니다. '반복'이 '반전'을 일으키는 순간 절정 고수로 비약하는 것입니다. 반전이 오기까지 무수한 반복이 필요합니다. 반복이 반전을 만나는 순간 말로 표현할 수 없는 달인의 경지에 올라서는 것입니다. 느낌이 오지 않으면 아직 더 연습하라는 의미입니다. 물아일체의 몰입경험을 통해 설명할 수 없는 필feel이 와야 경지에 오를 수 있습니다. 앎은 경험하지 않고도 가능하지만, 느낌은 경험하지 않고서는 다가오지 않습니다. 경험하지 않아도 알 수 있지만, 느낄 수는 없습니다. "느끼기 위해서는 '만남'이라는 사건이 먼저 일어나야 한다." 채운의 《느낀다는 것》이라는 책에 나오는 말입니다. 여기서 만남은 대상과 온몸이 만나는 과정이자 관계입니다. 머리로만 생각하는 대상과의 만남은 느낌이 오지 않습니다. 내 몸이 대상과 한 몸이 되어 만나면서 이루어지는 모든 감각적 경험이 느낌으로 몸에 각인됩니다. 그런 경험과 경험에 따르는 느낌의 축적이 형언하기 어려운 전문성으로 체화되는 것입니다.

세잔은 사과 하나를 그리기 위해서 먼저 자신이 알고 있는 사과에 대한 추억과 느낌과 인식을 다 지우려고 했습니다. 그리고

폴 세잔 〈사과와 오렌지〉 유화, 오르세 미술관

자신과의 싸움을 처절하게 전개했습니다. 이전에 보고 느낀 사과가 지금 내가 그리려고 하는 사과의 본질과 속성을 이해하는 훼방꾼으로 작용하기 때문입니다. 더 잘 느끼려면 자신이 알고 있는 것을 내려놓아야 합니다. 기존의 앎이 사물에 대한 색다른 느낌을 방해한다는 것은 사물에 대한 다른 인식의 가능성을 막는 장애물로 작용할 수 있다는 말입니다. 체험적으로 깨달은 앎은 체험적으로 깨달을 수 있는 색다른 인식을 방해합니다. 따라서 기존의 체험적 앎을 새롭게 재구성하거나 의심해볼 필요가 있습니다. 또한 머리로 배운 너무 많은 지식 또한 몸으로 실천하는 과정에 방해요인으로 작용할 수 있습니다. 실천하지 않고 공부만 하면 관념의 파편이 야적될 수 있습니다. 사상은 내가 실천한 것만 체득됩니다. 실천의 과정을 거치지 않은 공부는 절름발이 인식을 가져올 수 있습니다. 직접 해보지 않고 머리로 배우기만 하면 평생 배우다 말 수 있습니다. 지식으로 정리할 수 없는 체험적 앎은 지식으로 정리될 수 있는 관념적 앎보다 더 의미심장합니다. 사람은 자신이 알고 있는 사실보다 더 많이 알고 있습니다. 다만 표현의 한계가 작용할 뿐입니다. 실천해보지 않으면서 머리로 고민한다고 문제가 해결되는 건 아닙니다. 오히려 문제는 여러 가지 시도를 거듭하는 가운데 의외로 쉽게 풀릴 수 있습니다. 문제 해결에 필요한 지식을 전부 배운 다음 문제 해결에 도전한다면 세상의 문제는 거의 풀리지 않고 미궁 상태로 남아 있을지 모릅니다. 직접 시도해보는 가운데 앎이 느낌과 함께 따라옵니다. 이렇게 해보니까 이건 안 풀리고 저건 풀리는 경우도 있습니다. 시도해보십시오! 해봐야 느낌이 옵니다. 느낌은 앎의 확신을 더욱 공고하게 만들어주는 원동력입니다. 책상에서 배운 체계적 지식은 현실에서 체계적으로 적용되지 않습니다. 세상은 책상에서 배운 대로 일어나지 않습니다. 세상은 책 똑똑이 book smart가 이끌어가는 것이 아니라 몸으로 터득하면서 깨달은 실전형 지식인 street smart이 이끌어갑니다.

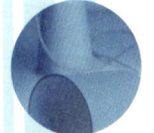

03 여섯 번째 생각 여행 전문성

'파리학과' 전공의
학사, 석사, 박사, 교수의 차이

자기 전공 분야에 매몰된 나머지 타 전공에 대한 이해는 물론 소통과 교감이 이루어지지 않는 극단적인 폐해와 역기능을 파리학과 메타포로 설명합니다.

여러분이 대학의 파리학과를 졸업한 파리학사라고 해봅시다. 파리학사는 '파리개론'부터 배우기 시작해서 파리 부위별 각론으로 나눠서 배우기 시작합니다. '파리학 개론 概論'은 파리전공과 관련해서 처음 오리엔테이션 성격을 띠는 일종의 입문 교과목입니다. 보통 'XX개론'은 학생들에게 감동적인 교과목인 경우가 드

묶니다. 개론서는 저자들 간에 서로가 서로의 책을 인용하면서 교묘한 편집기술의 결과로 탄생한 책입니다. '파리학 개론' 수업을 들은 파리학과 학생들은 학년이 올라가면서 이제 '파리 앞다리론' '파리 뒷다리론' '파리 몸통론' 등 '파리학 각론'을 배우고 졸업하기 이전에 파리를 분해·조립하고 파리가 있는 현장에 가서 인턴십 등 실습을 한 후 파리학사 자격증을 취득하면서 졸업합니다. 파리학과를 졸업하면 "이제 파리에 대해 모든 것을 알 것 같다."라고 말합니다. 사실 파리학과 학생들이 말하는 이제 모든 것을 알 것 같다는 말은 파리에 대해 들은 적은 있으나 설명할 수 없는 상태입니다. 파리를 공부한 파리학사는 파리에 대해 잡다하게 들은 것은 많으나 설명할 수 없는 절름발이 지식인입니다. 부위별로 배웠던 '파리학 각론'이 '파리학 개론'으로 다시 통합되지 않는 부분분석과 분해 중심의 교육과정은 파리에 대해서 배웠지만 진정 파리를 알지 못하는 학생들을 대량으로 양산하는 주범입니다.

파리 전문지식의 부족함을 절감한 파리학사는 더욱 깊이 있는 공부를 위해 파리학과 대학원 석사과정에 입학합니다. 파리석사는 파리 전체를 연구하면 절대로 졸업할 수 없기 때문에 파리의 특정 부위, 가령 '파리 뒷다리'를 전공합니다. 파리 뒷다리를 전공하는 파리학과 대학원생은 파리 뒷다리를 몸통에서 분리, 실험실에서 2년간 연구한 후 「파리 뒷다리 관질상태가 파리 움직임에 미치는 영향에 관한 연구」 또는 「파리 뒷다리 움직임이 파리 몸통에 미치는 영향에 관한 연구」 등의 논문으로 파리 석사학위를 받습니다. "이제 무엇을 모르는지 알 것 같다."라고 깨달을 때 주어지는 학위가 바로 파리 석사학위입니다. 파리 뒷다리 전공자에게 절대로 파리 앞다리를 물어봐서는 안 됩니다. 파리 뒷다리 전공자는 파리 앞다리에 대해서는 아는 바가 없기 때문입니다. 또한 파리 뒷다리를 전공하는 교수님에게 자꾸 파리 앞 다리에 관한 질문을 하면 졸업이 안 될 수 있습니다. 파리 뒷다리 전공의 교수님이나 석사학위 취득자에게 파리 앞다리는 또 다른 전공영역입니다. 파리 앞다리 전공자와 뒷다리 전공자 간 파리에 대한 총체적 이해를 위해 자주 만나서 각자의 연구결과를 갖고 논의할 필요가 있습니다. 그런데 전공영역별 연구대상은 물론 연구방법론이나 방법의 차이로 각기 다른 연구결과를 생산하기 때문에 다른 전공자들이 함께 논의한다는 것은 불가능에 가깝습니다. 전공별 최선을 다해 연구하지만 결국 전공 이전의 전체, 예를 들면 파리에 대해서는 점점 알 길이 없는 아이러니가 존재합니다. 파리 뒷다리를 전공한 석사의 더욱 심각한 문제점은 파리 뒷다리를 파리 몸통에서 떼어내서 독립적으로 연구한다는 점입니다. 파리 뒷다리는 파리 몸통에 붙어 있을 때 의미가 있습니다. 몸통에서 떨어진 파리 뒷다리는 이미 파리 뒷다리로서의 생명성을 상실한 죽은 다리입니다.

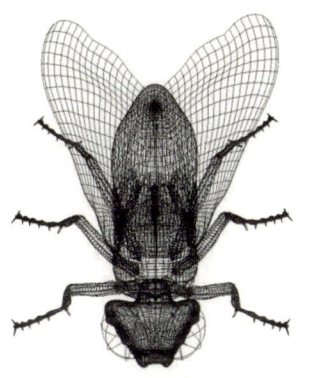

출처 :
blog.naver.com/chabyungsu /
불꽃낙화님 포토갤러리

파리 뒷다리를 파리 몸통과 관계없이 분석하고 이해할 경우 파리 뒷다리를 알 길이 없습니다. 항간에 '석사碩師'의 '석碩'자가 돌 '석石'자라는 말도 있습니다. 석사학위를 받아도 자기 전공 이외에는 아는 바가 없어서 붙여진 이름입니다. '석사石士'는 그래서 '돌머리' 또는 '돌대가리'라는 설도 나돌고 있습니다.

파리석사는 파리에 관한 세분화된 전공지식을 습득하기 위해 파리학과 대학원 박사과정에 입학합니다. 파리학과 박사과정생은 파리 뒷다리를 통째로 전공해서는 절대로 박사학위를 취득할 수 없습니다. 이제 파리학과 박사과정생은 석사학위보다 더 세부적인 전공을 선택해야 합니다. 예를 들면 파리 박사학위 취득에 필요한 전공 부위는 '파리 뒷다리 발톱'이 될 수는 있습니다. 파리 뒷다리를 전공한 석사과정은 파리 뒷다리 발톱을 더욱 전문적으로 깊이 있게 공부하기 시작합니다. 박사학위 논문을 쓰기 전에 파리학과 대학원 박사과정생은 '전국추계 파리 발톱 학술대회'에 나가서 그동안 연구한 「파리 뒷다리 발톱 성분이 파리 발톱 성장에 미치는 영향에 관한 연구」라는 부논문을 발표합니다. 보통 박사학위 논문 이전에 학술대회에 나가서 부논문을 발표하거나 전문학술지에 논문을 게재해야 박사학위 논문을 쓸 자격을 부여합니다. 파리 발톱 학술대회에서 파리 발톱에 관한 다양한 논문을 발표하는 예비 박사과정 후보나 전문 학자들 간에도 커뮤니케이션이 안 되는 경우가 비일비재합니다. 전공영역별로 사용하는 전문용어가 다르고 전문용어가 다르면 동일한 전공영역 내에서도 누가 무슨 말을 하는지 모르는 경우가 발생할 수 있습니다. 파리학과 대학원 박사과정생은 이런 부논문을 더욱 발전시켜 「1년생 파리 뒷다리 발톱의 성장 패턴이 파리 먹이 취득 방식에 미치는 영향에 관한 연구」로 박사학위를 취득합니다. 파리 박사학위는 "나만 모르는줄 알았더니 남들도 다 모르는군"이라는 깨달음이 오면 주어지는 학위입니다. '박사博士'의 '박博'자는 얇을 '박薄'자라는 설도 있습니다. 석사학위를 받은 사람이 돌石을 계속 갈다보면 돌이 얇아져서 '박사薄士'가 된다는 설이 지금까지 나온 가장 유력한 설입니다.

이제 파리학과 교수는 보다 세분화된 전공을 선택해야만 교수 사회로 입문할 수 있습니다. 파리를 통째로 전공한 파리학과 학사,

파리 뒷다리를 전공한 파리학 석사, 파리 뒷다리 발톱을 전공한 파리학 박사보다 더 세부전공 부위를 선택해야 합니다. 교수가 진공하는 파리 부위는 '파리 뒷다리 발톱에 낀 때'입니다. 파리발톱에 낀 때를 전공하는 교수들도 까만 때를 전공하는 교수, 누런 때를 전공하는 교수, 누르스름한 때를 전공하는 교수, 까무잡잡한 때를 전공하는 교수 등 발톱에 낀 때의 색깔별로 파리 발톱 때와 관련된 학파가 다릅니다. 학파별로 다종다양한 파리 발톱의 때 관련 논문이 양산되기 시작합니다. 예를 들면 「누런 파리 발톱 때의 화학성분이 파리 발톱 성장과정에 미치는 부정적인 영향에 관한 연구」라는 논문이 탄생되기도 합니다. 파리 뒷다리 발톱에 낀 때의 역사, 예컨대 30년산 때나 21년산 때를 전공하는 교수, 18년산이나 15년산 또는 12년산 때를 전공하는 교수로 전공 분야가 나뉩니다. 30년산 파리 발톱의 때를 전공하는 교수는 12년산 파리 발톱에 대해서는 아는 바가 별로 없습니다. 오로지 30년산 파리 발톱에 낀 때를 연구하기 때문입니다. 동일한 파리 뒷다리의 때를 전공하지만 전공영역이 달라서 파리 뒷다리의 때를 전공하는 교수들끼리도 사용하는 전공용어상의 차이로 인하여 커뮤니케이션이 쉽게 일어나지 않는 경우가 많습니다. 문제의 심각성은 자신이 연구하는 게 파리 발톱의 때인지 돼지 발톱의 때인지를 모르는 경우가 발생한다는 점입니다. 왜냐하면 파리 발톱의 때를 색깔이나 역사에 따라 더욱 깊이 있게 연구하기 때문에 나중에는 자신이 연구하는 때의 정체성에 대해서 모르는 경우도 발생합니다. 이렇게 교수가 되면 "어차피 모르는 것, 끝까지 우겨야 되겠다."라는 말을 하게 됩니다. 이제 파리학과 교수는 파리에 대한 쉬운 이야기를 전문적으로 논의하기 때문에 아주 어렵게 설명하기 시작합니다. 교수에 대한 사회적 정의가 '쉬운 이야기를 어렵게 이야기하는 사람'이라고 떠도는 이유를 의미심장하게 받아들일 필요가 있습니다.

파리는 파리 전체를 이해한 다음 각론으로 들어가 이해할 필요가 있습니다. 나무를 보기 전에 숲을 먼저 보라는 말이 여기에서도 통용됩니다. 파리의 특정 부위가 파리 몸통 전체와 어떤 구조적 연관성을 맺고 있는지에 대한 지식 없이 파리를 이해할 수 없습니다. 파리, 파리 뒷다리, 파리 뒷다리 발톱, 파리 뒷다리의 발톱에 낀 때와 같은 전공영역은 모두 파리라는 생물체의 일부분입니다. 파리와 파리 생물체의 일부분 간에 구조적 관계성과 상호의존성에 대한 이해가 전제되지 않는 상태에서 파리의 각 부위에 대한 분석적 이해는 파리 전체에 대한 이해를 왜곡할 수 있습니다. 전공의 세분화를 중시하던 시대에는 전문성의 깊이는 전문가가 되기 위한 필수불가결한 조건이었습니다. 이러한 전공의 세분화는 급기야 더 이상 종합할 수 없는 상태로 분해되어버렸고 동일 전공 내에서도 커뮤니케이션이 단절되고 세부 전공영역 간 높은 벽이 생기게 되었습니다. 이제 대학의 교육과정은 전공 간 벽을 넘어 동일 전공은 물론 타 전공 간에도 가로지르는 융합교과목이 생기는 추세로 급진전되고 있습니다. 미래 융합대학의 교육과정이 바뀌고 그 안에서 가르쳐야 될 교육내용이 기능-횡단적 cross-functional 으로 융합되고 있는 추세입니다. 이러한 융합대학에서 교수는 가르치는 내용뿐만 아니라 방법 측면에서도 과거의 교수방법과는 근본적으로 다른 융합 교수방법을 개발할 필요가 있습니다. 한 사람의 교수가 자신의 전공영역뿐만 아니라 타 전공영역에 대한 전문성을 폭넓게 섭렵하기가 불가능하다고 볼 때 현실적으로 교수가 취할 수 있는 방법은 융합 교수방법밖에 없습니다. 융합 교수방법의 핵심은 '개별적 지식'보다 지식과 지식 사이를 흐르는 '관계적 지식'을 가르치는 것입니다. 특정 분야의 지식은 그 지식이 탄생될 수밖에 없는 사회역사적 문제의식은 물론 다른 지식과의 상호의존적 관계에서 탄생됩니다. 부분을 가르치기 이전에 부분이 구조적으로 연관을 맺고 있는 전체와의 관계성 속에서 해당 지식이 어떤 의미와 가치를 지니고 있는지를 가르치는 데 주력할 필요가 있습니다.

세분화·전문화된 지식은 파편화·단절화되어 그 지식의 근원이 어디에서 유래된 것인지를 알기 어려울 정도로 전체에서 분리·독립되어 너무 멀게 격리되어 있습니다. 지식의 '분리'와 '격리'는 지식의 탄생 배경이자 적용 대상인 현실과의 '거리'를 만드는 요인으로 작용하고 있습니다. 전문지식을 창조하면 창조할수록, 그리고 그런 지식으로 해당 학문이 발전하면 발전할수록 해당 학문의 적용 대상인 현실 설명력과 이해력이 떨어지고 있습니다. 학문적 세분화·전문화로 인하여 지식의 본질과 가치는 희석되고 탈색되어 그 출처 出處는 물론 용처 用處도 알기 어려울 정도로 세분화되어 가고 있습니다. 현실과 동떨어진 지식, 전공의 전공을 전공하다보니 자신의 전공이 유래된 모학문 母學文의 실체와 본질은 더욱 이해하기 어려운 사태와 국면으로 치닫고 있는 것입니다. 아인슈타인은 "지식보다 상상력이 중요하다."라고 했습니다. 기존 지식이 또 다른 지식을 창조하는 기반과 원동력으로 작용하기도 하지만 기존 지식으로 설명하고 이해할 수 없는 새로운 현상을 탐구하기 위해서는 기존 지식의 경계를 뛰어넘는 상상력이 필요합니다. 상상력은 기존 지식, 특히 전공별 구획화된 지식의 한계와 문제점을 넘어설 수 있는 가능성의 문을 열어줍니다. 파편화·단절화된 지식 이전의 세계로 돌아가기 위해서는 기존 지식이 쌓아 놓은 높은 벽을 넘게 하고, 건널 수 없을 정도로 너무 멀리 떨어진 경계를 오고갈 수 있는 징검다리가 필요합니다. 그 징검다리 역할은 상상력에서 나옵니다. 복잡한 현상을 나누고 분할해 분석하는 능력도 중요하지만 전공영역의 경계를 넘나드는 상상력이 더욱 중요한 시점입니다.

04 여섯 번째 생각 여행 전문성

전문가는 그것밖에 모르는
문외한!

책과 학교에서 배운 파편화된 지식, 특히 전공 분야별로 나누고 쪼개서 습득한 지식만으로는 격변하는 복잡한 사회적 변화에 능동적으로 대처할 수 없습니다. 현실은 전문가도 필요하지만 전문적 지식을 통합하는 종합적 이해력을 요구합니다. 전문가는 전문적으로 문외한門外漢인 사람일 수 있습니다. 자기 분야를 조금만 벗어나면 전문적으로 아는 바가 거의 없기 때문입니다. 그래서 전문가는 그것밖에 모르는 사람으로 비난받을 수 있습니다. "우리가 만나는 현실은 종합시험과 같아서 일상의 어느 한 곳에서도 학창시절처럼 과목별로 성적을 받아낼 수는 없습니다. 따라서 우리가 구하는 지혜는 통합적이면서 일반적인 것이 되어야 합니다."(이면희, 2008, p.11). 가령 경영학자는 전공을 나누어서 경영을 연구하지만 경영자에게 경영은 하나의 총체적인 현상입니다. 따라서 경영자에 필요한 지식은 경영학적 전문 지식일 뿐만 아니라 경영을 총체적으로 읽고 이해하는 안목과 식견입니다. 경영자에게 필요한 지식은 경영학적 지식뿐만 아니라 경영학적 지식을 실제 현장에 적용하는 과정에서 몸으로 느끼고 체득한 지적 안목과 인격적 지식personal knowledge, 실천적 지식practical knowledge입니다. 실천적 지식은 문서나 말로 쉽게 표현할 수 없는 체화體化·체득體得된 지식입니다. "경영학자는 경영이론에 해박하지만 슈퍼마켓 하나도 제대로 경영하지 못하며, 능력 있는 실무 경영인이라도 이론에 관해서는 입도 못 여는 경우가 비일비재하다. 해답은 바로 노하우의 차이에 있다."《정보의 사회적 생활The Social Life of Information》이라는 책에 나오는 말입니다.

한편, 이런 문제를 제기해볼 수 있습니다. 경영학자가 쓴 학술논문을 경영자가 얼마나 유용하게 활용하고 있는가? 아마도 만족스러운 대답을 기대하기가 어려울 것입니다. 극단적으로 항상 바쁘게 움직일 수밖에 없는 경영자가 경영학자가 쓴 학술논문이나 책을 거의 보지 않는다면 누구의 잘못인가를 묻지 않을 수 없습니다. 물론 쌍방간 어느 정도의 문제점이 공존하는 것을 인정할 필요가 있지만 일차적으로 경영자가 경영학자의 학술논문이나 책을 읽지 않는 이유는 읽어본들 자신이 직면한 문제를 해결하고 경영성과를 달성하는 데 도움을 제공하지 못하기 때문이라고 추정해볼 수 있습니다. 또한 실제 경영현장에서 거의 이해하기 어려운 난해한 용어와 실제와 거의 관련성이 없는 이론이나 기법의 난무로 경영현장을 개선하는 데 기여하기보다는 오히려 경영자를 착각에 빠뜨리거나 경영현실을 왜곡시킬 가능성이 큽니다. 즉 경영학자가 창출하는 경영학적 이론이나 방법론의 출생 근거는 경영자가 발을 딛고 서 있는 경영현장에서 우러나와야 합니다. 수많은 구성원들이 모여서 엄청나게 오랫동안 생사고락을 같이한 경영현장에 다양한 프랙티스를 통해 축적해온 상황구속적 이론이나 방법론이 잠재되어 있습니다. 경영의 노하우가 살아 숨 쉬는 경영현장을 매개로 이론화시키지 않는 그 어떠한 이론과 방법론도 경영현장을 설명하고 이해하는 데 올바른 관점을 제공하기가 어려울 것입니다.

경영자는 경영 전반에 대한 총체적인 해결대안을 갈망하지만 경영학자는 자신의 전공 분야와 자신이 이제까지 습득한 지식체계에 비추어 처방책을 제시합니다. 따라서 경영학자가 제시하는 해결대안으로 경영의 일부가 개선될 수 있시만 경영사가 바라는

경영 전반의 획기적인 대안 마련에는 만족스럽지 않을 것입니다. 경영학자가 경영현장에 유효적절한 처방적 지침을 제공해주기 위해서는 경영자가 고민하는 경영현상 전체에 대한 안목과 식견이 필요합니다. 경영학자는 자신이 다른 이론적 문헌이나 근거를 기반으로 경영학적 이론화 작업과 방법론적 대안 마련에 관심을 둘 필요도 있지만 실천 현장에서 매일매일 역동적으로 살아 숨 쉬는 경영의 총체를 이론화시켜 경영학적 이론의 설명력과 이해력을 제고시킬 필요가 있습니다.

   주어진 문제상황에 대한 전문가적 처방은 언제나 자신의 눈으로 본 문제에 대한 답을 제시하는 부분적인 처방입니다. 전문가의 눈으로 본 문제와 문제에 대한 처방전은 문제는 해결될 수 있으며, 자신이 제시하는 답이 언제나 맞는다는 전제를 갖고 있습니다. 전문가가 제시한 답은 자신이 아는 범위 내에서만 답으로 통용될 수 있으며, 자신이 갖고 있는 전문성으로 문제를 해결하는 답을 가르칠 수 있다고 생각합니다. 그런데 전문가가 내놓은 문제에 대한 전문적 처방은 답이 아닐 수 있습니다. '가르치다'를 의미하는 영어 'teach'에는 답이 있다는 전제가 있습니다. 즉 답을 알고 있는 전문가나 교사가 답을 모르는 학생이나 후진에게 가르칠 수 있다는 것입니다. 'teach'가 내포한 의미의 뒤안길에는 '답이 없으면 가르칠 수 없다'는 선제를 갖고 있습니다. 문제상황이 복잡하고 문제에 대한 다양한 해석이 존재하는 상황이라면 누구도 이것이 답이라고 말하기 어렵습니다. 이런 상황에서 우리가 할 수 있는 유일한 길은 질문 던지기입니다. 주어진 상황에 대해 의문을 품고 질문을 던지면서 다양한 가능성을 생각하고 모색하는 길을 고민해야 합니다. 누구도 가지 않은 길이기에 선진의 기존 지식과 경험이 더 이상 효력을 발휘할 수 없습니다. 이제 선진으로서의 전문가나 교사가 해야 할 일은 후진들이 좋은 답을 찾을 수 있도록 측면 지원하고 용기를 북돋우며 과감한 도전을 할 수 있도록 길을 열어주는 것입니다. 한 가지 정답이 존재하지 않는 상황에서는 일이 아닌 코칭이 필요합니다. 가르친다는 것은 답을 알고 있는 사람이 모르는 사람에게 자신이 이미 알고 있는 지식이나 이전의 경험에 비추어 이렇게 또는 저렇게 하라고 지도한다는 의미입니다. 그런데 답이 존재하지 않는 상황에서의 가르치는 행위는 무의미합니다.

05 여섯 번째 생각 여행 전문성

21세기 인재상, 브리꼴뢰르형 인재란?

지식기반 사회, 글로벌, 디지털 사회에서는 과거의 변화와는 근본적으로 다른 변화가 일어나고 있습니다. 정해진 도로를 누가 빨리 달릴 수 있느냐가 중요한 것이 아니라 남이 가지 않는 길을 가면서 답이 없는 불확실한 상황에서도 최적의 답을 찾아나서는 모험을 감행해야 하는 시기입니다. 도로에서의 속도경쟁이 아니라 길에서의 의미 발견과 가치창출 경쟁으로 접어든 것입니다. 도로는 빨리 가는 데 목적이 있고, 길은 삶의 보람과 의미를 찾는 데 목적이 있습니다. 도로는 방향과 목적뿐 아니라 가는 방법도 이미 성

해져 있습니다. 하지만 길은 얼마든지 다른 길로 갈 수 있는 가능성이 열려 있기에 목적지에 도달하는 방법도 다양합니다. 길은 가다 막히면 도로는 '정답正答'이 하나밖에 없지만 길은 상황에 따라서 다른 답, 즉 '현답賢答'이 존재합니다. 정답이 하나만 있던 시대, 즉 산업화 시대에는 다른 가능성을 모색하고 추구하는 것 자체가 금기시되었습니다. 다른 생각을 할 필요가 없었습니다. 그러

여섯 번째 생각 여행 **전문성**

나 오늘날처럼 답이 없는 시대에는 다양한 가능성을 모색하면서 여러 가지 시도를 해봐야 합니다. 시행착오를 겪으면서 스스로 답을 찾아나서는 모험을 감행하고 용기를 갖고 새로운 가능성을 꿈꾸면서 도전하는 수밖에 없습니다.

21세기가 요구하는 인재는 한 분야의 깊이 있는 전문성을 갖고 있는 전문가specialist가 아닙니다. '한 우물을 파라'는 말은 지금도 유효하지만, 그렇게 했다가는 정말로 문외한으로 전락할 수 있습니다. 한 우물을 파다가 자신이 판 우물에 매몰될 수도 있기 때문입니다. 미래에 우리가 직면할 위기는 한 사람의 전문성만으로 해결하기 어려운 복잡한 문제입니다. 전문적 지식을 깊이 있게 알고 있으면서 동시에 해당 분야와 직간접적으로 관련 있는 지식을 폭넓게 알고 있는 무림지존이나 고수에 해당하는 사람SG: Special Generalist나 GS: General Specialist이 더욱 필요합니다. 이들은 깊게 알면서도 동시에 폭넓은 식견과 안목을 지니고 있기에 한 우물만 파는 속 좁은 전문가와는 질적으로 다릅니다. 이들은 항상 인접 유관 분야의 전문지식과의 연계성 속에서 자신의 전문성을 부단히 연마하기 때문에 다른 전문가와는 질적으로 다른 전문성을 갖고 있습니다. 이들이야말로 다양한 전문가와의 폭넓은 인적 교류는 물론이고, 다른 분야와의 학문적 경계 넘나들기를 즐기면서 색다른 지식융합을 부단히 시도하는 브리꼴뢰르형 인재입니다.

브리꼴뢰르형 인재라는 말은 인류학자, 레비스트로스가 아프리카 원주민을 관찰하면서 만들어낸 용어입니다. 브리꼴뢰르라는 말은 전문 분야의 지식을 체계적으로 축적해 실력을 쌓은 전문가라기보다 실전형 체험을 통해 해당 분야의 해박한 식견과 안목을 지니고 있는 실전형 전문가입니다. 브리꼴뢰르는 맥가이버처럼 부단한 학습을 통해 체득한 지식을 다양한 위기상황이나 문제 상황에 적용하는 과정에서 전문성은 물론 통찰력까지 체득한 사람입니다. 임기응변적이면서 상황 판단력과 추진력이 과감한 인간입니다. 브리꼴뢰르는 다양한 기존 지식을 융합하여 이제까지 없었던 제3의 지식을 자유자재로 창출해냅니다. 깊이 없는 넓이는 가벼우며, 넓이 없는 깊이는 옹졸할 수 있습니다. 깊이가 전제된 넓이라야 의미심장한 것입니다. 따라서 브리꼴뢰르형 인재는 깊이가 전제된 넓이를 확산하는 데 관심을 갖고 있습니다. 전문성 없는 융합은 어설픈 겉절이와 같기 때문입니다. 기업의 신성장 동력이나 고객의 마음을 움직이는 대부분의 히트 상품도 한 분야를 깊이 파고들면서 인접 유관 분야와의 접목을 시도하며 창조된 작품들입니다. 미국 스탠퍼드 대학교 컴퓨터음악·음향학연구소장인 거 왕 교수는 세계 최초의 랩톱(노트북) 오케스트라, 모바일 오케스트라의 창안자이면서 동시에 컴퓨터공학 박사 출신의 음악대 교수, 교육자이자 벤처 창업가, 프로그래머 겸 기타리스트입니

스티브 잡스(1955-2011년) : 세계 최초 퍼스널컴퓨터 '애플Ⅰ', '애플Ⅱ', IBM에 대항한 '매킨토시' 개발. 애니매이션 〈토이스토리(Toy story)〉의 원형이 된 '틴토이(Tin Toy)' 제작. 태블릿 PC 아이패드 및 스마트한 소통을 가능케 한 스마트폰 시리즈 개발 등 그의 삶은 기술과 인문학의 융합 그 자체였습니다.

다. 컴퓨터에 대한 깊은 전문지식 위에 다른 전공 분야의 지식과 기술을 융합, 새로운 상품과 서비스를 창조해낸 그는 대표적인 브리꼴뢰르형 인재입니다.

얼마 전에 세상을 떠난 애플의 창업자 스티브 잡스는 '기술이나 품질로 승부하는 시대가 지났다'고 선언하면서 기술과 인문학의 융합을 통해 남이 흉내 낼 수 없는 독창적인 제품과 서비스를 개발하여 세계인들을 놀라게 만든 바 있습니다. 실제로 그는 2011년 1월 태블릿 PC인 아이패드 출시 발표장에서 "인문학과 기술의 교차점에 애플이 있다. 세계 유수의 IT 업체들이 기술을

앞세워 경쟁하지만 이를 압도할 힘은 인문학에서 나온다."라고 역설했습니다. 사람의 무늬를 연구하는 인문학적 식견과 지식 없이 사람의 마음을 움직이는 IT 제품을 만들 수 없다는 그의 신념을 엿볼 수 있는 대목입니다. 노벨상 수상자를 9명이나 배출한 Radiation Lab은 분야가 다른 전문가가 전공의 벽을 허물고 끊임없이 개방적으로 소통하면서 다른 분야와의 부단한 접목이나 융합의 가능성을 모색합니다. 이질적 분야의 다양한 지식을 결합해 새로운 창조를 만들어가는 것입니다.

   가정용품을 만드는 P&G라는 회사는 인류학자를 채용해 주부들이 가정에서 자신들이 만든 제품을 어떻게 사용하는지, 사용하는 과정에서 느끼는 불편함을 주도면밀하게 관찰하여 신제품 개발과정에 반영합니다. 인류학자의 통찰력과 제품개발자의 기술적 상상력이 만나는 접점에서 고객을 감동시킬 수 있는 제품을 개발하는 것입니다. 브리꼴뢰르형 인재를 육성하는 기업의 관심은 한국기업에도 예외는 아닙니다. 포스코는 외형적으로는

여섯 번째 생각 여행 전문성

철강산업이라는 하드적 이미지를 갖고 있지만, 신입사원 교육부터 문文·리理 과목을 교차 학습할 수 있는 기회와 무대를 제공하면서 사람을 생각하는 인문학적 상상력을 집중 육성합니다. 시적 상상력과 문학적 감수성이 풍부한 철강 전문가가 되어야만 애플처럼 혁신적인 제품을 개발할 수 있다는 취지라고 볼 수 있습니다. 전문성 없는 융합은 어설픈 겉절이와 같습니다. 깊이 있는 전문성을 전제로 융합을 시도할 때 숙성된 김치 맛을 내는 새로운 창조의 꽃이 피어납니다.

궁합이 맞아야 융합의 꽃이 필 수 있다! 궁합이 맞지 않는 아무거나 이것저것 섞으면 아무것도 안 나온다!

이처럼 한 분야의 깊이 있는 전문성을 근간으로 독창성을 축적하고, 축적된 전문적 독창성을 근간으로 다른 전문성과 만나도록 할 때 새로운 창조의 꽃이 핀다고 볼 수 있습니다. 결국 창조는 독창성으로 출발하지만 창조의 완성은 협동의 창의성, 즉 협창성으로 이루어집니다. 전문가가 보유한 독창성만으로는 세상의 흐름을 뒤집을 수 있는 획기적인 창조가 어려워진 시대입니다.

06 여섯 번째 생각 여행 전문성

21세기 전문가, 전문가와 전문가 사이의 차이를 전공하는
호모 디페랑스

디페랑스différance라는 개념은 프랑스 철학자 자크 데리다Jacques Derrida가 창안한 개념입니다. 영어의 차이difference라는 개념과 구분하기 위해 차연差延 différance이라는 말을 사용한 것입니다. 차연이라는 말은 차이의 연기라는 말입니다. 'differance(디페랑스)'는 프랑스어 'difference(차이)'의 어미 '-ence'를 '-ance'로 바꾸어서 만든 것으로, '다르다differ'라는 의미와 '연기하다 · 지연시키다defer'라는 의미를 모두 가진 프랑스어 'differer(디페레)'가 포함되어 있습니다. 즉 'differance(디페랑스)'는 동음어인

'differer(디페레)'가 결합하여 만들어졌음을 알리기 위해 어미 '-ence'를 '-ance'로 바꾼 것입니다. 그래서 차연은 차이(변별성)라는 개념뿐만 아니라 연기 또는 지연이라는 의미도 있습니다. 전문성과 전문성의 차이는 공간적으로 차이가 나며 시간적으로 지연될 뿐입니다. 다른 전문성과의 부단한 접속은 곧 전문가의 부단한 학습을 의미합니다. 낯선 전문성과의 부단한 접속을 통해 자신의 전문성을 끊임없이 재탄생시키는 과정을 반복하는 것입니다. 기존 수준의 전문성과 차이를 만들어가는 사이 전문가를 호모 디페랑스Homo Différance라고 명명한 것입니다.

호모 디페랑스는 낯선 전문가와 부단한 만남과 접속을 하여 기존의 전문성 수준을 높여나가면서 낯선 곳으로 탈주를 계속하는 유목 지식인입니다. 독창적인 전문지식과 탁월한 지혜를 습득하기 위해서 한 분야에 대한 깊은 지식과 노하우를 습득하는 것은 기본입니다. 이제 이러한 기본을 넘어서서 전체를 조망하는 통합적 안목과 식견, 그리고 부분 간 연관성을 이해하는 관계론적 통찰력이 필요합니다. 이러한 지식과 혜안을 체득하기 위해서는 자신의 전공영역과 인접 분야를 넓게 연결하여 경계 넘나들기를 일상화하면서 가로지르기식 전문성을 습득하는 기회를 자주 가져야 합니다. 예를 들어, 의사는 인접 전문의와의 학술교류와 빈번한 대화를 나눔으로써 더욱 다양한 의학 분야에 관심의 폭을

넓히는 것이, 궁극적으로는 자신의 전공을 더욱 깊게 하는 길임을 인식해야 합니다. 나의 전공영역을 중심으로 폭넓게 사고하고 조망해보면서 동시에 자신의 핵심 전공영역에 대한 깊이 있는 전문성을 개발하고 축적하는 전문가야말로 21세기가 요구하는 안목과 식견, 덕망과 혜안을 갖춘 진정한 인재가 아닐까요? 나아가 나와 다른 의견을 갖고 다른 분야를 전공하는 전문가와 잦은 학술교류와 대화를 하여 전문가 혼자 힘으로 해낼 수 없는 지혜를 모색해야 합니다.

호모 디페랑스가 꽃피우기 위해서는 사람과 사람 사이, 사물과 사물 사이, 틈새와 틈새 사이, 생각과 생각 사이, 전공영역과 전공영역 사이, 직업과 직업 사이, 그 사이에 존재하는 차이差異를 존중해야 합니다. 좋은 '사이'는 사이에 존재하는 차이를 인정하고 존중하는 관계입니다. 사이에 존재하는 차이를 인정하지 않는 사이는 사이비似而非입니다. 사이를 고민하는 사람이 많아야 사이를 만들어가는 분야가 살아 숨 쉴 수 있습니다. 사이는 틈바구니입니다. 틈바구니는 경계입니다. 경계에 꽃이 필 수 있도록 경계와 경계 사이를 고민하는 사람이 많아져야 합니다. 경계와 경계 사이를 고민하는 사람이 많아질수록 경계는 인위적으로 그어놓은 구획에 지나지 않습니다. 하지만 경계와 경계 사이를 고민하는 사람이 사라지면 경계는 넘어설 수 없는 한계로 다가옵니다. 세상은 수많은 사이가 만들어갑니다. 혼자 독립적으로 존재하는 것 같지만 사실은 '다른 존재와의 사이'라는 이름의 관계로 존재합니다. 사이는 경계와 경계 사이에서 살아가는 빈틈입니다. 사이가 나빠지면 벽은 높아지고 건널 수 없는 경계가 생깁니다. 특히 4차 산업혁명 시대는 초연결 사회입니다. 사람과 사람은 물론 사람과 사물, 사물과 사물이 연결되며 사물이 지능을 갖는 초지능성 사회가 될 것입니다. 이런 사회일수록 사이에 존재하는 차이를 기반으로 색다른 협업과 융합을 하여 새로운 지식을 부단히 창조하는 호모 디페랑스로의 변신을 해야 합니다.

    4차 산업혁명은 전문성의 정체와 본질을 근본적으로 다시 바꿀 것을 요구합니다. 기존 전문성이 무용할 수 있을 뿐만 아니라 새로운 전문성을 부단히 창조하는 시대입니다. 따라서 전문가가 갖추어야 할 가장 중요한 능력은 새로운 시대변화를 감지하고 능동적으로 변신하면서 대응하는 적응력입니다. 이 시대에는 전문성이 갈라놓은 벽을 허물고 또 다른 전문성을 갖추기 위해 부단히 변신하지 않으면 정체성 자체가 없어질 수도 있습니다. 벽이 높아지고 경계가 생기면서 넘을 수 없는 벽과 건널 수 없는 경계가 앞을 가로막습니다. 경계가 한계로 바뀝니다. 친구 사이가 적대 관계로 바뀌고, 애인愛人 사이가 애증愛憎 관계로 바뀌는 것도 모두 너와 나, 나와 너 사이를 고민하지 않고 나는 나, 너는 너라는 자기중심적으로 사고하기 때문입니다. 진리는 어느 한 곳에 머물러 있지 않습니다. 언제나 사이에 흐르고 있습니다. 진리가 경계를 넘지 못하고 한계에 부딪히는 순간 편협한 생각에 물들어 자기 분야, 자기가 그어놓은 경계 안에서만 진리로 통용하는 편리함으로 전락합니다. 자기 편의주의적으로 이해하고 해석하는 진리는 전문 분야 사이와 사이를 흐르지 못하고 한 곳에 정체되어 편안함과 편리함을 추구하는 편파적 의견으로 전락합니다. 이때부터 의견意見도 의심疑心해보아야 하는 의견疑見에 불과할 따름입니다. 다양한 의견의 차이가 존재하는 사이를 인정해야 그 사이에 아름다운 차이가 무럭무럭 성장할 수 있습니다.

일곱 번째 생각 여행

Learnability

학습력

배움은 일종의 지적 호흡,
호흡을 멈추면
성장도 멈춥니다!

앎은 삶이고 삶은 곧 앎입니다. 앎이 없는 삶은 의미가 없으며, 삶이 없는 앎은 가치가 없습니다. 삶의 주체로서 사람은 배움을 통해 성장하고 발전합니다. 배움을 통해 깨달아가는 앎이 삶을 의미심장하고 가치 있게 만들어줍니다. 남다른 방법으로 살아가기 위해서 남다른 배움이 필요하며, 남다른 배움이 남다른 깨달음을 가져다줍니다. 그런데 앎은 기존의 앎을 깨트리는 과정기도 합니다. 새로운 앎이 기존의 앎에 생채기를 냅니다. 기존의 앎에 생기는 생채기나 상처가 심할수록 깨달음의 깊이도 함께 깊어지고 삶의 의미도 심장해집니다.

DO YOUR BEST

Learnability

01 일곱 번째 생각 여행 학습력

절실해야
경이로운 실력이 쌓인다

마음속에 위기의식이 있는 사람에게는 세상의 모든 책이나 자료가 배움의 원천이 됩니다. 일상은 배움의 천국이며 모든 사람은 나에게 깨달음을 주는 스승입니다. 절실한 배움과 간절한 꿈을 추구하는 사람은 시도하고 도전하고 실패하면서도 그 속에서 많은 깨달음을 얻는 보고寶庫로 활용합니다. 절실하면 실패도 실력으로 전환됩니다. 절실하지 않은 사람은 실패하면 패전병으로 전락하여 회복하기 어려운 좌절과 절망의 나락으로 떨어집니다. 하지만, 절실한 사람은 실패하더라도 더 좋은 기회를 잡기 위해 실패한 것이라 생각합니다. 실패에서 교훈을 배우고, 아직은 때가 아니니까 이전과 다른 방법으로 도전하라는 메시지로 받아들입니다. 절실하면 고독도 중독됩니다. 절실하지 않은 사람은 고독을 견딜 수 없는 외로움이나 고독감으로 받아들이지만 절실한 사람은 고독해야 절치부심 끝에 위대한 작품을 탄생시킬 수 있다고 믿습니다. 절실한 사람은 고독을 견디는 것을 힘들다고 생각하지 않고 위대한 작품을 잉태하는 시간으로 해석합니다. 절실하면 부실함도 성실함으로 바뀝니다. 절실하지 않은 사람은 매사 이전과 비슷한 방식으로 대강대충 하지만 절실한 사람은 연습도 실전처럼 정성과 수고를 아끼지 않고 성실하게 임합니다. 절실하면 절벽도 개벽으로 다가옵니다. 절실하지 않은 사람은 절벽을 넘을 수 없는 벽이라고 생각하지만 절실한 사람은 절벽을 넘어서야 꿈의 목적지에 도달할 수 있으며, 마침내 절벽을 넘어설 때만이 천지가 개벽하는 새벽을 맞이할 수 있다고 생각합니다.

절실하면 절망도 희망으로 변화합니다. 절실하지 않은 사람은 작은 일에도 절망하고 좌절하지만 절실한 사람은 웬만한 절망으로는 가슴에 품은 희망과 갈망을 포기하지 않습니다. 절실하면 숙명도 새로운 운명으로 창조됩니다. 절실하지 않은 사람은 운명을 탓하고 어쩔 수 없는 숙명으로 수용하지만 절실한 사람은 운명에 굴복하거나 그대로 수용해야 할 숙명으로 해석하지 않습니다. 오히려 절실한 사람은 운명도 새롭게 창조해야 할 대상으로 생각합니다. 절실해야 초심이 열심과 만나 뒷심으로 연결됩니다. 절실하지 않으면 초심을 까맣게 잊어버리고 사심으로 바뀌지만 절실한 사람은 초심을 잊어버리지 않기 위해 수많은 처음을 맞이하면서 열심히 노력하고 뒷심을 발휘해 마침내 현실로 구현합니다. 절실해야 대박 아이디어가 탄생합니다. 절실하지 않은 사람은 절박함을 어쩔 수 없는 환경 때문에 만난 회피의 대상으로 생각하지만 절실한 사람은 절박함이야말로 대박 아이디어를 잉태할 수 있는 절호의 기회라고 생각합니다. 절실해야 숙제도 축제로 여겨 춤을 춥니다. 절실하지 않은 사람은 모든 과제를 어쩔 수 없이 해야 하는 숙제라고 생각하지만 절실한 사람은 모든 어쩔 수 없이 해야 하는 숙제조차도 축제처럼 즐기면서 새로운 깨달음을 얻습니다. 지금 나는 얼마나 절실한가요?

"21세기의 문맹자는 읽고 쓸 수 없는 사람이 아니라 배우고learn 배운 걸 다시 창조적으로 파괴하며unlearn 다시 배우는relearn 능력을 상실한 사람이다." 앨빈 토플러의 말입니다. 배우면서 고정관념을 버리고 다시 배우는 과정을 반복하는 사람만이 인생의 주연배우가 될 수 있습니다. 배움을 멈추는 순간 성장도 멈춥니다. 지금보다 나아지려는 사람, 어제와 다른 변신을 하려는 사람은 모

두 배워야 합니다. 배움만이 진보를 만들어낼 수 있습니다. "역사의 진보와 마찬가지로 학문의 진보도 항상 그때그때의 일보만이 진보이며 2보도 3보도 n+1보도 결코 진보가 아니다." 발터 벤야민이 《아케이드 프로젝트》에서 한 말입니다. 거창한 꿈을 꾸거나 원대한 계획을 세우는 일보다 지금 한 발짝 내딛는 일이 진보가 될 수 있다는 의미입니다. 배움도 마찬가지입니다. 완벽하게 배워서 새로운 일을 시도하기보다 새로운 일을 시도하면서 배웁니다. "배워야만 할 수 있는 일을 우리는 하면서 배운다." 아리스토텔레스의 말입니다. 모든 창조는 세상과 가깝게 지내면서 아이디어를 얻은 다음 외롭고 긴 고독을 견뎌내는 잉태의 시간을 거치면서 작은 시도를 어제와 다르게 반복하여 완성됩니다. 퇴근 후에 맞이하는 어둠의 시간, 그 시간에 반복하는 일이 나를 결정할 수 있습니다. 지루한 반복이 어느 순간 지천을 흔드는 기적을 잉태합니다. 기적은 기적적으로 어느 날 갑자기 일어납니다. 보는 사람의 눈에 기적으로 보이지만 기적을 만든 사람은 수많은 '배움' 속에서 깨달은 '얼음'을 활용한 것입니다. 배움 learning이 내가 무엇을 얻을earning 수 있을지를 결정합니다.

'어둠'을 빛이 없는 암흑의 세계로 해석하는 사람과 밝음을 잉태하는 새로운 창조의 DNA로 해석하는 사람은 많은 차이가 있습니다. 어둠 속에서도 새로운 깨달음을 얻을 수 있다고 생각하는 사람에게는 자연 삼라만상이 모두 배움의 대상이요, 원천입니다. 밑바닥을 정상 정복하기 위한 희망의 터전으로 바꿔 생각하는 사람, 음지를 양지로 전진하기 위한 준비 기간으로 이해하는 사람, 걸림돌을 디딤돌로 바꿔서 생각하는 사람, 절망 속에서 희망의 빛을 잉태하는 사람이 남다른 배움을 통해 이전과 다른 뭔가를 얻을 수 있습니다. 무엇을 벌까 how to earn 를 목표로 삼기보다 무엇을 배울까 how to learn 를 목표로 삼아야 합니다. '배움 learn'이 '얻음 earn'을 결정합니다. 배움 없이는 얻을 수 없습니다. '배움' 없이 얻는 것은 오래가지 못할 뿐만 아니라 강렬한 깨달음을 동반하지도 못합니다. 여기서 '배움'은 처절하고 치열한 노력 끝에 마침내 깨닫는 과정입니다. 그런 '배움' 뒤에 '얻음'은 그냥 따라옵니다. 이전과 다른 것을 얻고 싶으면 이전과 전혀 다른 배움의 여정에 내 몸을 던져야 합니다. 배움이 바뀌지 않으면 얻음도 바뀌지 않습니다. 다른 것을 얻고 싶으면 전혀 다른 배움의 세계로 빠져들어야 합니다.

일곱 번째 생각 여행 **학습력**

02 일곱 번째 생각 여행 학습력

고스톱에서 배우는
자기 개발 스킬 Skill Go Stop

고스톱 게임의 규칙으로 생각거리를 제공하고자 합니다. 다소 인위적인 의도가 포함되어 있긴 해도 자기 개발이나 전문성 신장에 유익한 시사점을 제시한다는 차원으로 이해해주시기 바랍니다. 고스톱 게임 규칙 가운데 9가지를 골라 인생과 자기 개발 전략에 차용해보고자 합니다.

비풍초똥팔삼의 원칙(포기와 버림 이론)
강점을 키우고 약점을 버려라!

성공한 사람들의 특징은 자신의 강점역량을 집중적으로 개발하고 약점역량은 다른 사람들과 관계를 맺음으로써 필요한 역량을 빌어다 쓰는 힘, 즉 차력借力이 뛰어납니다. 인적 네트워킹을 구축하여 내게 부족한 부분을 적절히 끌어다 쓰고, 강점역량은 분명히 부각시키는 것이 좋습니다. 즉 선택과 집중을 확실히 하자는 것입니다. 선택이란 한편으로는 어느 한쪽의 포기를 의미하는데, 포기해야 할 것을 내던질 때에는 비풍초똥팔삼의 순서로 과감히 버려야 합니다. 그래야 나머지 화투장으로 판세를 이끌어나가는 전략이 구상됩니다. 모든 것을 움켜쥐고 모든 부문에서 승리하려는 전략을 수립한다면 곧 패전으로 가는 지름길입니다.

449통을 피해라(GS-2 이론)
딜레마에 빠졌다면 어떤 스킬을 활용할지 전략적으로 고민하라!

띠 5장을 따야 일점이 되는데 4장만 땄으니 빵점, 십자리 5장을 따야 1점이 되는데 4장만 땄으니 역시 빵점, 마지막으로 피 10장이 1점인데, 9장만 땄으니 빵점. 결과적으로 17장을 땄음에도 불구하고 1점이 안 되는, 근면성을 발휘했으나 결과적으로 장렬히 전사한 비운의 사례입니다. 그런데 옆 사람은 달랑 단 3장 따라 놓고 17장을 딴 나를 제압합니다. 고스톱에서 3점으로 스톱할 수 있는 사례는 많습니다. 고도리, 쿠사, 청단, 홍단 등. 결국 게임에서 승리하는 사람은 작은 노력으로 스톱할 수 있는 조건을 확보한 사람이지 많은 화투장을 바닥에 화려하게 깔아놓는 사람이 아닙니다. 내가 잘 할 수 있는 3가지 스킬을 조합해 주어진 딜레마적 상황을 탈출하고 목표달성의 피날레를 장식하는 사람이 진정한 승자입니다.

광박(승부수 이론)

인생은 결국 힘 있는 놈이 이긴다!

광이 결국 힘이라는 것을 깨우치도록 해 최소한 광 하나는 가지고 있어야 인생에서 실패하지 않음을 가르칩니다. 만약 누군가 광으로 점수를 나고 내가 광 하나 없는 '박'으로 게임에서 진다면 상대에게 두 배로 돈을 물어야 합니다. 따라서 최소한 '박'은 면해야 게임에서 지더라도 큰돈을 잃지 않습니다. '박'을 면하려면 상대방이 '박'으로 승부를 보려는 의도가 보일 경우 게임을 풀어나가면서 '박'을 면할 수 있는 방법을 필사적으로 강구해야 합니다. 따라서 어떤 상황이 다가와도 자신 있게 나의 능력을 보여줄 수 있는 비밀병기 하나 정도는 숨겨둡시다. 평소에는 조용히 칼을 갈다가 결정적 순간에 광으로 승부를 걸듯이 칼을 뽑아들고 단칼에 승부수를 던집시다. 승부수를 던지는 상황은 반드시 옵니다. 누구에게나 평생 3번의 기회가 온다고 합니다. 그 기회가 왔을 때 놓치지 않고 물고늘어져서 승전보를 울려야 합니다.

피박(낭패 이론)

쓸모없어 보이는 피가 얼마나 소중한가!

사소한 것이라도 결코 소홀하지 맙시다. 고스톱에서 피박을 면하려면 피 6장이 있어야 합니다. 상대방이 12장의 피로 점수가 났을 때 내 피가 6장이 안 되면 배를 물어야 합니다. 이는 평소 별 볼일 없고 하찮게 생각되던 것이라도 유사시에 활용할 수 있는 기회가 올 것임을 알려주는 힌트입니다. 탁월한 업무성과를 내는 사람은 하찮은 일이라도 중요한 의미를 부여해서 성심성의껏 마지막까지 최선을 다합니다. 의미 없고 가치 없는 일은 이 세상에 없습니다. 길가의 풀 한 포기 돌멩이 하나에도 저마다 존재의 이유가 있는 법입니다. 업신여기다 낭패 볼 수 있습니다. 언젠가는 밑거름이 되고 도움이 되니 작고 보잘것없는 일이라고 섣불리 판단하지 맙시다.

쇼당(의사결정 이론)
고스톱의 백미 쇼당!

살면서 양자택일의 기로에 섰을 때 현명한 판단력을 증진시킬 수 있습니다. 쇼당이란 영어로 showdown인데, 흔히 포커에서 가진 패를 다 보여준다는 의미가 있습니다. A, B, C 세 사람이 고스톱을 칠 경우 B의 입장에서 보면 어느 패를 내도 A나 C가 나게 되어 있는 일이 발생합니다. 그래서 쉽게 패를 낼 수가 없어 쇼당을 붙이는 것입니다. 이때, C가 다음에 칠 차례인데, 어느 패가 나오더라도 이길 자신 있으면 쇼당을 받습니다. 그러면 B는 A가 날 수 있는 패를 던집니다. 정말로 C가 나면 나머지 두 사람 A와 B는 돈을 내면 되고, C가 못 난 채 A가 난다면 C가 독박을 쓰는 것입니다. 물론 이때 B는 돈을 안 내도 됩니다. 쇼당의 위기 또는 딜레마적 상황이 닥쳐왔을 때 주어진 판세를 읽고 자신에게 유리한 조건이 무엇인지 판단하는 현명한 의사결정 능력이 요구됩니다.

독박(무리수 이론)
무모한 모험이 실패하면 속이 뒤집힌다!

고스톱에서 3점을 먼저 난 사람은 경기를 중단할 수도, 더 높은 점수에 도전할 수도 있습니다. 만약 더 높은 점수에 도전하다가 그 게임에서 지는 것이 독박입니다. 물론 다른 사람이 진 몫까지 독박을 쓴 내가 모두 물어야 합니다. 과유불급이란 말이 있습니다. 적정선에서 스톱을 외쳐야 지금까지의 점수로 돈을 딸 수 있는데 더 욕심을 내다가 딴 돈까지 모두 잃는 경우가 독박입니다. 독박을 면하려면 이제까지 확보한 점수와 나머지 두 사람의 판세를 읽어낼 줄 알아야 합니다. 절대로 무리수를 쓰지 맙시다. 주어진 상황에서 최선의 능력발휘를 하고 하산 할 시점이 되면 과감하게 하산합시다. 그것이 롱런할 수 있는 길입니다. 내가 가진 능력 이상으로 욕심을 부려 무리하게 일을 추진하다보면 이제까지 쌓아놓은 공적이 하루아침에 무너지는 비운을 맛볼 수 있습니다.

고(상황판단 이론)

인생은 결국 승부, 도전정신과 배짱!

독박을 면하는 길과 고를 외치는 길은 전혀 다른 양극단의 의사결정 상황입니다. 고를 외치다가 독박을 쓰게 될 리스크가 존재할 수도 있고, 고를 외친 것이 현명한 의사결정으로 판가름 나 더 많은 돈을 거머쥘 수도 있습니다. 그러나 한 가지 분명한 사실은 지금까지 돈을 많이 잃었기 때문에 열 받아서 고를 외친다면 패망의 지름길임을 명심합시다. 고를 할지 말지는 상대편 두 사람이 따다 놓은 패와 패의 조합을 읽고 난 후 신중하게 내려야 합니다. 따라서 순간적인 판단이 필요합니다. 승승장구할 때 계속 밀고나갈지, 아니면 이 시점에서 잠시 스톱하고 멈출지는 자신이 처한 상황과 지향하는 목표점에 비추어 판단을 내릴 수밖에 없습니다. 여기에 대담한 승부사 기질이 필요합니다.

스톱(멈춤 이론)

안정된 투자정신과 신중한 판단력을 증진!

미래의 위험을 내다볼 수 있는 예측력을 가르칩니다. 인생은 성장과 발전도 중요하지만 지금까지의 성장과 발전과는 근본적으로 다른 성장과 발전을 이룩하기 위해서는 멈춤이 중요합니다. 멈춤은 게으름의 극치가 아니라 질적 도약을 위한 적극적 숨고르기입니다.

늘 반복되는 일이지만 어제보다는 오늘이 낫게, 오늘보다는 내일을 지향하는 마음가짐과 자세를 보듬고 가꾸기 위해서는 속도와 효율의 미신에 홀려서 목적지를 상실한 채 앞만 보고 달려가는 여정을 과감히 포기하고 지금 여기서, 아무 곳에서도 발견할 수 없는 나만의 독창적인 능력을 개발함으로써 이를 근간으로 보다 멀리 높이 도약할 수 있는 기회를 포착하는 것이 멈춤의 지혜입니다. 멈춤은 소극적 회피나 게으름의 표시가 아닙니다.

나가리(인생무상 이론)

인생은 곧 '나가리'라는 허무를 깨닫다!

그 어려운 '노장사상'을 난박에 이해할 수 있는 이론입니다. '나가리'는 일본어 '流(ながれ)'에서 온 말인데 어떤 일이 무효가 되거나, 계획이 허사가 되어 중단되었을 때, 또는 서로의 약속을 깨고 없었던 일로 할 때 쓰는 말입니다. 깨짐, 유산, 허사, 무효 등 우리말로 고쳐 써야 하지만 화투판에서 상용어화된 말이 일상에서도 많이 사용됩니다. 이런 상황에서는 이전의 경험적 산물과 이룬 업적 또는 공적에 대해서 깨끗이 잊고 다음 일에 대한 준비를 되도록 빨리 착수하는 것이 현명한 선택입니다. 그리고 치열한 경쟁을 벌였음에도 왜 나가리 상황이 발생했는지 철저하게 원인을 분석하여 다음 게임에서 승리할 수 있는 전략을 고민하는 것이 지혜로운 처세입니다.

일곱 번째 생각 여행 **학습력**

03 일곱 번째 생각 여행 학습력

학습 찬양가에서 배우는 지혜!

학습

학습은 언제나 오래 참고

학습은 언제나 온유하며

학습은 언제나 시기하지 않으며

자랑도 교만도 아니 하며

학습은 언제나 무례히 행하지도 않고

자기의 유익을 구하지도 않으며

학습은 성내지 않으며

LEARNABILITY

진리와 함께 기뻐하네

학습은 모든 것 감싸주고

학습은 영원토록 변함이 없네

믿음과 소망과 학습은

이 세상 끝까지 영원하며

믿음과 소망과 학습가운데

그 중에 제일은 학습이라

'사랑'이라는 유명한 성경구절을 '학습'으로 바꾼 것입니다. 여기서 **첫 번째 핵심은, 학습은 생각만큼 빨리 일어나지 않고 오랜 기간 동안의 내면적 성숙과정을 거치면서 일어난다는 점입니다.** 디지털 기술이 발전하고 소셜 미디어가 아무리 발전했더라도 이런 것들이 인간의 학습을 대신 해줄 수는 없습니다. 학습은 학습 주체인 인간의 수고와 정성, 노력과 땀을 통해서만 일어납니다. 첨단기술과 미디어는 학습과정에 도움을 줄 수 있는 보조수단일 뿐입니다. 수단이 목적을 대체할 수 없습니다. 오로지 수단은 목적달성 과정을 도와줄 뿐입니다.

학습 찬양가에서 주목해야 할 **두 번째 포인트는 학습하면 학습할수록 학습하는 주체는 자랑도 교만도 하지 않는 겸손한 인간으로 거듭난다는 점입니다.** 벼이삭도 시간이 지나면서 고개를 숙이듯 배우는 사람은 늘 마음속으로 자신의 부족함을 깨닫고 그것을 채우려는 노력을 멈추지 않습니다. 한 분야의 뛰어난 학자라 할지라도 끊임없이 배우는 학생입니다. 학자는 학생임을 잊지 않을 때 최고의 전문적 식견과 안목을 지닌 지식인으로 거듭날 수 있습니다.

학습 찬양가가 전달하는 **세 번째 포인트는 자신의 본분을 지키면서 타인에게 무례하게 행하지 않으며 자신의 안위보다 타인의 행복을 위해 노력한다는 점입니다.** 배우는 사람은 자신의 부족한 부분을 채우기 위해서 학습 여정을 멈추지 않기도 하지만, 배운 결과를 남과 함께 나누는 과정에서 행복을 느낍니다. 학습은 나눔을 통해 빛과 가치를 더욱 발휘합니다. 나누지 않으면 나뉨이 발생하며, 나뉨이 발생하면 학습을 통한 지적 성장과 성숙의 과정은 거기서 멈출 수 있습니다. 떡잎이 나오자마자 두 가지 방향으로 나뉘지 않으면 영원히 성장을 멈추는 것처럼 학습의 본질은 사람과 사람 사이에서 주고받는 대화나 통찰력을 통해 관계의 소중함을 깨달아가는 과정입니다. 학습은 다른 사물이나 사람과의 관계 속에서 자신의 존재 가치와 이유를 깨닫는 과정입니다. 학습은 이 세상이 거대한 관계망의 한 부분으로 맞물려 돌아가고 있다는 깨달음을 얻는 과정이기 때문입니다.

학습 찬양가에서 주목할 **네 번째 포인트는 학습하는 사람일수록 타**

인과의 신뢰관계를 굳건하게 유지하고 함께 더불어 살아가는 사람이라는 점입니다. 학습은 대상이나 사람과의 관계 맺음의 과정이며, 이러한 관계 맺음의 과정을 통해 나의 인격과 개성, 능력과 자질이 자라는 것입니다. 즉 한 개인의 모든 개성과 능력은 그 사람이 이제까지 성장해오면서 맺었던 모든 관계성의 역사적 투영물입니다. 학습은 한 사람의 인격을 다른 사물과 사람과의 관계 속에서 형성해나가는 인격도야의 과정입니다. 이 과정에서 가장 소중한 것은 사람과 사람 사이에 존재하는 신뢰입니다. 서로 믿지 않는 불신풍조 속에서는 어떤 학습나무도 자라지 않습니다. 진정한 학습은 신뢰를 기반으로 자랍니다. 신뢰가 무너지면 모든 것이 무너집니다.

학습 찬양가에서 얻을 수 있는 **다섯 번째 시사점은 학습의 결과 탄생한 진리에 대한 즐거운 깨달음에 있습니다.** 학습은 한 마디로 깨달음의 즐거움을 맛보기 위해 지금 이 순간의 고통도 감내하는 것입니다. 학습은 내가 경험해보지 못한 타인의 아픔을 어루만져주고 감싸안아주면서 어렵고 힘든 사회를 밝게 빛내줄 한 줄기 희망의 불빛을 찾아나서는 과정입니다. 비록 지금은 절망적이더라도 현재 겪고 있는 아픔이 치유될 수 있으며, 시련과 역경은 극복될 수 있다는 믿음으로 학습에 매진하는 것입니다. 아픔 뒤에 찾아오는 기쁨, 어려움 뒤에 찾아오는 즐거움, 역경 뒤에 맞이하는 아름다운 경력이 있기에 학습 여정은 언제나 가슴이 뛰고 주먹이 불끈 쥐어지는 것입니다.

학습 찬양가에서 배울 수 있는 **가장 중요한 교훈은 믿음과 소망과 학습 가운데 그 중에서 제일은 학습이라는 점입니다.** 물론 믿음과 소망과 사랑 가운데 그 중에 제일은 사랑입니다. 학습은 사물과 사람에 대한 사랑으로 출발하고 끝을 맺습니다. 학습의 시작과 끝은 사랑입니다. 사랑이 존재하지 않는 그 노력과 결과는 무용지물입니다. 학습은 사랑으로 시작해서 사랑으로 끝을 맺습니다. 무엇을 믿는다는 건 그 무엇을 사랑한다는 이야기이며, 무엇을 소망한다는 건 소망의 대상에 대한 애틋한 사랑이 담겨 있다는 의미입니다. 학습은 자연 삼라만상은 물론 나와 직간접적으로 관계를 맺고 있는 사람들을 사랑하는 과정입니다. 누군가를 사랑하기 위해서는 누군가의 아픔을 이해할 수 있어야 합니다. 무엇인가를 사랑한다는 건 사물이 품고 있는 사연을 사랑한다는 이야기입니다. 사물과 사람에 대한 사연을 마음으로 공감하고 머리로 이해할 때 진정한 사랑이 시작됩니다.

04 일곱 번째 생각 여행 학습력

안다는 것은
상처받는 것이다!

앎이 깊어질수록 기존의 앎에 상처는 깊어질 수밖에 없습니다. 알아갈수록 상처는 더욱 깊어져 더욱 아픔의 강도는 심해집니다. 그 아픔이 두렵다면 앎의 행로를 지금 여기서 빨리 멈춰야 합니다. 그런데 알아감으로 인하여 생기는 상처를 견디겠다는 의지가 있다면 앎으로 인해 생기는 상처를 두려워해서는 안 됩니다. 상처는 아물게 마련입니다. 다만 시간이 걸릴 뿐입니다. 숱한 상처의 흔적에 기억과 추억이 새겨지고 아름다운 앎의 무늬로 재탄생합니다. 가시 없는 장미가 없듯이 아픔 없는 아름다움도 없습니다. 아

일곱 번째 생각 여행 학습력

름다움은 앓고 난 사람이 보여주는 인간적 면모나 사람다움을 의미하기 때문입니다. 그래서 '앓음다움'과 '아름다움'은 동격입니다. 아픈 앎의 뒤안길에 생긴 숱한 얼룩이 아름다운 무늬를 만들어냅니다. 알면 알수록 기존의 앎이 잘못되었다는 깨달음의 무늬는 심한 두뇌수술의 고통을 동반합니다.

지적 충격이 주는 즐거움의 고통입니다. 삶이 공부이고 공부가 삶이라면 공부나 삶이나 상처받고 상처를 치유하는 과정입니다. 상처의 골이 깊을수록 깨달음의 깊이도 깊어집니다. 깨뜨리면 얼룩이 생기고 깨달으면 무늬가 생깁니다. 그런데 깨달음의 무늬도 깨뜨림의 얼룩 없이 생기지 않습니다. 뭔가를 깨달으려면 스스로를 먼저 깨뜨려야 합니다. 스스로를 적당히 깨뜨리지 않으면 결국 완전히 깨집니다. 완전하게 깨지기 전에 스스로 자신의 한계와 굴레, 속박과 타성의 틀을 깨부숴야 합니다. 그래서 깨달음의 여정은 아픔의 연속입니다. 화려하고 아름답게 보이는 쇼윈도 속 마네킹의 뒷면에는 수많은 시침이 꽂혀 있습니다. 마네킹은 보이지만 마네킹을 아프게 하는 시침은 쉽게 보이지 않습니다. 앎의 무늬는 아름답지만, 앎의 얼룩은 아픕니다. 사람들이 보는 것은 앎의 무늬이지 아픔의 얼룩이 아닙니다. 그들은 앎의 무늬에 주목하고 앎의 얼룩은 쉽게 보지 못합니다.

무엇인가를 안다는 것은 모른다는 것을 아는 것입니다. 모르는 것을 알면 알수록 아픕니다. 그 아픔의 진면목을 믿고 부단히 정진해야 아픔을 치유할 수 있습니다. 이열치열以熱治熱처럼 이통치통以通治通의 원리로 이전의 아픔을 다음의 아픔으로 치유하는 방법입니다. 앎은 앓음입니다. 앎이 성장하고 성숙할수록 몰랐던 사실을 깨달으면 깨달을수록 기존의 앎이 깨지는 심각한 통증이 수반됩니다. 그 통증을 감내하는 유일한 방법은 또 다른 앎의 행로를 찾아 미지의 세계로 떠나는 앎의 행로를 부단히 전개하는 것입니다. 자신이 모르는 것이 무엇인지를 알기 위해서는 끊임없이 배워야 합니다. 배움은 그래서 일종의 지적 호흡입니다. 호흡을 멈추면 생명체가 죽음을 맞이하는 것처럼 배움을 멈추면 성장이 멈추고 죽음을 맞이하는 것입니다. 배움은 새로운 것을 아는 과정인 동시에 모르는 것을 새롭게 아는 과정이기도 합니다.

새로운 것을 알면 알수록 기존의 앎이 허술하거나 부실한 앎이었다는 것을 깨닫게 되고 그럴수록 더욱 앎에는 생채기가 생깁니다. 그래서 앎은 기존의 앎에 심한 생채기를 내는 과정입니다. 그렇게 하기 위해서는 기존의 앎에 환멸을 느껴야 하고 심각한 불편함과 심지어는 도덕적 분노를 느껴야 합니다. 한마디로 기존의 앎에 마음이 편안하지 않아야 합니다. 환멸 없이 환상 없고, 일탈 없이 해탈 없습니다! 환멸의 끝에 새로운 세계에 대한 환상이 시작되고, 정상에서의 궤도 이탈이나 일상으로부터의 일탈 끝에 새로운 이해의 지평이 열리며, 해탈의 경지에 접근할 수 있습니다.

　매일 매일의 친숙함에서 벗어나 낯선 불편함의 세계에 자신을 의도적으로 노출시킬수록 기존의 앎은 심각한 불편함을 겪게 되고 기존의 앎에 상처가 심하게 생깁니다. 상처투성이의 앎에 상처가 아물기도 전에 또 다른 상처가 생깁니다. 그 견딜 수 없는 심각한 아픈 통증 후에 찾아오는 잠깐 동안의 앎의 희열은 다음 상처를 견디기 위한 기반일 뿐입니다. 상처가 아물기 전에 또 다른 낯선 세계, 불안한 앎의 세계로 자신의 몸을 내던져야 합니다. 깨달음을 주는 배움은 정상궤도에서 벗어났을 때 찾아오는 경우가 많습니다. 참 스승은 달리는 고속도로 위에 있지 않고 남이 가지 않은 길 밖에 있습니다. 그러니 남이 간 길을 쫓지 말고 길 밖의 길로 가십시오. 거기에 깨달음의 원천이 있고, 각성의 디딤돌이 있으며, 새로운 앎으로 향하는 이정표가 있습니다.

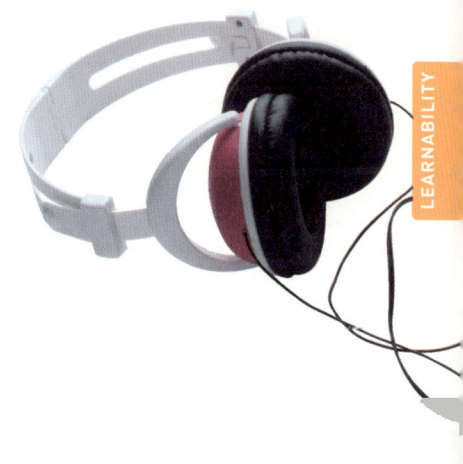

05 일곱 번째 생각 여행 학습력

삶을 내 것으로 만드는
학습 원리 대공개!

생명체가 호흡을 멈추면 죽음을 맞이하듯이 사람도 학습을 멈추면 성장과 성숙의 과정이 멈춥니다. 학습은 인간의 지적 호흡이기 때문입니다. 지적 호흡을 멈추는 것은 곧 지적 성장을 멈추는 것과 같습니다. 학습은 삶과 분리·독립되어 일어나는 별개의 활동이 아니라 삶 그 자체가 학습입니다. 살면서 배우고 배우면서 사는 것입니다. 삶 자체를 학습으로 보고 삶의 전 과정을 학습할 수 있는 기회이자 무대로 보는 사람과 그렇지 않은 사람 간에는 삶의 질과 수준의 차이가 날 수밖에 없습니다. 이제부터 삶을 내 것으로 만들어주는 학습 원리들을 소개합니다. 지식정보가 과거 그 어느 때보다도 폭증하는 시점에서 모든 사람이 자기 주도적으로 학습활동을 전개하지 않는다면 시대에 뒤떨어질 수밖에 없는 것입니다.

채우기 전에 비워라!

앨빈 토플러는 기존 지식이 급속도로 불필요하고 무용해지는 미래 사회가 도래하고 있음을 주장한 바 있습니다. 무용지식이 많으면 많을수록 새로운 지식을 학습할 수 있는 가능성도 그만큼 줄어든다고 볼 수 있습니다. 기존의 무용지식이 새로운 지식을 학습하는 과정을 방해하기 때문입니다. 나아가 무용지식은 새로운 생각이나 아이디어를 구상하는 창조적 상상력을 발휘할 수 있는 가능성을 봉쇄할 수도 있습니다. 즉 새로운 지식을 습득하는 학습도 중요하지만 새로운 지식을 학습하는 과정을 촉진하기 위해서는 역설적이지만 기존 지식을 창조적으로 폐기처분하는 망각학습 unlearning이 보다 중요합니다. 즉 학습을 통해 습득한 지식의 생명주기가 급속도로 빨라지면서 새로운 지식을 습득하는 학습과 함께 새로운 지식을 통한 대안적인 관점의 향성과 창조적 상상력 발휘에 필요한 고정관념의 창조적 파괴를 지향하는 망각학습이 새로운 화두로 부각되고 있는 것입니다. 새로운 시식을 흡수하기 위

해서는 기존 지식 중에서 무용한 지식, 불필요한 지식, 쓰레기 정보를 처분해야 합니다. 그렇지 않으면 새로운 지식이 안주할 자리가 없다는 설명입니다.

'직선'은 '곡선'을 이길 수 없다!

학습은 빠르게 배우는 '학學'과 느리게 익히는 '습習'으로 이루어져 있습니다. 빠르게 배우기만 하고 느리게 익히는 노력을 게을리하면 절름발이 학습으로 전락합니다. 요즘 사람들은 남의 정보에 빠르게 접속하고 다운로드하지만 접속한 정보를 내 것으로 소화시키는 '습' 활동에는 많은 시간과 노력을 기울이지 않습니다. 내가 꿈꾸는 분야에서 전문가가 되려면 그 분야에 필요한 지식을 숙성시키는 절대시간이 필요합니다. 겉절이는 빠르게 만들 수 있지만 김치는 숙성시켜야 비로소 맛이 살아 움직이는 이치와 같습니다. 학습활동을 통해 지식을 창조하기 위해서는 숙성의 여유와 느림의 지혜가 필요합니다. 이 세상의 아름다움은 모두 곡선으로 이루어져 있습니다. 학습은 곡선의 방황과 고뇌가 없는 직선의 촉급함과 속도와 함께 발생하지 않습니다. 찰나의 깨달음과 번뜩이는 통찰력의 순간은 직선이지만 그것이 오기까지의 여정은 긴 곡선의 소요와 기다림의 과정입니다. 느리게 익히는 것이 빠르게 배우는 지름길입니다.

컨테이너보다 콘텐츠가 중요하다!

컨테이너 container 는 타고난 능력 capacity 입니다. 트럭이나 버스와 같은 차도 설계할 때부터 실을 수 있는 무게를 표시합니다. 차마다 무게를 견딜 수 있는 적량, 즉 적재적량 摘載適量 이 정해져 있습니다. 자신이 견딜 수 있는 한계를 넘어서면 문제가 발생합니다. 그릇의 크기는 태어날 때 대략 정해지는 것입니다. 그런데 정해진 컨테이너에 어떤 콘텐츠 content 를 담는 노력을 전개하느냐에 따라 그 사람의 경쟁력은 달라집니다. 경쟁력의 차이는 컨테이너에서 비롯되지 않고 컨테이너에 담겨진 콘텐츠에 따라 달라집니다. 컨테이너가 그릇이라면 콘텐츠는 그릇에 담겨진 지식이자 노하우입니다. 그 사람이 어떤 지식과 노하우를 갈고 다듬느냐는 그 사람이 어떤 학습을 하느냐에 따라 전적으로 달라집니다. 콘텐츠에 대한 저작권 copyright 을 갖고 있는 사람, 자기만의 독창적인 콘텐츠를 갖고 있는 사람일수록 자기만의 색깔과 콘셉트 concept 를 갖고 있습니다. 콘셉트는 그 사람의 콘텐츠 파워를 판가름하는 기준이자 본질입니다. 콘셉트의 차별화가 곧 콘텐츠의 색깔을 결정하는 원동력입니다. 그리고 콘셉트 경쟁력은 창의성 creativity 에서 나옵니다. 결국 콘텐츠 파워는 콘셉트에서 나오고, 콘셉트의 차별화는 창의성에서 비롯됩니다. 나만의 콘텐츠를 개발하기 위해 어떤 학습을 전개하고 있는지를 뒤돌아볼 필요가 있습니다.

일곱 번째 생각 여행 **학습력**

'다름'과 '차이'를 존중하라!

다름이 공존하는 세계는 아름답습니다. 자연에 있는 모든 꽃이 한 순간에 피지 않고 각자의 색깔과 시기를 갖고 피기 때문에 아름답습니다. 오케스트라의 하모니가 아름다운 이유는 저마다의 소리가 각자의 선율을 유지하면서 전체적인 시너지로 전환되기 때문입니다. 학습은 내가 갖고 있는 지식과 다른 지식을 추구하면서 기존 지식과 새로운 지식 간에 존재하는 차이 속에서 얻는 깨달음의 과정입니다. 그 차이가 창조적 긴장감을 유발합니다. 용광로는 다름을 하나로 획일화시키지만 모자이크는 각자의 개성을 존중하면서도 전체적으로 하모니를 연출합니다. 학습은 다양한 의견이 적극적으로 소통되고 그 소통 속에서 내가 미처 생각지 못했던 점을 나의 생각과 비교하면서 이루어지는 과정입니다. 생각의 다름이 권장되고 의견의 차이가 존중되는 분위기와 여건에 의도적으로 나를 노출시킬 때 학습은 날개를 달 수 있습니다. '다름'을 '틀림'으로 간주하는 획일화된 사고는 학습의 가능성을 무참히 짓밟는 일종의 폭력입니다. 내가 본 것이 다른 사람이 본 것과 다를 수 있으며, 내가 생각한 아이디어가 언제나 옳지 않을 수 있다는 열린 마음이 다름과 차이를 존중하는 학습활동을 촉진시킬 수 있습니다.

고민만 하지 말고 고통체험을 하라!

내가 고민하는 숙제를 해결할 수 있는 유일한 방법은 직접 고민하고 있는 사안을 시도해보는 방법밖에 없습니다. 1년 전에 고민했던 숙제를 해결하지 못한 채 여전히 고민 중인 사람이 얼마나 많은가요? 실천하지 않는 모든 사상은 관념의 파편일 뿐입니다. 진정한 학습은 실천을 통해 비로소 완성됩니다. 배우고 또 배우지만 머리로 생각만 하고 어떻게 할 것인지를 고민만 해서는 절대로 외부의 정보나 지식이 자신의 것으로 만들어지지 않습니다. 실천에는 고통이 따르게 마련입니다. 자연에 있는 모든 생물들이 결실을 맺는 데에는 풍상을 겪어야 하듯이 자기만의 고유한 지식으로 만드는 학습여정에는 반드시 고통체험이 따릅니다. 맛 좋은 포도와 수박은 모두 경사지에서 재배한다고 합니다. 경사지에서 굴러 떨어지지 않으려는 스트레스를 받은 과일이 더 맛있습니다. 시련받은 단풍일수록 더 아름답고 남들의 시선에 뜨이지 않는 꽃의 향기가 오래도록 멀리 퍼집니다. 시련과 역경은 나만의 숙성된 지식을 만들어내는 필수 양념입니다. 적당한 스트레스는 창조적 긴장감을 유발합니다. 창조적 긴장감이 유지되는 학습일수록 많은 사람들에게 감동을 줄 수 있는 건강한 지식을 만들어낼 수 있습니다.

개념을 잡고 부딪쳐라!

이 세상에서 가장 상식 없는 사람은 개념 없는 사람입니다. 개념 없는 사람에게는 개념을 넣어줘야 합니다. 개념은 생각의 원료이자 창조적 발상의 자양분입니다. 개념을 얻기 위해서는 생각의 체험이 많아야 합니다. 생각의 체험은 일종의 간접 경험입니다. 모든 것을 직접 경험할 수 없으니 다른 사람의 직접 경험을 들어보거나 그 사람의 경험을 읽어볼 수 있는 다양한 독서, 그리고 예술적 감상 등을 통해 간접적으로 경험해보는 것입니다. 간접 경험이야말로 개념을 습득하는 최상의 방법입니다. 영화를 본다든지 책을 읽는다든지 다른 사람의 경험담을 듣는다든지 직접 경험할 수 없는 것을 경험하는 모든 노력이 생각의 체험입니다. 이에 반해서 부딪히는 직접 체험은 간접 체험을 통해서 얻은 신념을 더욱 확고부동하게 만들어줍니다. 생각의 체험을 통해 깨달은 바를 실제로 적용해본 사람일수록 목소리가 살아 있으며 힘이 넘칩니다. 그래서 생각의 체험 없는 직접 체험은 무모할 수 있으며, 직접 체험 없는 생각의 체험은 공허할 수 있습니다. 경험은 학습을 통해서 무엇인가를 창조하기 위한 아이디어 뱅크입니다. 학습이 관계없다고 생각되는 두 가지 아이디어나 사물을 이연연상을 통해 엮어내는 노력이라면 우선 엮을 수 있는 재료가 많아야 합니다. 엮을 수 있는 재료의 원천이 바로 경험입니다. 위대한 작가의 창작원료는 모두 작가의 경험에서 비롯됩니다. 경험이 좋은 글을 쓸 수 있는 안주인인 셈입니다. 나아가 경험은 곧 교양의 두께입니다. 교양이 두꺼울수록 새로운 지식을 창조할 수 있는 넓이와 깊이가 확장되고 심화될 수 있습니다.

'색'으로 '계'를 무너뜨려라!

'색'은 유혹이고 '계'는 유혹을 방어하는 자기만의 '계율'입니다. 학습은 나만의 색으로 상대방의 계를 무너뜨리는 유혹의 과정입니다. 상대방을 유혹하기 위해서는 나만의 색깔이 있어야 합니다. 나만의 색깔로 상대방의 마음을 훔치는 마음 도둑이 되어야 합니다. 이런 점에서 '색'은 상대방의 마음을 훔칠 수 있는 '감성적 무기'이고 '계'는 상대방에게 유혹당하지 않으려는 '이성적 방어벽'입니다. '색'은 '색깔'입니다. 나만의 '색깔'을 다듬고 만들어가는 과정이 다름 아닌 학습입니다. '색깔'은 남들에게는 발견할 수 없는 자기만의 고유한 컬러입니다. 학습은 이런 자기 고유의 컬러를 갈고 다듬어나가는 정련의 과정을 통해 해당 분야의 전문가가 되는 과정입니다. 나만의 '색깔'을 갈고 다듬어나가다 보면 그 누구도 넘볼 수 없는 자기만의 방어벽, 즉 '계'가 되는 것입니다. 나만의 '색'이 상대방의 '계'를 무너뜨릴 수 있지만, 결과적으로 나만의 '색'으로 무장하는 학습을 계속하다보면 나만의 '계'로 완성되어 나가는 과정이 학습입니다. 그 '계'는 나 자신의 또 다른 학습을 통해서 무너질 수도 있고 다른 사람의 색다른 문제제기로 무너질 수도 있습니다. '계'는 언제나 '색'에 의해서 무너질 수 있습니다. 늘 색다른 학습으로 나를 지키려는 '계'를 무너뜨리고 부수어야 합니다.

작은 실천을 진지하게 반복하라!

용두사미보다 우공이산이 낫습니다. 시작은 거창하게 하지만 끝은 소리 소문 없이 꼬리를 내리는 경우가 많습니다. 항상 계획을 잘 세우지만 수립된 계획을 실천으로 연결하는 데에는 별 다른 노력을 기울이지 않는 경우를 작심삼일이라고 합니다. 학습은 생각으로 머물러 있어서는 일어나지 않습니다. 학습은 실천하는 가운데 비로소 자신이 몰랐던 의미를 깨닫는 과정입니다. 거창한 계획도 중요하지만 작은 실천이라도 진지하게 반복하는 것이 중요합니다. 위대한 성취물의 뒤안길에는 위대한 계획도 있었지만 그 계획을 포기하지 않고 현실로 구현시키는 작은 노력의 연속이 있습니다. '우공이산'이라는 말은 어리석은愚 노인公이 산山을 움직인다移는 말입니다. 머리 좋은 것만 믿고 요리조리 잔머리를 굴리면서 계산해보고서 결국 산은 움직일 수 없다고 포기하는 것보다 불가능하다고 생각하는 도전과제 앞에서 굴하지 않고 조금씩 수고와 정성을 다하는 손발의 노력이 위대한 학습의 시작입니다. 세상을 움직이는 사람은 머리 좋은 사람이 아니라 손발을 움직여 우직한 실천을 전개하는 사람입니다. 완벽한 계획을 세우는 것도 중요하지만 수립된 계획을 실천하면서 애초의 계획을 상황 변화에 따라 부단히 바꿔가면서 학습활동을 끈질기게 전개하는 노력이 더 중요합니다.

06 일곱 번째 생각 여행 학습력

모든 분야에 능통할 순 없어도
모든 사람과 소통할 순 있다!

르네상스 시대에는 유독 천재적인 기질과 재능을 갖고 있는 사람들이 많았습니다. 대표적인 인물이 레오나르도 다빈치입니다. 모나리자와 최후의 만찬을 그린 레오나르도 다빈치! 그는 그림뿐만 아니라 예술, 수학, 물리, 천문, 식물, 해부, 토목, 기계, 군사 등 세상의 모든 것에 천재적인 기질과 재능을 발휘했습니다. 그는 닥치는 대로 세상의 거의 모든 것에 관심을 갖고 평생 동안 놀이를 즐기는 영원한 어린 아이였습니다. 어린 아이는 어리석은 아이의 줄임말이라고 합니다. 세상 사람들이 보기에 어리석게 보이지만

"우리는 이따끔씩 자연이 하늘의 기운을 퍼붓듯, 한 사람에게 엄청난 재능이 내리는 것을 본다. 이처럼 감당 못 할 초자연적인 은총이 한 사람에게 집중 되어서 아름다움과 사랑스러움과 예술적 재능을 고루 갖게 되는 일이 없지 않다."
– 조르조 바사리(Giorgio Vasari)

출처 : http://blog.naver.com/anectar?Redirect=Log&logNo=30004529627 / anectar님 블로그

어리석은 생각과 행동이 어리석지 않은 평범한 사람들의 생각과 행동에 영향을 미칩니다. 어린 아이의 마음속에서 자라는 어리석음이 호기심을 불러일으키는 원동력입니다. 호기심은 세상의 모든 것에 대해서 물음표를 던지는 마음입니다. 엉뚱한 질문, 바보스러운 질문, 멍청한 질문이라고 생각되는 물음이 세상을 다르게 볼 수 있는 출발점입니다.

다빈치는 언제나 모든 것에 물음표를 던지고 메모하면서 남다른 문제의식을 갖고 살았습니다. 지칠 줄 모르는 호기심과 꺼지지 않는 열정이 남다른 발상을 하도록 이끌었습니다. 남다른 발상은 마음속에 궁금한 것이 많은 사람, 호기심이 넘쳐흘러 주체할 수

없는 사람에게 찾아듭니다. 호기심은 새로운 분야는 물론 익숙한 분야를 남다르게 바라본 사람이 그 분야를 알고 싶어서 견디지 못하는 마음입니다. 호기심을 다른 말로 표현하면 지금 내가 갖고 있는 지식으로는 이해가 되지 않는 분야를 알고자 하는 지적 탐구욕입니다. 즉 뇌가 지식의 결핍을 느껴서 외부에서 새로운 지식을 요구하는 일종의 신호입니다. 사람들이 호기심이 없는 이유는 알고 싶은 욕구가 없거나 뇌가 언제나 평형상태를 유지하고 있어서 새로운 정보나 지식을 필요로 하지 않기 때문입니다. 뇌의 평형상태를 깨뜨려야 깨진 평형상태를 회복하기 위해 뇌가 비로소 새로운 정보나 지식을 찾습니다.

다빈치는 세상의 모든 것이 궁금했던 사람입니다. '공상空想'과 '망상妄想'이지만 엉뚱한 '발상發想'을 통해 상상력을 발휘하고, 자신이 꿈꾸는 '이상理想'을 위해 언제나 암중모색暗中摸索하고 절치부심切齒腐心하며 호시탐탐虎視眈眈 기회를 엿보면서 좌우지간 이런저런 시도를 해보는 시행착오試行錯誤를 수없이 반복했습니다. 이런 과정과 와중에 다빈치는 잡다할 정도로 산만한 지식에 관심을 갖고 보통 사람이 넘보기 어려운 다양한 분야에 대한 폭넓은 식견을 갖게 된 것입니다. 한 사람이 그렇게 광범위한 분야에 해박한 시식과 식견을 갖는다는 건 거의 불가능에 가까울 정도입니다. 요즘에는 한 사람이 모든 분야에 능통한 슈퍼맨을 기대하기에는 지식이 기하급수적으로 폭증하고 있습니다. 지금은 다빈치처럼 세상의 모든 분야에 걸쳐 해박한 지식과 안목을 지닌 천재를 기대하기가 어렵습니다. 다빈치가 살았던 르네상스 시대와 비교해볼 때 세상은 너무나 복잡해졌고 그만큼 세상을 이해하는 데 필요한 지식도 방대해졌습니다. 특히 전문 분야와 전문 분야별 지식이 폭증하는 오늘날과 같은 시기에는 르네상스 시대의 다빈치나 미켈란젤로처럼 한 사람이 방대한 분야를 섭렵하기가 현실적으로 어렵습니다. 전문 분야의 폭과 깊이가 상상을 초월할 정도로 확장, 심화되고 있어서 한 사람이 다빈치처럼 모든 분야에 걸쳐서 해박한 지식을 갖기에는 역부족입니다.

따라서 자기 전공을 공부하면서 남다른 관심으로 인접 유관 분야에 대한 식견을 폭넓게 갖기 위해서는 혼자 모든 분야를 섭렵하는 노력보다 다른 사람과의 만남과 대화를 통해서 소통하는 방법이 유효합니다. 모든 분야에 능통하기에는 역부족이니 각자의 분야에 능통한 사람과 부단히 대화를 통하는 방법이 좌정관천坐井觀天형 지식인의 길에서 벗어나는 방법입니다. 따라서 내가 갖고 있지 않은 전문지식이나 다른 분야에 대한 식견을 융합하는 가장 효과적인 방법은 나와 다른 관심을 갖고 있는 사람과 열린 마음으로 대화를 나눌 수 있는 기회 및 계기를 만들어가는 것입니다. 소통 채널을 다변화시켜 다양한 사람들과 의도적으로 만나 내가 갖지 못한 다양한 분야에 대한 추세와 동향을 듣고, 그것이 내가 전공하는 분야와 어떤 관련성과 시사점을 던져주는지를 끊임없이 생각하는 것입니다. 소통이 능통을 가져옵니다. 한 사람이 모든 분야에 능통할 수 없기 때문에 특정 분야에 능통한 전문가와 소통하는 방법이야말로 편협한 생각과 자기 전공의 깊이에 빠져 다른 세상을 보지 못하는 어리석음에서 벗어나는 길입니다. 최고의 전문가들이 모여 토론하면서 중요한 이슈에 대한 해결책을 공동으로 찾아가는 연구풍토가 활성화될 때 자기 분야에 갇혀 사는 편협한 시각에서 벗어날 수 있습니다. 한 사람이 모든 분야에 능통할 수는 없지만 모든 사람과 소통할 수는 있습니다.

'소통疏通'하는 가장 확실한 방법은 밥통을 나눠 먹는 방법입니다. '밥통'을 주고받으면 '소통'의 문이 열립니다! 경기도 성남시 모란시장 부근에 가면 밥퍼 신부로 유명한 김하종(빈첸시오 보르도) 신부와 자원봉사자들이 11년째 노숙인들에게 무료급식 봉사를 하는 '안나의 집'이 있습니다. 빈첸시오 보르도 신부는 1990년대 한국에 들어와 서강대학교에서 한국어 과정을 이수한 후 성남에 정착, 국비보조 없이 600여 자원봉사자와 함께 밥을 통해 우리 사회의 가장 낮은 곳에서 소통의 문을 열어가고 있습니다. 세상에는 밥통조차 없는 수많은 노숙인들이 있는가 하면, 자기 밥통은 어떤 상황에서도 놓지 않으려는 철밥통들도 물론 있습니다.

일곱 번째 생각 여행 **학습력**

밥을 나눠 먹는 가족을 '식구'라고 합니다. '식구'가 되기 위해서 밥을 함께 먹어야 합니다. '화목(和睦)'한 가족의 조건도 밥을 나눠 먹어야 합니다. '화목하다'는 한자 '和'는 벼를 뜻하는 '禾'와 입을 뜻하는 '口'가 합쳐져서 이루어진 단어입니다. 화목하려면 벼, 즉 밥을 나눠 먹는 입이 모여야 한다는 의미이죠. 화목하지 않은 가정은 각자 1주일 내내 뿔뿔이 흩어져 지내면서 무척 바쁜 일상을 보내기에 다 함께 모여 밥 먹을 시간이 없습니다. 밥을 같이 나눠먹으면서 담소도 나누는 등 서로가 느끼는 아픔과 즐거움을 교감할 시간적 여유가 없습니다. 밥을 같이 나눠먹지 않기에 함께 서로의 이야기를 들어볼 시간이 없어지고 결국에는 오해와 불신의 골이 파이면서 이제 전혀 소통되지 않는 '불통'이 되는 것입니다. '밥통'의 건넴과 받음 없이 '소통'은 없습니다. 어렵고 힘들수록 밥을 나눠야 합니다. 밥하는 사람의 정성과 관심, 밥을 먹는 사람의 감사함이 서로 교감될 때 소통의 문이 활짝 열립니다.

이 글은 노재현의 시시각각, '밥통과 소통'(《중앙일보》, 2009년 7월 3일)이라는 글을 참고로 하여 집필되었음을 밝힙니다.

여덟 번째 생각 여행

Innovation

혁신력

혁신의 실패는
설득의 실패입니다!

절박함이 혁신적인 창조, 창조적인 혁신을 가져옵니다. 절체절명의 위기상황을 돌파할 수 있는 대박 아이디어는 절박함에서 비롯됩니다. 절박하지 않은 혁신은 평범함을 넘어서지 못합니다. 비범한 혁신은 위기를 극복하기 위한 몸부림 속에서 탄생합니다. 어제와 다른 위기나 문제상황을 탈출하기 위해서는 다른 의식을 가지고 새로운 질문을 던져야 합니다. 물음표가 품고 있는 평범함에 대한 문제의식이 비범한 혁신을 가능하게 해줍니다. 호기심 어린 눈으로 파고드는 집요한 질문과 탐구가 감동의 느낌표를 제공하는 것입니다.

Innovation

01 여덟 번째 생각 여행 혁신력

'절박'함이
'대박' 혁신을 낳는다!

전나무는 주변 환경이 예전과 같지 않다는 불안이 가중될 때 이전과는 다른 방식으로 엄청난 열매를 맺습니다. 종족 보존을 평소와 같은 방식으로 해서는 도저히 달성할 수 없다는 엄청난 불안감이 폭발적인 열정을 불러일으키는 것입니다. 앞날이 불확실한 전나무의 이 같은 종족 보존을 위한 분투노력을 '앙스트블뤼테 angstblute'라고 합니다. 공부하는 과정도 전나무의 앙스트블뤼테와 같은 불안감이 열정을 불러일으켜 전대미문의 새로운 창조로 연결되는 가능성의 문을 열게 하는 원동력입니다. 앙스트블뤼테는 불안감이 피워낸 열정의 꽃입니다. 대학에서 강의를 하면서 한편으로는 많은 시간을 할애하여 글을 쓰는 작가이기도 한 필자의 경우 마감시간이 임박하기 시작하면 평소 때와는 다른 긴장감과 극도의 집중력을 발휘하여 그동안 고민했던 복잡한 실타래가 순식간에 풀리는 경험을 종종 해보았습니다. 동시에 책을 두세 권 집필하고 번역도 하면서 지금 이 책과 함께 사보도 쓰고 인터뷰도 하면서 어떤 한 분야의 글이 실타래 풀리듯이 마감시간 임박해서 술술 풀리는 경험은 평소 그만큼 해당 주제에 대하여 치열하게 고민한 결과라고 생각합니다. 고민의 흔적이 쌓여서 어느 날 갑자기 세렌디피티 serendipity라는 선물을 빌어 생각지도 못한 글발이 술술 풀리는 경우가 많습니다.

 불멸의 작곡가 베토벤은 그의 천재적인 재능 덕분에 어릴 적부터 명성을 얻었습니다. 하지만 그의 나이 스물일곱 무렵 귓병으로 청력을 상실하면서 안 들리기 시작했습니다. 작곡가에게 소리가 안 들린다는 것은 사형선고나 다름없었습니다. 그도 위대한 작곡가이기 이전에 평범한 한 인간이기에 깊은 절망감과 좌절을 맛보았으며, 1802년 하일리겐쉬타트에서 유서를 작성하고 급기야 죽기를 결심하기까지 했습니다. 하지만 베토벤의 작곡한 위대한 작품의 꽃은 그때부터 개화하기 시작했습니다. 1804년 교향곡 3번 〈영웅〉 작곡, 1805년 피아노소나타 〈열정〉 작곡, 1808년 교향곡

5번 〈운명〉 작곡, 1809년 피아노협주곡 〈황제〉 작곡, 대작으로 평가받는 곡들은 대부분 청력을 거의 손상한 이후 탄생했다는 사실이 놀라울 뿐입니다. 불후의 명곡으로 꼽히는 〈합창〉 교향곡은 청력이 완전히 소멸된 시기 임종 3년 전인 1824년에 작곡했습니다. 불안 가득한 나날 속에서 창작에 대한 그의 간절함은 극에 달했고, 죽음보다 더 깊었던 간절함은 장애조차 초월하여 위대한 창조의 앙스트블뤼테를 피워낸 것입니다.

400년 동안 이집트의 노예생활을 했고, 5000년 동안 핍박받고 추방당하여 유랑생활을 했습니다. 홀로코스트로 600만 명이 희생당하였지만 MS의 빌 게이츠 전 회장, 스타벅스의 하워드 슐츠 회장, 구글의 세르게이 브린 회장, 세계 반도체 업계의 제왕이었던 인텔의 앤드그로브 전 회장과 전세계 DB 시장을 주무르는 오라클의 래리 엘리슨 회장 등 〈포춘〉 선정 100대 기업 CEO의

30%를 차지하고 있습니다. 노벨상 수상자의 30%와 미국 10대 부자의 20%를 점유하고 있으며 AP, UPI, AFP, 로이터, NBC 등 주요 방송사는 물론 세상을 움직이는 3대 신문인 〈뉴욕 타임스〉, 〈워싱턴 포스트〉, 〈월스트리트 저널〉을 장악, 스티븐 스필버그 영화감독을 비롯하여 파라마운트, 20세기 폭스사, 헐리웃 6대 메이저 장악하고 있습니다. 이들은 전 세계 인구의 0.25퍼센트인 약 1,300만 명에 불과하지만 세계를 주도하고 주무릅니다. 바로 유대인들입니다. 이들의 저력은 어디에서 나올까요? 디아스포라 diaspora, 그리스어에 온 말로 분산 分散이나 이산 離散을 의미합니다. 주변 민족에게 핍박당하고 수천 년 동안 집단 유랑생활을 하면서 항상 위협받았기에 끝없이 생존의 돌파구를 찾아야 했고, 나라가 없었기에 끝없이 새로운 땅을 찾아야 했습니다. 이들에게 두려움에 맞서는 두 가지 필수품은 가슴을 울렁거리게 하는 '비전'과 두려움에도 불구하고 행동할 수 있는 '용기'였습니다. 또 한 가지 유대인의 생활필수품이 있으니 바로 《탈무드》입니다. 현명한 삶을 이끌어주고 민족을 집결시킨 《탈무드》, 위대한 연구를 의미하는 《탈무드》는 인생 전반에 대한 삶의 지침서이자 지혜의 보고입니다. 두려움에 떨었지만 좌절하거나 낙망하지 않고 끝까지 희망의 등불을 가슴에 안고 다녔습니다. 언젠가 우리는 세상의 빛과 소금으로 남을 것이라는 강인한 정신력과 불굴의 의지로 버텼습

여덟 번째 생각 여행 **혁신력**

니다. 바다에서도 하늘을 보았고, 절망의 나락에서도 희망의 탈출구를 찾아 다녔습니다. 항상 위기 속에서 기회를 찾았고, 시련과 역경 속에서 결코 포기하지 않는 백절불굴 百折不屈의 자세를 잊지 않았습니다. 고난 앞에서 자신을 더욱 담금질했고, 핍박 속에서도 좌절하지 않았습니다. 시련 속에서 꽃피우는 그들만의 생존 무기가 지금 더욱 빛을 발하고 있습니다. 결국 언제 정착할지도 모르는 두려움과 불안감의 디아스포라가 세계 문명을 지배하고 세상을 이끌어가는 강력한 리더십으로 개화한 것입니다. 이처럼 '절박'이 '대박'을 가져옵니다. 절박함은 치열한 긴장감이며 더 이상 어찌 할 수 없는 막다른 골목입니다. 절박한 순간에 뇌는 평범함을 거부하고 비범함을 추구하기 시작합니다. 이때 뇌는 정상적인 방법으로 위기를 돌파할 수 없음을 깨닫습니다.

02 여덟 번째 생각 여행 혁신력

질문에 대한 질문 Questioning the Question 을 던져라!

"이제까지 누구도 묻지 않은 질문을 던져야 이제까지 열리지 않은 문이 열린다 A question not asked is a door not opened."라는 말이 있습니다. 문이 열리지 않는 이유는 문 여는 방법을 몰라서 열리지 않기 보다는 왜 문이 열리지 않는지를 묻는 질문을 바꾸지 않기 때문입니다. 여기서 문은 새로운 가능성의 세계로 들어가는 문입니다. 가능성보다 불가능성이 앞을 가리는 이유는 불가능성을 가능성으로 바꿀 수 있는 질문이 없기 때문입니다.

엄밀히 말하면 질문을 던지더라도 어제와 다른 질문으로 묻지 않기 때문입니다. 어제와 다른 질문, 우리가 던져야 할 질문들은 다음과 같습니다.

현실적인 '한계'와 '벽'을 넘어서는 도전적인 질문!

불가능하다고 생각되거나 이 정도가 '한계'라고 생각될 때 '도전'을 시작하는 질문을 던져야 색다른 시도가 시작됩니다. 기존과는 전혀 다른 질문, 불가능하다고 생각해서 던지지 않은 질문, 너무 도발적이라고 생각해서 질문할 생각을 아예 접은 질문이라야 무한한 가능성의 문이 열립니다. 혁신은 남들이 한계라고 포기한 바로 그 지점에 똬리를 틀고 기다리고 있습니다.

당연하다고 생각하는 틀에 박힌 생각에 딴죽 걸기!

이런 질문을 던져야 당연한 세계를 당연하지 않는 세계로 볼 수 있습니다. 원래 그런 세계가 없다고 생각해야 원래 그렇지 않을 수도 있는 가능성이 나타납니다. 혁신은 당연한 세계가 아닌 당연하지 않은 어떤 일에 잠재되어 있을 가능성이 많습니다. 당연하다고 생각하지 않아야 혁신의 씨앗이 발아될 것이며, 당연하지 않다고 의심을 품어야 남다른 혁신이 시작됩니다.

'아닌 밤중에 홍두깨' 같은 기상천외한 질문!

괴팍하고 기상천외한 질문이 상상초월의 세계를 열어가는 원동력입니다. 엉뚱하고 괴팍하며 바보 같은 질문(일명 '엉괴바' 질문)을 던져야 기대 이상의 세계가 열립니다. 꿈에도 생각하지 못한 질문을 던져야 꿈에도 생각하지 못한 꿈 너머의 세계를 꿈꿀 수 있습니다. 혁신은 '아닌 밤중에 홍두깨'처럼 충격으로 다가옵니다. 충격적으로 다가오지 않는 혁신은 진정한 혁신이 아닙니다. 충격적인 혁신을 일으키려면 충격적인 질문을 던져야만 합니다.

'조소'와 '조롱'에도 불구하고 묻고 또 묻기!

진짜 바보는 바보 같은 질문을 던지는 사람이 아니라 바보같이 질문조차 하지 않는 사람입니다. 진짜 바보는 질문을 포기합니다. 남의 질문을 의심하지 않습니다. 틀에 박힌 질문으로 간주합니다. 그러나 남들이 바보 같다고 생각하는 질문에 혁신이 숨어 있습니다. 혁신은 언제나 바보 같은 질문을 통해 세상 사람을 바보로 만들어간 역전 속에서 탄생했습니다.

시련과 역경이 와도 포기하지 않는 집요함!

'끈질긴 질문'이 끈기 있는 삶을 보장합니다. 시련이 다가오면 "왜 하필 나에게 이런 시련이 왔을까?" 하고 묻기보다 "이런 시련이 나에게 던져주는 의미와 가치가 무엇일까?"를 곰곰이 생각해봐야 합니다. "왜 나에게만 이런 시련을 주는 거지?"라고 물을수록 시련이 발생한 원인과 시련극복 방안을 찾을 수 없습니다. 시련이 발생한 원인은 물론 시련을 극복할 방안도 모두 밖에 있는 것입니다. 견디기 어려운 '시련'에 직면할수록 집요하게 질문을 던져야 합니다. '시련'을 극복할 수 있는 대안을 모색한다면 '시련'은 새로운 '시작'을 위한 '시금석試金石'으로 바뀔 수 있습니다. 혁신은 역경 속에서 자라는 인동초입니다. 역경을 극복하는 혁신이라야 혁신다운 대접을 받습니다.

03 여 덟 번 째 생 각 여 행 **혁신력**

'혁신의 저주'와
'지식의 저주'

아무리 혁신적인 아이디어라도 다른 사람이 인정해주지 않으면 말짱 도루묵입니다. 즉 대중에게 호소력을 지니지 못하는 혁신은 실패할 수밖에 없습니다. 그리고 대중이 이해하지 못하는 전문가적 설명은 설득력을 지닐 수 없습니다. 전자를 '혁신의 저주 the curse of innovation'라 하고 후자를 '지식의 저주 The Curse of Knowledge'라고 합니다. '혁신의 저주'라는 말은 미국 하버드 대학교의 고어빌 Gourville 교수가 처음 사용했습니다. 그는 거의 모든 혁신 제품이 시장에서 성공하지 못한다는 사실을 냉정하게 지적했는데, 미국에서 매년

여덟 번째 생각 여행 **혁신력**

출시되는 신제품의 90퍼센트가 실패한다는 충격적인 수치를 제시했습니다. 혁신적인 제품을 개발한 사람 입장에서는 고객들이 알아줄 것이라는 희망과 기대를 갖지만, 시장에서는 여지없이 실패하는 경우를 '혁신의 저주'라는 말로 설명할 수 있습니다. 혁신적인 의도와 기대를 갖고 혁신을 추진했으나 결과적으로 좌절과 실패만 남는 것이 '혁신의 저주'입니다. 혁신은 혁신의 최종 수혜자가 채택할 때 비로소 완성됩니다. 아무리 혁신적인 아이디어일지라도 혁신의 최종 수혜자가 어떤 이유에서든 혁신적 아이디어를 수용하지 않는다면 혁신은 더 이상 혁신으로 인정받지 못합니다.

'혁신의 저주'와 비슷한 맥락에서 사용되는 말이 '지식의 저주'입니다. '지식의 저주'는 아는 사람은 모르는 사람의 마음을 모른다는 말로 요약할 수 있습니다. 《스틱》이라는 책을 보면 재미난 실험 사례가 나옵니다. 예컨대 누구나 아는 노래 리스트를 첫 번째 그룹 사람들에게 나누어주고 선택하게 합니다. 그런 다음, 그 노래의 리듬을 생각하면서 손가락으로 탁자를 두드리게 합니다. 두 번째 그룹 사람들이 이 소리를 들으면서 노래의 제목을 맞히는 실험입니다. 보고서에 따르면, 실험결과 두 번째 그룹은 120곡 중 세 곡만 맞혔다고 합니다. 그런데 중요한 것은, 실험 전 첫 번째 그룹 사람들은 두 번째 그룹 사람들 중 절반 정도가 맞힐 것이라고 예측했다는 점입니다. 노래를 들려주는 사람들은 50퍼센트를 알아들을 것

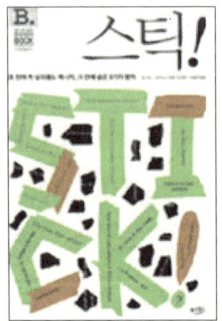

《스틱》이라는 책을 보면 재미난 실험 사례가 나옵니다. 예컨대 누구나 아는 노래 리스트를 첫 번째 그룹 사람들에게 나누어주고 선택하게 합니다. 그런 다음, 그 노래의 리듬을 생각하면서 손가락으로 탁자를 두드리게 합니다. 두 번째 그룹 사람들이 이 소리를 들으면서 노래의 제목을 맞히는 실험입니다.

첫 번째 그룹은 두 번째 그룹이 노래의 제목을 50퍼센트 정도는 맞힐 것으로 예측했지만, 듣는 사람들은 2.5퍼센트만 알아들은 것입니다. 지식의 저주를 간단히 말하자면 '특정 분야의 전문가가 되고 나면 그 분야에 대해 모르는 상태를 상상하기 어렵다'는 것입니다. 전문가일수록 자신의 전문 분야에서 통용되는 전문용어를 활용해 설명하기 때문에 해당 분야의 전문성을 갖고 있지 못한 일반 대중들은 이해하기 어렵습니다. 특히 전문가는 자신이 알고 있는 지식으로 다른 사람의 꿈을 쏘아 떨어뜨리게 만드는 재주(?)가 정말로 탁월합니다. 전문가의 말을 들어야 하지만 너무 전문가의 말에 의존하다 보면 전문가가 아닌 사람 다른 사람의 의견을 무시할 수 있습니다. 가끔은 전문가의 말을 무시해야 다른 가능성의 문을 발견할 수 있습니다. '혁신의 저주'와 '지식의 저주'는 둘 다 대중과의 소통의 중요성을 강조하는 말입니다. 결국 대중과 소통하지 못하는 혁신 또는 지식은 더 이상 혁신도 아니고 지식도 아닌 것입니다.

혁신적인 아이디어를 갖고 있는 사람들, 일반인은 상상하기 어려운 창의적 발상을 일상적으로 하는 사람들, 일상적인 상식과 관습을 타파하며 창조적인 아이디어를 내는 사람들을 아이코노클라스트iconoclast 또는 '상식의 파괴자'라고 합니다. 《상식파괴자》라는 책의 저자 번스Berns에 따르면, 상식의 파괴자들은 사물을 다르게 보는 데 익숙하고, 자신에게 익숙하지 않더라도 상대에게 익숙한 방식으로 자신의 아이디어를 전달하는 사람들이라고 합니다. 즉 세상을 움직이는 상식의 파괴자가 되려면 보통 사람들과는 다르게 사물이나 현상을 색다르게 볼 수 있는 혁신적인 눈을 갖고 있어야 될 뿐만 아니라 상식 파괴자가 아닌 대중들이 쉽게 이해할 수 있는 익숙하고 평범한 방식으로 설득할 수 있어야 합니다.

반 고흐는 땡전 한 푼 없이 죽었지만, 피카소는 엄청난 재력가였을 뿐만 아니라 죽을 때까지 젊은 여자와 행복하게 살았습니다. 두 사람의 차이는 무엇일까요? 번스의 설명은 이렇습니다. '상식 파괴자가 마침내 성공을 거두느냐 실패자가 되느냐는 그가 지닌 사회적 지능의 두 측면, 즉 익숙함과 평판에 달려 있다'는 것입니다. 피카소가 다양한 사회 집단 사이를 부드럽게 순항하는 동안, 반 고흐는 가장 가까운 사람들과의 관계를 유지하는 것조차 고역스러워했다는 것입니다. 난해한 그림을 대중이 이해하기 쉽도록 방대한 사회적 네트워크를 구축한 피카소, 반면에 대중과 소통하지 않고 외로운 고통 속에서 죽음을 맞이한 반 고흐, 이 둘의 차이는 결국 소통을 염두에 둔 설득력의 차이라고 볼 수 있습니다. 대중이 이해하지 못하는 혁신은 결국 시장에서 실패할 수밖에 없는 운명인 것입니다.

여덟 번째 생각 여행 혁신력

04　여덟 번째 생각 여행　혁신력

My Way는
My Story에서 나온다!

도로는 남이 간 길을 가급적 빨리 따라가는 통로지만 길은 누구도 찾지 못한 자기만의 의미를 찾는 여정입니다. 짧은 시간에 빨리 도착하는 통로로서의 도로는 속도와 효율성이 생명이지만, 자기만의 의미와 가치를 찾는 여정으로서의 길에서는 효율이 문제되지 않으며, 속도의 논리가 통용되지 않습니다. 소설가 김훈은 도로와 길의 차이점을 명쾌하게 설명했습니다.

"고속도로에서는 출발지와 목적지 사이의 여정이 축적되지 않는다. 서울과 부산 사이가 증발해버린다. 서울이 있고 그 다음이 부산이다."

사람들이 도로를 선호하는 이유는 남이 걸어간 대로 따라가는 것이 안전하기 때문입니다. 도로를 따라가면 보다 빨리 목적지에 도달할 수 있지만, 색다른 체험을 할 수는 없습니다. 그러나 길 밖의 길을 선택한다면 리스크가 따르고 실패할 확률은 높지만 그만큼 색다른 체험을 통해 이제까지 몰랐던 색다른 가능성을 만날 수 있습니다. 이렇듯 혁신 또한 도로 위의 속도 경쟁에서 나오지 않고 길 밖의 길을 가는 가운데 색다른 가능성을 만나면서 이루어집니다. 혁신은 남이 달려간 도로 위에서 빨리 따라가는 Fast Following에서 발아(發芽)되지 않고, 누구도 생각하지 못했던 색다른 길에서 시작되는 것입니다.

앞서 잠시 언급한 바 있지만, Best One은 고속도로를 10명이 동일한 주로에서 누가 빨리 달려서 목적지에 빨리 도달하느냐를 문제 삼는 속도경쟁 방식을 중시합니다. 반면에 Only One은 10명이 각자 다른 방향으로 자신의 길을 가는 방식입니다. 길을 가는 사람은 남과의 경쟁이 아니라 자신과의 경쟁을 즐깁니다. 오로지 자신의 내면에 잠재되어 있는 꿈과 욕망이 요구하는 길을 찾아가면서 어제의 나와 비교합니다. 길과 도로의 차이점을 쉽게 이해하는 방법이 있습니다. 우연히 수업시간에 학생들이 발표하는 파워포인트 자료에서 'PAMA(파마)'한 'PUMA(푸마)' 이미지 파일을 본 적이 있습니다. 이 이미지 파일을 보는 순간 길과 도로의 차이점을 설명하는 데 좋은 자료라고 생각했습니다. PUMA라는 브랜드를 열심히 따라가봐야 절대로 PUMA를 능가할 수 없습니다. JANA, IMMA, CHIMA, PINA 등과 같은 PUMA의 패러디 로고들은 PUMA를 따라잡을 수 없습니다. PAMA, JANA, IMMA, CHIMA, PINA는 모두 PUMA가 간 길을 뒤쫓아 가는 길, 즉 도

로path 위에서의 치열한 경쟁을 하지만 PUMA를 결코 이길 수 없습니다. PUMA를 능가하려면 PUMA가 걸어가지 않은 전혀 다른 길way을 가야 합니다. PUMA가 파마PAMA를 하고 잠을 자거나 JANA, 치마CHIMA를 입은 PUMA를 때리면서 임마IMMA하거나 피를 흘려도PINA 여전히 PUMA를 이길 수 없습니다.

자신의 고유함이나 독특함을 드러내는 길은 남과 비교해서 발견할 수 없습니다. 오로지 자신의 내면 속에 잠재된 꿈과 욕망의 물줄기에서 나옵니다. 내가 하면 신나는 일, 내가 하지 않으면 왠지 마음이 불편한 일, 하지 않으면 후회할 것 같은 일, 내가 하면 시간 가는 줄 모르고 몰입할 수 있는 즐거운 일을 찾아 몰입하는 가운데 열정이 발휘되고 혁신의 꽃이 피는 것입니다. 그게 바로 My Way입니다. My Way는 내 삶의 Story가 누적되면 저절로 만들어지는 것입니다. My Story는 남의 이야기가 아니라 나의 이야기입니다. 나의 체험적 스토리가 축적되어야 나의 길이 열립니다.

결론적으로 혁신은 안전지대를 벗어나 낯선 곳으로의 탐험과 미지의 세계에 대한 도전 속에서 일어납니다. 혁신은 남의 뒤를 따라가는 수많은 무리에서 이탈하여 시대를 거슬러 역류하는 힘든 과정이지만 인간은 혁신을 통해서만 새롭게 태어날 수 있습니다.

05 여덟 번째 생각 여행 **혁신력**

'실력'은 '실패' 속에서 피는 꽃이다!

트위터 본사에 가면 "내일은 더 좋은 실수를 하자 Let's make better mistake."라는 문구가 걸려 있습니다. "더 좋은 실수"라는 말은 오늘과 비슷하거나 동일한 실수가 아니라 이전에는 한 번도 해본 적 없는 색다른 실수나 실패를 의미합니다. 색다른 실패는 색다른 도전을 했다는 증거이기도 합니다. 색다른 도전이 색다른 실패를 낳으며, 색다른 실패라야 색다른 실력을 쌓을 수 있습니다! 결국 남다른 실력을 쌓으려거든 남다른 실패를 해봐야 합니다. 비슷한 실패를 반복하는 사람과 조직에는 학습이 발생하지 않으며 희망이 없습니다. 실패로부터 배우는 사람과 조직은 실패를 견디고 일어설 수 있습니다. 실패는 성공으로 가는 여정 속에서 반드시 경험해야 하는 일종의 긍정적인 자극입니다. 인간은 실패를 통해 성장하는 동물이지만 비슷한 실패를 반복해서는 성장할 수 없습니다.

실패를 딛고 일어선 경험이 많은 사람일수록 실패에 임하는 자세와 태도가 남다릅니다. 누구나 넘어질 수 있습니다. 넘어지는 것은 나의 잘못으로 넘어질 수도 있고 남의 잘못으로 넘어질 수도 있습니다. 하지만 넘어지고 난 후 일어서지 않는 것은 철저하게 나의 잘못입니다. 넘어지는 것이 실패가 아니라 넘어지고 나서 일어서지 않는 것이 실패인 것입니다. 실패를 해봐야 내가 누구인지를 정확하게 알 수 있습니다. 사람은 실패를 하면 실패 경험을 복기하면서 또다시 실패하지 않으려면 어떻게 해야 하는지 비판적으로 따져보고 물어봅니다.

"성공은 그릇이 가득 차는 것이고, 실패는 그릇을 쏟는 것이라고 합니다. 그러나 한편으로 생각하면 성공은 가득히 넘치는 물을 즐기는 도취임에 반하여, 실패는 빈 그릇 그 자체에 대한 냉정한 성찰입니다. 저는 비록 그릇을 깨뜨린 축에 속합니다만, 성공에 의해서는 대개 그 지위가 커지고, 실패에 의해서는 자주 그 사람이 커진다는 역설을 믿고 싶습니다."

(신영복 : 《처음처럼》 2007, 랜덤하우스)

여덟 번째 생각 여행 **혁신력**

신영복 교수님의 실패에 대한 성찰은 우리들의 성공을 무색하게 만듭니다. '빈 그릇 자체에 대한 냉정한 성찰'이야말로 색다른 가능성의 그릇을 채우려는 몸부림입니다. 사람은 오로지 실패를 통해서 자기 정체성을 확인할 수 있습니다. 실패를 해봐야 실패에 대한 냉정한 성찰을 통해 내가 누구인지, 내가 잘 할 수 있는 것이 무엇인지, 그리고 내가 잘 할 수 없는 것이 무엇인지를 비로소 알 수 있습니다. 이런 점에서 실패는 색다른 혁신의 가능성을 열어가는 필수불가결한 조건입니다.

돼지는 목뼈 구조상 일정한 각도 이상 고개를 들 수 없어서 평생 땅만 보고 사는 슬픈 짐승입니다. 그런데 돼지가 하늘을 볼 수 있는 방법을 발견했습니다. 어느 날 돼지가 발을 잘못 디뎌서 그만 넘어지고 말았는데, 그 덕분에 난생 처음 하늘을 볼 수 있었습니다. 돼지가 하늘을 볼 수 있는 유일한 방법은 넘어지는 것입니다. 넘어져봐야 평소에 볼 수 없었던 색다른 가능성을 볼 수 있습니다. 이처럼 실패는 정상적인 방법으로는 볼 수 없었던 색다른 가능성을 볼 수 있도록 색다른 기회와 무대를 마련해줍니다. 정상적인 방법으로는 볼 수 없었던 색다른 기회를 비정상적인 방법으로 보게 되는 것입니다. 혁신을 통해 정상에 오른 사람은 모두 정상이 아닙니다. 정상에 오른 사람은 비정상입니다. 혁신은 비정상적인 방법, 비합리적이고 비체계적인 전략 속에서 우연히 일어나는 경우가 많습니다. 단 분명한 목적의식과 불굴의 의지, 그리고 마지막까지 포기하지 않는 인내와 끈기가 마침내 혁신의 불꽃을 피웁니다. '실수'나 '실패'했다고 '실망'은 하되 '절망'의 나락으로 떨어지지 않도록 언제나 '희망'의 끈을 붙잡아야 하는 이유가 여기에 있습니다. 걸림돌에 넘어졌다고 절망하고 좌절하기보다 걸림돌도 디딤돌로 얼마든지 바꿀 수 있다는 희망과 용기를 갖는 것이 중요합니다. 걸림돌과 디딤돌은 결국 같은 돌입니다.

여덟 번째 생각 여행 **혁신력**

'1-29-300 법칙' 또는 '하인리히 법칙'이라고 있습니다. 한 번의 돌이킬 수 없는 심각한 사태는 29번의 사고가 누적되어 나타난 것이며, 29번의 사고는 300번의 자질구레한 사건을 방치한 결과 발생한다는 이야기입니다. 한 번의 심각한 사태는 29번의 사고를 방치 또는 간과한 결과이며, 29번의 사고는 300번의 조짐이나 징후를 무시해서 발생한 것입니다. 돌이킬 수 없는 한 번의 심각한 사태도 어느 날 갑자기 발생하지 않는다는 사실을 반증합니다. '1-29-300 법칙'을 긍정적으로 해석하면 혁신의 원리를 배울 수 있습니다. 한 번의 위대한 성취(1)는 작은 성공체험(29)의 누적의 결과이며, 29번의 작은 성공체험은 매일 매일 반복되는 진지한 실천(300)의 결과입니다. 한 번의 위대한 혁신적 성취를 이뤄내기 위해서는 29번의 성공체험을 맛보아야 하며, 29번의 성공체험은 300번의 작은 실천을 진지하게 반복해야 비로소 탄생하는 것입니다. 위대함은 어느 날 갑자기 탄생하지 않습니다. 혁신적인 성취를 이루고 싶으신가요? 우선 작은 성공체험을 맛보아야 합니다. 작은 성공체험은 수많은 실천과 실패 속에서 서서히 자랍니다.

06 여덟 번째 생각 여행 **혁신력**

전례 없는 반례를 남겨야
새로운 사례로 기록될 수 있다!

새로운 일을 시도하려는 신입사원에게 그 일은 전례가 없다고 반대합니다. 잘된다는 보장이 있느냐고 묻습니다. 전례 없는 일이 잘된다는 보장을 어떻게 하겠습니까? 아무도 시도하지 않은 일이기에 그 누구도 잘된다는 보장을 할 수 없습니다. 잘 된다는 보장은 누군가가 비슷한 전례를 남겼다는 점에 비추어 판단할 수 있습니다. 세상의 주목과 이목을 끄는 사례는 모두 전례 없는 일을 시도하다가 무수한 실패를 경험하고 태어난 결과입니다. 미래의 가능성은 기존 지식이나 경험으로 분석할 수 없습니다. 앞에 있는 것은 뒤의 익숙한 문법으로 해석할 수 없습니다. 한 번도 경험해보지 못한 4차 산업혁명의 미래를 3차 산업혁명까지 축적한 경험이나 지식으로 예측하기는 어렵습니다. 3차 산업혁명 시기에 성공한 사례는 4차 산업혁명에는 성공할 수 없는 사례입니다. 사례에는 당시의 사연이 들어 있습니다. 성공 사례에는 실패 사연이 숨어 있습니다. 성공하려면 쉽게 보이지 않는 실패 사례에서 교훈을 얻어야 합니다. 사례에 담긴 사연을 읽어내는 사람만이 사례로부터 교훈을 얻을 수 있습니다. 전례 없는 비즈니스, 전례에 반하는 반례를 남겨야 세상이 주목하는 사례를 남길 수 있습니다. 기존의 사례를 따라 해서는 새로운 전기를 만들어낼 수 없습니다. 사례는 그저 그 당시 상황에서 만들어진 과거의 사연입니다. 그런데 그런 사례가 탄생한 배경이나 상황과는 전혀 다른 현재 또는 미래에 같은 성공 사례가 반복되리라는 보장은 없습니다.

성공적인 사례를 남기고 싶은 사람은 이전의 사례가 주는 달콤한 추억을 하루빨리 잊어야 합니다. 나의 적은 밖의 경쟁 상대가 아니라 내 안에 자리 잡고 있는 과거의 성공 체험입니다. 성공 사례도 이미 지나간 전례입니다. 전례와 관행에 없다고 시도하지 못하게 하는 것은 전례와 관행만을 반복하라는 이야기입니다. 전례와 관행에 없는 일을 해야 전과 다른 관행을 만들 수 있습니다.

전례만 따르고 관행에 머무르면 더 이상의 성장과 발전은 없습니다. 변화 없이 어제와 비슷한 일상을 반복하면 삶이 재미가 없어지고 지루해지며 무의미해집니다. 어제와 다른 방법으로 변화를 모색할 때 익숙함이 주는 무료함에서 벗어나 일탈의 재미와 의미를 맛볼 수 있습니다. 이전에 받아보지 못했던 낯선 자극의 불편함이 삶의 생기를 되찾아 줄 수 있습니다. 친숙함 또는 익숙함이 지나치면 무심함으로 흘러버립니다. 너무 익숙하므로 아무런 신경을 쓰지 않고 스쳐 지나갑니다. 반복되는 일상에 변화를 주려면 전례에 없었던 색다른 시도와 도전을 즐기면서 매일 매일의 친숙함에서 벗어나 낯선 불편함의 세계에 자신을 의도적으로 노출해야 합니다.

내려가는 에스컬레이터에서 아이들이 위쪽으로 뛰어 올라가며 장난치는 모습을 가끔 봅니다. 이때 아이들이 열심히 걷더라도 에스컬레이터 자체가 내려가기 때문에 제자리에 머물거나 오히려 뒤로 밀립니다. 위로 올라가려면 정말 열심히 내달려야 합니다. 이런 현상을 '레드 퀸 효과Red Queen Effect'라고 합니다. 이는 《이상한 나라의 앨리스》 속편 격인 《거울나라의 앨리스》라는 소설에서 유래한 말입니다. 앨리스가 아무리 빨리 달려도 제자리에 머물자 이상한 나라의 여왕인 레드 퀸은 "이곳에서 제자리에 머물려면 최선을 다해 달려야 한다. 어디든 다른 곳으로 가고 싶다면 그보다 두 배는 빨리 뛰어야 한다."라고 말했습니다. 주변 환경이 계속 변하기 때문에 제자리에 머무르려고만 해도 상당한 노력이 필요하다는 의미입니다. 1973년 시카고대학의 진화 학자 반 밸런Van Valen은 생태계의 쫓고 쫓기는 평형 관계를 '레드 퀸 효과'라 일컬었으며, 오늘날 기업경쟁구조를 표현하는 데 사용합니다. 같은 도로 위에서 달리는 사람은 영원히 레드 퀸 효과에서 벗어날 수 없습니다. 죽을 때까지 달려야 합니다. 남보다 더 빨리 달리는 방법을 연구하고 개발해서 어제보다 그리고 남보다 더 빨리 질주해야 살아남을 수 있습니다.

레드 퀸 효과에서 벗어나려면 남이 가지 않은 길 밖의 길을 가야 합니다. 길 밖의 길에서는 남과 비교하여 달릴 필요가 없습니다. 어제의 내가 걷던 방법과 다르게 오늘을 걸어가면 내일도 바뀝니다.

《누가 내 치즈를 옮겼을까?》가 한때 베스트셀러를 기록하면서 승승장구할 즈음, 이 책을 따라 하는 수많은 책들이 등장했습니다. 《누가 내 치즈를 잘랐을까?》, 《내 버터는 어디로 가버렸지?》, 《내 치즈는 내가 옮긴다》, 《치즈》 등 치즈와 버터로 베스트셀러 전례前例를 따라 하면서 반전을 노렸습니다. 하지만 이미 사람들 머리에 각인된 베스트셀러와 그다지 차이가 없는 따라쟁이 책들은 처참한 실패만을 남기고 서점 가판대에 진열할 기회조차 상실

하여 역사의 뒤안길로 사라진 경우가 대부분입니다. 사자성어로 수주대토守株待兎라는 말이 있습니다. 한 농부가 전속력으로 달려오다 나무 밑동에 부딪혀 죽은 토끼를 보고, 토끼가 다시 부딪혀 죽을 것으로 생각하여 농사일을 그만두고 나무 밑동만 쳐다보는 어리석음을 빗대어 하는 말입니다. 한 번 성공하면 상황이 바뀌었음에도 반복해서 적용하려고 하는 인간의 어리석음을 표현한 말입니다. 《누가 내 치즈를 옮겼을까?》라는 책이 성공했던 것은 시대적 상황과 독자들의 심리상태가 절묘하게 맞아 떨어졌기 때

여덟 번째 생각 여행 **혁신력**

문입니다. 하지만 같은 방식을 다른 상황에 반복해서 적용하여 성공하려는 인간의 욕심은 실패를 반복하여 안겨줄 뿐입니다. 혁신은 언제나 전례보다 전례를 뒤집는 반례反例에서 싹틉니다.

아홉 번째 생각 여행

Ecosystem
생태계

자연은 보호 대상이 아니라 학습 대상입니다

자연을 관찰하면 자연에서 살아가는 생명체들의 생존 노하우를 알 수 있습니다. 자연의 모든 생명체는 모두 존재하는 이유가 있습니다. 그냥 의미 없이 존재하는 생명체는 없습니다. 거기, 그곳에 존재하는 이유는 살아남았기 때문입니다. 자연은 그래서 살아남은 자들의 축제의 장입니다. 살아남은 생명체로부터 우리는 지금까지 어떤 방법으로 살아왔으며, 경쟁을 통해서 때로는 협동을 통해서 생존할 수 있었는지를 배울 수 있습니다. 자연은 우리에게 자연스럽게 살아가는 삶의 지혜를 알려주는 위대한 스승입니다. 자연이 자연스럽게 순환하는 원리 속에 지속 가능한 생명체의 미래가 담겨 있습니다. 자연은 개발과 정복의 대상이 아닙니다. 가르침을 주는 위대한 스승입니다.

01 아홉 번째 생각 여행 **생태계**

잡초의 모습에서 배워라!

잡초와 관련된 이야기를 한 번 더 해볼까 합니다. 잡초의 생육을 측정하는 지표에는 '잡초의 높이'와 '잡초의 길이'가 있습니다. 잡초의 높이는 위로 얼마나 잘 자라고 있는지, 즉 수직적으로 그 잡초가 뻗어 나가면서 얼마나 잘 자라고 있는지를 측정합니다. 이러한 잡초를 직립형이라고 합니다. 그런데 모든 잡초가 수직, 위로만 자라는 타입은 아닙니다. 어떤 잡초는 위로 자라기보다는 옆으로 줄기를 뻗어나가면서 자라기를 거듭하는 잡초도 있습니다. 위로 자라기와 옆으로 자라기는 잡초의 생태계에서 각각 어떤 의

미를 갖게 되는 것일까요? 또한 이런 잡초들의 위로 자라기와 옆으로 자라기는 지식의 깊이와 넓이 추구에 어떤 의미와 시사점을 던져줄 수 있을까요? 잡초의 높이는 낮지만 전체 길이로 측정할 때 높이 자란 잡초보다 더 긴 잡초가 있습니다. 길게 자란 잡초가 높게 자란 잡초에 비해 자라는 과정에서 더 좋지 못한 악조건을 견뎌왔을 가능성이 많습니다. 높게 뻗어나가지 못하도록 방해공작을 폈던 수많은 외압 요인이 높이 자람을 포기하게 만들고 옆으로 자라게 만들었을 것입니다. 따라서 높이 뻗은 잡초에 비해 비록 높이는 낮지만 뿌리에서 줄기 끝까지 길이는 훨씬 깁니다. 어떻게 보면 옆으로 길게 자라는 동안 더 많은 잡초적 삶을 경험한 증표가 바로 잡초의 길이가 아닐까 생각합니다. 높이 자라는 생존경쟁에서 패배한 잡초가 옆으로 길게 자라는 생존전략으로 바꾼 면도 없지 않아 있습니다. 하지만 진정한 승리자는 높이 뻗은 잡초들 간의 경쟁을 통해서 결정되지 않고 오히려 옆으로 길게 자란 잡초들 간의 끈질긴 생명력이 결정해주는 경우가 잡초들의 세계에서는 더욱 많이 발견됩니다.

같은 맥락에서 '지식의 깊이'와 '지식의 넓이'를 생각해보겠습니다. 특정 분야를 깊이 파고들어서 한 분야만 심층적으로 이해하는 외골수들의 전체 '지식 길이'는 깊이의 정도에 따라서 달라질 수 있습니다. 여기서 지식 길이는 수직적 지식 길이이며, 지식 깊이 파기를 통해서 축적한 지적 노하우의 양과 직결됩니다. 즉 지식 깊이 파기를 통해 특정 분야만을 집중적으로 공략한 결과 특정 분야와 직결되는 지적 노하우의 양이 많아짐으로써 생긴 정도가 바로 지식 길이일 것입니다. 지식 깊이 파기는 또한 적어도 자신이 관심을 두고 파온 지식 분야에 해당하는 질적 수준도 상당히 높은 편이지만 관심영역을 조금만 벗어나면 그 질적 수준이 현격하게 떨어질 뿐만 아니라 지식의 양도 기하급수적으로 부족한 모습을 보여줍니다. 지식 깊이 파기와 지식의 양과 질은 자신이 깊게 판 지식 분야 내에서만 통용되는 양과 질의 많고 높음일 것입니다. 이와는 달리 '지식의 넓이'는 특정 관심 분야만 한정되지 않고 인접 분야까지 모두 연결되어 있으므로 지식의 양적 측면은 지식 깊이 파기 전략에 비해 상대적으로 월등히 많을 수 있습니다. 양적으로 확보된 지적 노하우의 질적 수준은 지식의 넓이를 추구하는 사람들의 지적 수준과 지금까지 추구해온 지적 궤적의 수준에 따라 전적으로 달라집니다. 누가 어떤 노력을 통해 어떤 지적 궤적을 따라서 앎의 여정을 추구해왔는지에 따라서 천차만별의 삶의 골과 깔과 꼴이 달라지기 때문입니다.

지식의 깊이는 잡초의 위로 자라기에 비교해볼 때 '아래로 파기전략'에 해당됩니다. 자신이 관심을 두고 있는 분야를 아래로 깊이 파고들면서 뿌리를 뽑겠다는 탐구전략입니다. 한 분야만을 계속 파다보면 그 분야의 최고 전문가로 성장힐 수 있습니다. 즉 전문가의 비전이 바로 깊이 파기, 아래로 파기를 통해서 해당 분야의 최고의 전문가가 되는 전략입니다. 이러한 전략으로 체득되는 지식은 지식의 깊이는 나무랄 데 없지만 조금만 자기 분야를 넘어서는 얘기를 하면 전혀 알아듣지 못하거나 인접 유관 분야와의 관련성에 대한 감응 또는 감지능력이 현격하게 떨어지는 단점이 있습니다. 깊이 파다가 중간에 바위 덩어리와 같은 장애물을 만나면 이를 극복할 마땅한 대안이 없는 경우가 또 다른 취약점과 한계가 됩니다. 워낙 좁게 깊이 파다보니까 깊이 파기 과정을 방해하거나 저지하는 어떠한 장애물에 대해서도 이를 극복할 수 있는 임기응변이나 위기상황대처 능력이 떨어집니다.

바로 이점에서 '지식의 넓이'가 필요한 것입니다. '지식의 넓이'가 궁극적으로 추구하는 지향점이나 목표는 지식의 깊이에 있습니다. 즉 더 깊이 파기 위해 비록 목적지에는 늦게 도착할지 모르지만 넓게 파기 시작하는 것입니다. 넓이가 결국 깊이를 확보해주는 셈입니다. 높게 위로 자란 잡초는 작은 외부 압력과 저항요인에도 부러지기 쉬운 것처럼 지식의 깊이도 자신의 분야와 조금만 떨어지는 질문이나 문제를 제기하면 대응하기 어려운 국면에 처하는 경우가 많습니다. 따라서 지식의 깊이는 지식의 넓이를 통해서 더욱 깊이 파고들 수 있는 생존조건과 성숙기반을 확보할 수 있습니다. 지식의 넓이가 추구하는 다양성의 정도와 다름, 그리고 독창성에 따라서 깊이가 주는 심오함과 남과 다른 깊이의 심연을 가꾸어나갈 수 있습니다. 이런 지식의 깊이는 그 어떠한 반론과 주장도 포용하면서 아우르고 감싸면서 결국 모든 분야가 통합되는 양상을 보여줄 수 있습니다. 잡초의 길이는 잡초의 높이를 더욱 높게 지지해줄 수 있는 기반을 제공합니다.

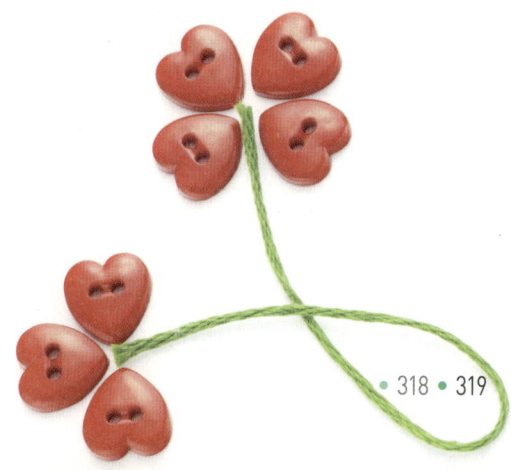

 아홉 번째 생각 여행 **생태계**

잡초의 높이와 길이는 각각 잡초의 생육전략과 관계가 있습니다. 잡초의 생육전략에는 진지 강화형 전략과 진지 확대형 전략이 있습니다. 진지 강화형 전략은 특정한 장소에 터를 잡고 높이 수직적으로 성장하면서 경쟁상대에 비해 견실한 입지를 굳히는 전략입니다. 반면에 진지 확대형 전략은 수평적으로 세력권을 확대해나가면서 영역을 넓혀 나가는 전략입니다. 진지 강화형 전략은 지식의 깊이와 관계되며 깊이 한 우물 파기 전략과 연결되는 반면, 진지 확대형 전략은 지식의 넓이와 관계되며 넓이를 확장시켜 나가는 전략과 연결됩니다. 하나의 잡초가 어떤 전략을 구사하느냐는 주어진 환경에 따라 달라집니다. 어떤 잡초는 진지 강화형 전략을 주로 구사하면서 자신의 생육을 지속적으로 전개해나가는 유형이 있는가 하면, 진지 확대형 전략을 주로 채택해서 자신의 성장 영역권을 넓혀나가는 잡초도 있습니다. 어떤 잡초는 두 가지 전략을 동시에 구사하면서 빠른 속도로 높이 성장하면서 넓게 생육권역을 확대해나가기도 합니다. 하찮은 잡초라고 업신여기기 쉽지만 우리 인간이 잡초로부터 배울 수 있는 교훈은 무궁무진합니다.

02 아홉 번째 생각 여행 생태계

상상력은 야성에서 나온다!

상상력은 야생의 사고, 다듬어지지 않은 사고, 길들여지지 않은 사고에서도 비롯됩니다. 야생의 사고는 교육받지 않은 마음 unschooled mind에서 나오는 원초적 사고입니다. 생각은 구속이지만 상상은 해방입니다. 생각은 한계를 두지만 상상은 무한을 추구합니다. 생각은 걷지만 상상은 질주합니다. 인간을 이성적 동물이라고 했던 아리스토텔레스도 이성의 힘으로 길들여지지 않은 인간 본래의 야성野性을 통제하려고 했습니다. 상상은 논리적 이성이 힘을 발휘하지 못하는 곳에서 비상과 도약을 시작합니다. 질주하려는 야성을 이성적 수식어로 기존의 틀에 가둘 때 상상도 같이 숨을 죽입니다. 토쿄 외국어대학교의 마치다 소호 교수는 《야성의 철학으로 일하라》는 책에서 "이성에 억눌려 숨죽이고 있는 동물적 본능의 요소를 끄집어내는 노력이 야성의 회복이며, 야성의 회복이야말로 인간의 존엄성을 드높이는 노력이다. 야성은 가공되지 않은 자연 그대로의 성질, 야생野生에서 자라는 마음이다."라고 밝혔습니다. 불행하게도 야성은 어른으로 성장하면서 기존의 상식과 통념에 다듬어지고 길들여지면서 상실됩니다.

야성의 회복이야말로 퇴화된 오감을 회복시키는 가장 중요한 노력입니다. 육체의 변화를 느끼는 것은 뇌의 일부가 아니라 머리 끝에서 발끝까지 있는 모든 세포입니다. 몸의 모든 세포가 총동원되어 환경변화를 읽고, 거기에 따른 정보를 뇌로 보내 적절한 판단을 내리게 하는 것입니다. 최근 광고나 마케팅 전략이 인간의 오감에 호소하는 트렌드도 잃어버린 인간의 야성을 복권시키자는 움직임과 일맥상통합니다. 특히 디지털 기술이 발전하면서 자연과의 교감기회를 빼앗아가고 있는데 이는 몸이 지닌 야성을 빼앗는 것과 같습니다. 기술이 몸을 쓰는 수고스러움과 불편함을 대체해주면서 인간이 지닌 야성은 죽어가고 있습니다. 야성의 죽음은 곧 인성의 죽음을 의미합니다. 기계의 마음, 기심機心에게 빼앗긴 인심人心을 회복하려는 노력이 필요한 때입니다. 사육되지 않

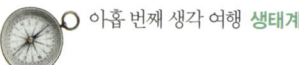 아홉 번째 생각 여행 **생태계**

은 몸, 자연과 직접 접촉하면서 길러지는 원초적 오감각이 발동될 수 있는 기회를 되찾아야 할 것입니다. 문명의 편리함과 혜택은 모든 불편함을 편리함의 코드로 전환시켜왔습니다. 기술 발전이 가져오는 편리함에 자신도 모르게 물들어가는 현대인들에게 필요한 것은 지성의 연마가 아닌 야성의 회복입니다.

야성은 땅을 가꾸고 작물을 재배하는 농부의 마음, 즉 농심農心으로 경작됩니다. 야성은 또한 때 묻지 않고 순진무구한 어린이의 마음, 동심童心을 회복할 때 비로소 발현되는 것입니다. '어린아이는 사람의 처음 모습이요, 동심은 마음의 처음 모습'이라고 안도현 시인은 밝힌 바 있습니다. 새로운 것과 참된 것은 어린아이의 눈 속에 있는 것입니다. 야성은 길들여지지 않은 야생의 마음이요, 자연으로 돌아가려는 원시의 마음입니다. 또한 야성은 상투성의 그물에 걸리지 않으려고 안간힘을 쓰는 마음입니다. 익숙함에 의심의 눈초리를 보내고 의문의 화살을 던지는 마음이 야성입니다. 토끼는 '깡충깡충', 시냇물은 '졸졸졸', '새싹은 파릇파릇', '흰눈은 소복소복' 이라는 상투적 표현에 갇혀서 달리 생각하지 못하는 마음에 시비를 걸고 대안을 모색하는 것이 야성입니다. 상투적인 눈, 익숙함에 길들여진 몸, '매일같이'에 억눌린 일상, 틀에 박힌 언어로는 사물의 본질 근처에 접근할 수 없습니다. 익숙한 습관에 길들여진 하루하루, 야성이 없는 삶은 죽은 것이나 다름이 없습니다. 인간 본래의 원초적 본능을 역동적으로 표현하려는 마음속 의지대로 과감하게 행동하십시오. 그래야 야성도 꿈틀거리기 시작합니다. 수사학적 기교보다는 본질에 충실하려는 마음, 수식과 허식 또는 가식에서 벗어나 본성에 접근하려는 본연의 자세에서 야성이 회복되는 것입니다. 세련된 기법이나 가식적 수사에 매몰되지 않고 본능과 욕망에 따라 자유롭게 표현하려는 의지를 맘껏 누리시기 바랍니다. 전통과 관습을 깰 수 있는 두둑한 배짱도 야성이 지니고 있는 굳은 믿음에서 유래됩니다. 사회적 박해와 조소, 비난과 압박을 견뎌낼 수 있는 용기도 야성이 지닌 순수한 마음에서 비롯되는 것입니다.

03 아홉 번째 생각 여행 **생태계**

야망野望은
야생野生에서 태어난다!

책상머리에서 배운 논리와 이성에 일상에서 체득한 야성을 더하지 않으면 종종 야유의 대상이 됩니다. 가슴을 파고들지 못하여 머리만 아프게 만드는 공허한 담론 또는 힘없이 무너지는 관념의 파편으로 전락할 수 있습니다. 야성野性 없는 지성知性은 지루하고 이성理性 없는 야성野性은 야만적野蠻的입니다. 이성은 논리적 훈련으로 습득習得하지만 야성은 신체 접촉으로 체득體得합니다. 체득으로 생긴 야성이 습득으로 생긴 이성보다 설득력이 강합니다. 야성은 야외野外에서 야영野營이나 야생野生, 야유野遊하면서 체득하는 야심野心이자 야망野望입니다. 여기서 야유野遊는 야유揶揄가 아닙니다. 야유野遊는 야외를 놀이터로 생각하여 즐겁고 신나게 노는 행위입니다. 칼 융은 창조가 놀이 충동에서 태어난다고 말했습니다. 나무와 풀, 꽃과 다양한 식물을 벗 삼아 들판에서 뛰어놀아야 남다른 상상력과 창의력이 용솟음칩니다. 지나친 보호로 사육한 아이보다 야생에서 뛰어놀면서 자란 아이가 야성이 있고 야망도 있습니다.

야성으로 무장한 사람은 야수野獸같은 기질이나 야생마野生馬의 속성을 지니고 있을지언정 야비野鄙하거나 야속野俗하지 않고, 야박野薄하거나 야만적野蠻的이지 않으며, 쉽게 야합野合하거나 남에게 야유揶揄도 보내지 않습니다. 야성은 다양한 야전野戰 경험으로 다져진 야인野人들의 속성이며, 작은 일에 야단법석을 떨지 않는 야무진 성격입니다. 야생에서 야인으로 자란 사람이 야성을 갖게 됩니다. 야생의 야인은 비바람과 눈보라를 맞고 자라면서 야성을 기르고 야심野心을 불태우는 것입니다. 야심만만野心滿滿한 사람은 야수野獸 같은 기질을 갖고 있지만 다른 생명체를 함부로 해치지 않으며, 야심으로 야생마적野生馬的 기질을 발휘하지만, 수단과 방법을 가리지 않고 무자비하게 행동하지 않습니다.

야심만만한 사람은 불가능에 도전하는 불굴의 의지를 갖고 꿈을 이루기 위해 야망野望을 불태웁니다. 광야曠野에서 야생한 사람일수록 세상을 바라보는 시야視野도 넓고 남다릅니다. 광야에서 야생체험을 해본 사람만이 광야를 내다보는 시력을 갖고 남다른 시각과 관점을 지닐 수 있습니다. 무엇보다도 틀에 박힌 방식대로 생각하지 않고 상식에 얽매여 식상한 생각을 반복하지 않습니다.

야성은 학교 교육에 길들지 않은 마인드Unschooled Mind에서 유래합니다. 영어로 학교school는 '떼'나 '무리'를 뜻하기도 합니다. 영어로 'a school of fish'는 '물고기 학교'가 아니라 '한 떼거리의 물고기'라는 뜻입니다. 학교를 오래 다닐수록 저마다의 개성이나 야성을 잃고 지성으로 길들어 기존의 생각을 답습할 수도 있다는 의미가 내포되어 있습니다. 학교는 각자의 개성을 살리고 틀에 박힌 사유를 벗어나 본래의 야성으로 살아가는 모험생을 길러내야 하지만 현실은 언제나 기존 규칙과 관행을 잘 따라가는 모범생을 길러내고 있습니다.

초중고 12년을 치열하게 준비해서 S대학에 입학합니다. S대학은 서울 시내에 존재하는 대학입니다. S대학에 입학하기 위해서는 딴생각과 딴짓을 해서는 안 됩니다. 오로지 공부만 해야 합니다.

아침부터 밤늦도록 교과서와 참고서, 그리고 학원 강의를 들어가면서 대학입학에 필요한 점수 따는 방법을 익히고 짜인 각본

에 따라 정해진 논리를 펴는 논술고사 준비를 쉬지 않고 해야 합니다. 몸은 가급적 많이 움직이지 않고 머리를 많이 써야 합니다. 몸을 움직이지 않고 머리만 쓰면 골치가 아파지고 머리에 김이 나면서 뜨거워집니다. 그리고 머리가 잘 돌아가지 않습니다. 몸을 움직여야 열이 났던 머리가 식으면서 생각이 말끔하게 정리됩니다.

한참 몸을 움직여 신체 발달을 촉진해야 할 청춘 시절에 몸을 쓰지 않고 머리만 쓰면 신체는 이상 증세를 보이기 시작하고 심

아홉 번째 생각 여행 **생태계**

각한 두통을 유발하며 정신 이상이 나타나기도 합니다. 교육의 본질은 몸을 움직여 체험적 깨달음을 스스로 체득하는 과정입니다. 몸이 따르지 않는 공부는 관념적 파편을 야적하는 과정이나 다름없습니다.

몸을 움직여 부딪혀보고 넘어지면서 야성을 길러야 내 생각이나 느낌이 맞는지 틀린지 알 수 있습니다. 사육된 닭이 낳은 달걀을 깨서 노른자위를 슬쩍 눌러보면 아무런 힘도 없이 금방 터져버립니다. 그런데 밭에서 뛰어놀며 자란 닭이 낳은 달걀을 깨서 눌러보면 쑤우욱 들어갔다가 다시 원상태로 돌아옵니다. 외부의 시련과 역경에 견딜 수 있는 회복 탄력성을 가진 것입니다. 마찬가지로 뛰어놀지 못하고 좁은 공간에서 머리만 쓰게 만드는 교육은 교육이 아니라 사육입니다. 사육된 아이는 외부의 시련과 역경을 견뎌낼 수 있는 내공이 없습니다. 온실 속의 화초가 비닐하우스를 벗겨내면 얼어 죽듯이 사육된 아이는 외부의 보호 장막을 걷어내면 외부의 작은 어려움도 스스로 극복할 수 없는 나약한 사람밖에 되지 못합니다. 시행착오와 우여곡절을 겪고 파란만장한 체험과 절치부심을 느끼면 어느 순간 비약적인 성장을 하게 됩니다. 당신은 지금 당신의 아이를 사육하고 있습니까? 당신은 사육된 사람입니까? 아니면 교육받은 사람입니까? 체험적 깨달음을 얻는 교육을 하고 있습니까?

사육된 사람은 자신의 아이도 사육할 가능성이 높습니다. 교육받은 사람은 자신의 아이도 교육을 하여 올바른 길로 안내할 것입니다.

04 아홉 번째 생각 여행 생태계

배추가 다섯 번 죽어
김치가 태어난다!

겉절이는 김치 담그는 복잡한 과정을 거치지 않고 배추나 상추 등을 간단한 양념에 버무려 먹는 음식입니다. 김치와는 다르게 겉절이는 빠르게 먹을 필요가 있을 때, 채소의 신선함에 해가 되지 않을 정도의 양념만을 섞어 즉석에서 먹는 반찬입니다. 겉절이의 경우 미리 버무리면 채소의 숨이 죽으니까 먹기 직전에 바로 버무리거나 양념을 위에 뿌려냅니다. 반면에 김치는 여러 번의 요리과정과 숙성기간을 통해 비로소 완성되어갑니다. 김치는 적어도 다섯 번 죽어야 진짜 김치가 된다고 합니다. 땅에서 배추가 뽑힐 때 죽고, 통배추가 칼로 반으로 갈라질 때 또 죽고, 소금에 절일 때 또다시 죽고, 매운 고춧가루와 짠 젓갈에 범벅이 되면서 죽고, 마지막으로 장독에 담겨 땅에 묻힐 때 한 번 더 죽는다고 합니다. 다섯 번에 걸친 죽음의 여정을 통과해야만 형언할 수 없는 김치의 숙성된 맛을 볼 수 있는 것입니다. 장독에 담겨 땅에 묻히고도 몇 달, 심지어는 몇 년을 숙성시켜야 비로소 김치에서 우러나오는 진정한 맛을 느낄 수 있습니다.

김치가 다섯 번 죽는 과정을 정보가 지식으로 전환되는 과정에 비추어 설명해보면 정보와 지식의 본질적 차이를 이해하는 데 도움이 됩니다. 우선 첫 번째, 김치가 죽은 땅에서 뽑히는 과정은 정보 저장소나 정보 네트워크에서 정보 수집자에 의해서 채집되는 과정에 해당됩니다. 정보를 누군가의 의도로 수집하는 행위는 정보 입장에서 보면 뽑히는 과정입니다. 김치가 죽는 두 번째 과정은 뽑힌 배추가 칼로 갈라질 때인데 이는 수집된 정보를 정보가공 주체의 의도대로 이리저리 물리적으로 조합되는 과정입니다. 정보의 물리적 조합

아홉 번째 생각 여행 **생태계**

과정은 정보에 의미가 부여되어서 이전의 정보가 보유하고 있지 않은 새로운 정보로 해석되는 과정이라기보다는 단순히 또 다른 형태로 전환되는 과정에 해당됩니다. 세 번째 김치가 죽는 때는 소금에 절이는 과정인데 이는 물리적으로 조합된 정보를 갖고 시간을 두고 생각나는 또 다른 아이디어를 추가하는 과정입니다. 이 과정에서는 단순히 물리적으로 조합된 정보에 비로소 정보가공 주체의 주관적 의미 부여가 시작되는 시점입니다. 네 번째 김치가 죽는 과정은 갖은 양념에 뒤범벅되면서 채소로서의 배추가 음식으로서의 김치로 본격적으로 변하는 시점입니다. 이 시점은 정보가 지식으로 숙성되는 1차관문이라고 볼 수 있습니다. 배추가 서서히 김치로 전환되는 관문을 통과하지만 여전히 배추로서의 속성, 즉 가공되지 않은 배추의 속성을 거의 그대로 갖고 있습니다. 이제 어느 정도 절여진 배추에 고춧가루를 비롯해 갖은 양념이 배추 속을 채우고 범벅되면서 그윽한 맛을 내는 김치로서의 발효 준비를 하는 시점입니다.

   정보에 정보가공 주체의 주관적 의미가 일차적으로 부여되고 사용목적에 따라 초벌구이가 시작되었다면 이제 정보는 지식으로 탄생하는 첫 등정登程이 시작된 것입니다. 정보가공 주체의 다양한 체험적 노하우와 통찰력의 입김이 추가되고 정보 편집자의 실천적 적용과정이 계속되면서 비로소 숙성된 지식으로 전환되는 것입니다. 소금에 절인 배추에 추가되는 갖은 양념은 정보가 지식으로 전환되면서 가미되는 정보가공 주체의 다양한 삶의 체험적 소산에 대한 주관적 해석입니다. 그리고 소금에 절인 정보로서의 배추가 양념으로 뒤범벅되면서 지식으로 탄생하는 과정은 참을 수 없는 고난과 처절한 고통의 쓴 맛이 가슴에 사무치는 과정을 반복하면서 나만의 고유한 삶을 살아가는 과정과 비교될 수 있습니다. 그만큼 지식은 지식창조 주체의 다양한 체험적 양념과 해석의 고유함이 정보에 가미될 때 지식으로서의 자격을 인정받습니다. 체험적 양념의 다양성은 전적으로 지식창조 주체의 체험적 역사성의 깊이와 넓이에 따라 좌우되며, 이는 곧 지식 숙성의 과정에 그대로 반영됩니다.

근래 '묵은 지'가 유행입니다. '묵은 지'는 '묵은 지知' 또는 '묵은 지식'이라고 볼 수 있습니다. 지식도 묵은 지식일수록 지식에 담겨진 그윽한 맛이 나옵니다. 그런데 묵은 지를 만들기 전에 어설프게 김치를 담그다가 숙성의 기다림 없이 바로 먹는 겉절이 학습문화가 파급되고 있습니다. 거의 모든 정보를 실시간으로 구할 수 있는 시대가 더욱 가속화되었습니다. 책을 통해 얻는 정보보다 리얼 타임으로 인터넷을 통해 신속하게 얻는 정보, 내가 가공한 정보가 아니라 다른 사람이 가공한 정보를 아무 비판적 감식장치와 그 의미를 꼼꼼히 따져보는 과정 없이 바로 먹다보니 심각한 '학습 소화기 암'에 걸리는 환자가 급증하고 있습니다. 정감이 담겨진 정보가 아니라 정이 차갑게 식은 빠른 정보가 디지털 네트워크를 타고 빛의 속도로 움직이면서 수없이 많은 사람들에 의해 다운로드되고 있습니다. 다운로드되는 정보는 오리지널 정보의 주체의 의지에 관계없이 배추가 뽑히는 것처럼 정보 고속도로를 지나가다가 뽑히고, 또다시 뽑히는 과정을 반복합니다. 정보의 뿌리는 지식의 뿌리에 비해 천근성淺根性의 뿌리입니다. 정보에는 정보가공 주체의 의지와 관계없이 많은 사람들이 한꺼번에 달려 들어서 마구 뽑아갈 수 있습니다. 그런데 지식은 지식을 갖고 있는 사람과 별도로 분리·독립시키는 것이 거의 불가능에 가까우므로 심근성深根性의 뿌리를 갖고 있습니다. 지식소유자의 깊은 고뇌와 처절한 고통체험, 지식에 담겨진 열정의 흔적이 깊게 골이 패여서 동시에 수많은 사람들이 달려들어 뽑아도 쉽게 뽑히지 않습니다.

    하나의 맛깔 나는 김치로 탄생하기 위해서는 적어도 다섯 번은 죽어야 된다고 볼 때 깊고 그윽한 맛과 향이 나는 지식도 여러 번의 죽음을 통한 또 다른 모습으로의 연속되는 탈바꿈의 과정을 통해서만 만들어지는 것입니다. 겉절이 학습을 통해 겉절이 정보만 급속도로 만들어낼 것이 아니라 김치가 탄생하는 과정에 작용하는 발효와 숙성의 기다림이 지식의 맛과 멋, 향기를 결정할 수 있음을 말하고 싶습니다.

05 아홉 번째 생각 여행 **생태계**

대나무로부터 배우는 삶의 지혜

중국에는 아주 특이한 대나무가 있습니다. 처음 씨앗을 뿌리고 나서 다섯 해가 지나야 비로소 싹을 틔우고 단 1년 만에 무려 12미터나 자라는 대나무입니다. 5년이라는 인고의 세월을 땅 속 깊은 곳에서 버티는 대나무입니다. 이 대나무가 우리에게 시사하는 바는 세상의 일이란 눈으로 볼 수 없다고 해서 아무 일도 일어나지 않는 것이 아니라는 점입니다. 즉 너무도 갑작스럽고 때로는 순간적으로 일어나는 어떤 변화라도 그렇게 되기까지 인간의 감각으로는 도저히 인지할 수 없는 내밀하고도 오랜 진화의 결과라는 것

아홉 번째 생각 여행 **생태계**

입니다. 1년 만에 무려 12미터가 자랄 수 있는 원동력은 보이지 않는 가운데 세상을 향해 자신의 꿈을 쏘아보겠다는 결연한 다짐과 치열한 삶의 의식이 있었기에 가능한 일일 것입니다. 뿌리의 탄탄함과 견고함 없이 쉽게, 그리고 빨리 가려는 고속성장의 신드롬 뒤에 찾아오는 허탈함과 허무함의 병폐를 우리는 역사적 경험을 통해서 잘 알고 있습니다. 하지만 여전히 세상의 빛을 받고 빨리 뜨기 위해 기본과 근본을 다지지 않고 성장하고 발전하려는 욕망의 사슬이 우리를 감싸고 있습니다. 대나무의 고속성장의 이면에는 고속성장을 뒷받침할 수 있는 오랜 기간의 준비기간이 있었기 때문에 가능한 일입니다.

대나무의 고속성장은 물리학자 보어가 발견한 일종의 '양자도약Quantum Leap'에 견주어 설명할 수도 있습니다. 전자를 구성하는 원자는 서로 다른 궤도를 따라 핵의 주위를 도는데, 전자가 궤도를 변경하려면 현재의 궤도와 다음 궤도 사이의 에너지 량의 차이만큼 에너지를 축적해야 합니다. 이때 전자가 다음 궤도에서 요구하는 에너지 량의 90퍼센트를 축적해도 여전히 본래 궤도를 유지하면 회전할 뿐입니다. 그러나 전자가 다음 궤도로 이동하기 위해 필요한 에너지를 100퍼센트를 축적한 바로 그 순간 전자는 궤도를 변경하는 상황을 맞이합니다. 즉 사전에 정해진 일정 에너지 수준에 도달할 때까지 아무 일도 일어나지 않다가 일단 그 수준에

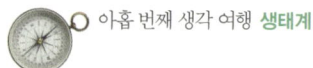

아홉 번째 생각 여행 **생태계**

도달하면 갑자기 급격한 변화가 발생하는 것이 양자의 도약입니다. 보어에 따르면, 각각의 원자는 소형 태양계와 같습니다. 한 가운데에는 원자핵이 있고, 그 주위를 전자들이 행성처럼 궤도를 돌고 있습니다. 전자들은 원자핵 주위의 특정 궤도를 돌고 있습니다. 만약 원자핵에 에너지를 가해 준다면, 궤도를 돌고 있는 전자들을 들뜨게 만들어 그 위의 다른 궤도들로 올려보낼 수가 있습니다. 이때 전자들은 정해진 특정 궤도로만 이동할 수 있을 뿐, 궤도와 궤도 사이의 중간 지점에 머물 수는 없습니다. 달리 말해서 전자들은 공간을 연속적으로 이동해가는 것이 아니라, 한 궤도에서 그 모습이 사라지는 동시에 다른 궤도에 그 모습이 별안간 나타나는 것입니다. 그리고 외부에서 에너지를 가해 주는 것을 멈추면, 이 전자들은 이번에는 얻은 에너지를 방출하면서 원래의 궤도로 내려가게 됩니다. 이것이 '양자도약Quantum Leap'이라고 부르는 현상입니다(이 말은 1913년에 닐스 보어가 처음으로 표현하였다). 전자 하나가 바깥 쪽 궤도에서 안쪽 궤도로 떨어져나갈 때, 광자photon의 형태로 에너지가 방출됩니다. 에너지 변화가 급작스럽게 일어난다는 점, 그리고 전자가 물리적으로 중간의 지점을 거쳐가지 않고 다른 지점에 순간적으로 나타난다는 점 때문에 '양자도약'은 일반적으로 '급격하고 돌발적인 상황 변화'를 지칭할 때에도 흔히 사용하게 되었습니다(《유레카, 유레카!》 이충호 옮김).

결국 중국 대나무의 우화에서 우리가 배울 점은, 어떤 노력도 지금 당장은 아니라도 언젠가는 결국 결실을 맺게 마련이며, 헛된 노력이란 결코 없다는 점입니다. 지금 나의 꿈에 생명력을 입히기 위해 부단히 노력하는 몸부림을 세상 사람들이 알아주지 않는다고 해도 결코 좌절과 포기라는 말을 떠올리지 말라는 것입니다. 대나무의 죽순이 세상의 빛을 보기 위해 5년간 어둠 속에서 조용히 꿈을 향한 준비를 해왔듯이 찬란한 기회가 오기 전까지는 묵묵하게 자신의 길을 걸어가라는 것입니다. 자기 딴에는 지금까지 상당한 노력을 거듭했음에도 불구하고 세상 사람들에게 보여줄 수 있는 가시적인 결과가 나오지 않는 경우가 많습니다. 더욱이 사람들을 더욱 좌절시키는 것은 그러한 노력의 여정에서 나오는 잠정적인 결과물에 대해서 기존의 관점으로 싸잡아서 비판할 경우 감내할 수 없는 미래에 대한 불투명성입니다. 그러나 모든 것이 확실하고 꿈의 목적지에 도달하는 길이 정해져 있다면 그리고 거기에 도달하는 가장 빠른 길을 사전에 알 수 있다면 세상을 바꿀 수 있는 위대한 아이디어는 처음부터 잉태되지도 실현되지도 않았을 것입니다. 지금 겪고 있는 고통과 번민, 잠 못 이루는 번뇌의 시간은 모두 옹골찬 삶의 싹을 틔우기 위한 필수 영양제라고 생각할 필요가 있습니다.

아홉 번째 생각 여행 **생태계**

오랜 기간의 준비 없이 쉽게 시작하는 모든 일은 그 일의 결실을 맺기 전에 무너지기 쉽습니다. 튼튼한 뿌리를 땅속 깊이 내리기도 전에 보여주는 생각과 행동은 참을 수 없는 가벼움의 첨단을 걷기 쉽습니다. 모든 나무는 자기키만큼의 긴 뿌리를 땅속에 묻어 두고 있는 법입니다. 대숲은 그 숲의 모든 대나무의 키를 합친 것만큼의 광범한 뿌리를 땅속에 간직하고 있는 것입니다. 그리고 더욱 중요한 것은 대나무가 그 뿌리를 서로 공유하고 있다는 사실입니다. 대나무가 반드시 숲을 이루고야 마는 비결이 바로 이 뿌리의 공유에 있는 것입니다.

대나무가 숲을 이루고 나면 이제는 나무만의 이야기가 아닙니다. 개인의 마디와 뿌리의 연대가 이루어 내는 숲의 역사를 시작하는 것입니다. 홍수의 유역에도 흙을 지키고 강물을 돌려놓기도 하며 뱀을 범접치 못하게 하고 그늘을 드리워 호랑이를 기릅니다. 그때쯤이면 사시청청 잎사귀까지 달아 바람을 상대하되 잎사귀로 사귀어 잠재울 것과 온몸으로 버틸 것을 적절히 가릴 줄 압니다. 설령 잘리어 토막이 나더라도 은은한 피리소리로 남고, 칼날 아래 갈기갈기 찢어지더라도 수고하는 이마의 소금 땀을 들이는 바람으로 남는 것입니다.

06 아홉 번째 생각 여행 **생 태 계**

가장 높이 나는 '종달새'와 가장 낮게 기어 다니는 '뜸부기'의 만남!

종달새는 새 중에서 가장 높이 나는 녀석이라고 알려져 있습니다. 가장 높이 나는 종달새는 먼동이 트기 전에 새벽이 오고 있음을 예견해줍니다. 가장 높은 곳에서 세상의 변화를 예견하고 그 결과를 사람들에게 알려주는 새라고 생각합니다. 가장 높이 나는 새가 가장 멀리 볼 수 있습니다. 가장 멀리 볼 수 있다는 것은 지금 당장보다는 앞으로 다가오는 미래의 트렌드를 미리 읽고 트렌드가 몰고 올 변화의 파급 효과에 대해서 대응할 수 있다는 말과 일맥상통합니다. 이에 비해서 뜸부기는 가장 낮게 논 속의 벼 사이를 기어 다니면서 살아가는 새입니다. 그 울음소리도 구성집니다. 뜸북 뜸북~ 뜸부기는 석양의 어둠이 짙게 깔리기 전에 구성진 울음소리로 우리에게 밤의 어둠이 몰려오고 있음을 알려줍니다. 가장 낮게 기어 다니면서 짙은 어둠의 그림자가 드리우고 있음을 알려주는 것입니다. 뜸부기는 가장 낮은 곳에서 관찰한 어둠의 그림자를 예견하고 그 결과를 사람들에게 알려주는 새라고 생각합니다.

    종달새는 가장 높이 날면서 먼 미래를 보고 뜸부기는 가장 낮게 기어 다니면서 어둠의 땅거미가 몰려오고 있음을 알려줍니다. 가장 높게 나는 종달새와 가장 낮게 기어 다니는 뜸부기가 서로 만나는 것을 불가능에 가깝습니다. 그런데 어느 날 종달새와 뜸부기는 서로가 서로에게 보내는 울음소리에 신호를 담아 가장 높은 하늘과 가장 낮은 땅의 중간 지점이라고 생각되는 높은 나무 위에서 만나기로 합의를 했습니다. 두 마리 새는 자신들이 이제까지 바라본 학자들의 모습을 이야기하기로 하였습니다. 결국 두 마리의 새는 약속대로 오랜 기다림 끝에 나무 가지 위에서 만나 대화를 시작했습니다. 물론 자신의 관점에서 자기 주장만 펼친 나머지 상대방이 경험한 독특한 의견과 주장이 갖는 가치와 의미를 올바르게 이해하지 못하는 면도 없지 않아 있었습니다. 하지만 사는 곳이 전혀 다른 두 마리의 새가 만남으로써 각자가 주어진 위치에서 어떤 공부를 해야 할지를 다시 한 번 뼈저리게 느끼게 된 의미 깊은 만남이었습니다. 또한 각자가 주어진 위치에서 그동안 공부한 결과를 주기적으로 공유하는 만남을 통해 우리 현실을 변화시키는 의미 있는 일을 하자고 약속하면서 아쉬운 작별의 시간을 가졌습니다.

돌아온 종달새는 바다 건너 서구 선진국에서 새로운 이론과 전략을 무분별하게 도입해 전하는 학문적 수입 오퍼상을 경계하는 임무를 수행하면서도 서구 사회의 전반적인 학문적 추세와 발전 방향을 감지하는 안테나를 높이 치켜세우는 노력을 게을리 하지 않았습니다. 나아가 전반적인 사회변화 추세에 비추어 미래에 필요한 공부가 무엇인지를 간파하고 예견하는 데 많은 노력을 쏟아 부었습니다. 바람직한 방향성 탐색에 심혈을 기울이면서 학문적 먼동이 저만큼 멀리서 터 오고 있음을 미리 알려주는 데 큰 노력을 기울입니다. 종달새는 이러한 노력을 기울이면서도 늘 땅 위의 뜸부기와 의사소통을 하면서 지금 현실적 맥락에서 벌어지고 있는 일들이 무엇인지를 감지하고 여기에 유의미한 시사점을 전해줄 수 있는 통찰력을 제공하는 일에도 남다른 노력을 기울이고 있습니다. 미래의 트렌드는 내일을 예측하는 가운데 찾는 노력이기도 하지만 지금 발을 딛고 서 있는 현실에서도 찾을 수 있기 때문입니다. 미래는 예측하는 것이 아니라 창조하는 것이라고 볼

출처: http://blog.naver.com/rlawjdgus190?Redirect=Log&logNo=40106939663 / rlawjdgus190님 블로그

때 미래의 트렌드도 미지의 세계에서 발견하는 것이 아니라 우리가 살아온 지나온 과거를 추적해보고 지금의 현실을 냉철하게 둘러보는 가운데 만들어지는 것입니다. 이런 점에서 trend는 tomorrow에 있기보다는 today에 있습니다.

뜸부기는 종달새의 미래 투시적 사고와 선견력에 힘입어 보다 현실 밀착형 연구 활동을 전개합니다. 지금 연구자가 발을 딛고 서 있는 현실 속에서 문제의식을 찾아내고 한 시대를 살아가는 사람들과 함께 고민하면서 해결방안을 찾아내는 데 주력합니다. 지금 여기라고 하는 현실적 맥락성의 문제는 특수하기도 하면서

출처 : http://blog.naver.com/mimok1224?Redirect=Log&logNo=10085150085 / mimok1224님 블로그

독특한 성향을 띠고 있기 때문입니다. 바다 건너 저 멀리서 수입된 담론의 섣부른 적용은 오히려 우리 현실을 왜곡하고 탈색시키며 각색해서 현실개혁의 방향을 혼미로 빠뜨리는 결과를 초래할 수 있다는 사실을 뜸부기는 잘 알고 있습니다. 그래서 뜸부기는 늘 이 땅에서 지금 우리가 무엇을 어떤 문제의식으로 무장해야 되는지를 끊임없이 성찰하면서 동료 학자들과의 학문적 연대망을 구성, 집단적 실천력을 강화시켜 나가는 노력을 전개합니다. 뜸부기의 문제의식은 학문적 사대주의에 사로잡힌 나머지 우리 것의 고유함과 특수성을 서구의 보편적인 틀에 비추어 해

석하려는 수입 오퍼상의 한심한 노력을 비판하고 그 대안을 모색하는 데 두고 있습니다. 왜냐하면 학문적 사대주의에 사로잡힌 수입 오퍼상들은 항상 바다 건너 선진국의 학자들이 무엇을 쏟아내고 있는지를 보고 하루 빨리 우리 현실에 적용하는 과정을 부추기는 데 시간과 노력을 투자하기 때문입니다. 이런 수입 오퍼상의 역할을 발휘하는 학문적 사대주의자들이 이 땅에 많아질수록 뜸부기는 밤잠을 설치면서 문제의식의 칼날을 더욱 날카롭게 갈자고 스스로 다짐합니다. 뜸부기는 우리 현실에 근간을 두고 탄생하는 우리 특유의 학문적 이론개발이야말로 세계에서도 통용될 수 있는 가장 보편적인 설득력을 가질 수 있다고 믿고 있습니다.

종달새와 뜸부기가 다시 만날 날을 고대하여 봅니다!!

에필로그

생각지도 못한
생각의 여행

1963년 8월 28일(음력) 밤
하나의 물음표(?)로 시작된
나의 인생은
수많은 물음표(??????)로 점철된 방황의 연속,
숱한 방랑과 방황을 거듭하면서
한때는 이대로 인생을 마칠까 고민하던 시절도 있었다.

수많은 마침표와 쉼표의 갈등(., ., ., ., .,)
몇 개의 말줄임표(…)로 할 말을 잃어가던 순간,
우연히 잡아든 책 한 권이 내 인생의 새로운 물음표(?)를 던졌다.
이대로 청춘을 보낼 것인가?
아니면 새로운 이정표를 찾아 불확실하지만
가슴 뛰는 미지의 세계로 떠날 것인가?
고심 끝에 내린 결연한 결단,
회색빛 청춘을 마감하고
드디어 가슴 뛰는 꿈을 갖고 새로운 출발을 시작하면서
줄기차게 마침표(.)없이 달려온 지난 시절.

방향을 잡았다고 생각하고 쉼표(,) 없이 앞만 보고 질주하다
또 다시 끝(.)이 없는 방황을 거듭하다
다시 잡은 방향,
그래 길 밖의 길을 가자.

내가 가는 길이 나의 길이고,
길 밖의 길을 가면서 생각지도 못한 생각에 스스로 놀라기도 했다.
기대했던 일보다 기대를 저버린 일이 많았지만,
나는 그동안 여행으로서의 삶을 즐기면서
언제나 처음으로 시작하는 초보자의 마음으로
어제와 다른 시작을 준비한다.

이제 쉼표(,)의 여유로움 속에서
이전과는 다른 물음표(?)를 가슴에 안고
놀람과 경이로움의 느낌표(!)를 찾아
오늘도 미지의 세계로 생각지도 못한 생각의 여행을 즐기는 중(....)

남다른 생각 여행, 일단 떠나라

생각지도 못한 생각의 지도는 생각지도 못하는 가운데 만들어집니다. "완벽한 지도를 가져야 길을 떠날 수 있는 건 아니다." 한비야의 말입니다. 완벽한 생각과 계획을 수립하다 완벽하게 여행을 떠나지 못할 수 있습니다. 완벽한 생각과 완벽한 계획은 그 자체가 무리수입니다. 상황은 계속 변하고 어떤 변화가 일어날지 모르는 불확실한 상황에서 어떻게 할지를 완벽하게 생각하고 고민하면서 완벽한 계획을 수립하는 것은 완벽하게 불가능한 일일 수 있습니다. 그러니 대강 여행의 방향과 목적을 정했으면 일단 떠나야 생각지도 못한 생각을 할 수 있습니다. 생각지도 못한 생각지도는 이렇게 생각지도 못한 가운데 우연히 만들어집니다. 생각지도는 정해진 지도가 아닙니다. 색다른 생각을 할 수 있는 색다른 체험을 하면서 언제나 현재 진행형인 지도입니다. 남다른 생각을 하기 위해서는 남다른 여행을 떠나야 합니다.

"여행은 지도가 정확한 지 대조하러 가는 게 아니다. 지도를 접고 여기저기 헤매다 보면 차츰 길이 보이고, 어딘가를 헤매고 있는 자신의 모습이 보입니다. 곳곳에 숨어 있는 비밀스러운 보물처럼 인생의 신비가 베일을 벗고 슬그머니 다가올 때도 있다. 어느 낯선 골목에서 문득 들려오는 낮은 음악처럼 예상치 못한 기쁨이 나를 기다리고 있는 것이다."

김미진의 《로마에서 길을 잃다》에 나오는 구절입니다. 여행지도를 갖고 여행을 떠나도 여행지도대로 여행이 되지 않습니다. 사전에 준비한 여행지도이지만 여행을 하다보면 여행지도에 없었던 낯선 사물이나 현상과 마주칠 수 있고 낯선 사람과 만날 수 있습니다. 그런 곳에서 계획에도 없는 하루를 보내면서 이제까지 느껴보지 못한 경이로운 체험을 즐길 수도 있는 것이 여행의 묘미입니다.

낯선 모험에 나이 제한은 없다

일본 철도JR - Japan Railroad는 계절별로 광고 카피를 바꿔가면서 철도 여행객을 유혹합니다. JR 광고를 보고 있노라면 왠지 무작정 어디론가 떠나버리고 싶은 '충동衝動'을 느낍니다. 이제까지 느껴보지 못한 '충동'이 낯선 곳에서의 예기치 못한 '충돌衝突'을 가져올 수 있지만, 그런 충동적 떠남과 부딪히는 충돌 속에서 가슴 '충만充滿'한 체험을 할 수 있습니다. 생각은 창백한 책상에서 하는 것이 아니라 다양한 사람들의 생각이 살아 숨 쉬는 일상에서 하는 것입니다. 지금까지 접해보지 못한 색다른 일상과 마주치기 위해서는 지금의 일상에서 다른 곳으로 일탈해야 합니다. 일탈적 체험 여행이 타성에 젖은 생각을 흔들어 깨우고 색다른 자극을 받을 수 있습니다. 여행은 천천히 가야 볼 수 있는 것. 천천히 가야만 들을 수 있는 것. 천천히 가야만 만날 수 있는 것이라고 JR 광고는 말합니다. 빛의 속도로 앞만 질주하는 기계적 속도로는 볼 수도 없고 들을 수도 없으며 만날 수도 없습니다. 정말 필요할 때 빛의 속도로 생각하면서 빠른 의사결정과 과감한 추진력을 발휘하기 위해서는 천천히 생각의 내공을 키워나가야 합니다. 그런 점에서 어디론가 떠나는 여행은 낯선 생각으로 내 생각의 내공을 키우기 위한 생각의 여행입니다.

"여행의 길foot 위에서는 누구나 18세age 다!" 참으로 멋진 광고 카피입니다. 여행을 떠나는 사람은 남녀노소 관계없이 누구나 18살의 청춘으로 떠납니다. 여행을 시작하면서보다 여행을 떠나기 전의 설렘이 더욱 청춘의 뛰는 심장을 닮았습니다. 미지의 세계로 떠나는 여행지에 대한 기대와 궁금함이 가슴을 뛰게 합니다. "$E=(Km)^2$, 여행의 즐거움E, Entertainment은 거리Km의 제곱(2)에 비례한다!" 멀리 가본 사람이 더 멀리 볼 수 있는 생각을 할 수 있으며, 더 높이 올라가본 사람이 더 먼 미래를 내다볼 수 있는 생각을 할 수 있습니다. 여행의 거리는 단순한 물리적 거리가 아닙니다. 여행의 거리는 색다른 체험적 깨달음과 통찰력의 깊이이며, 지금의 삶을 다른 각도로 바라볼 수 있는 시각의 높이입니다. 여행의 거리가 길수록 마주치는 사물과 사람도 다양해집니다. 마주침의 다양성과 만남의 다름이 내 생각의 다양성과 색다름을 가져옵니다. 그래서 JR 광고는 말합니다.

"$I=t人^2$, 여행의 인상Impression은 시간Time과 만난 사람人 수에 비례한다."

색다른 생각은 내가 만난 사람의 색다름의 수준과 깊이에 달려 있습니다.

JR 광고는 연령 제한이 없다는 카피를 즐겨 씁니다. "모험에 연령 제한은 없습니다." 내가 시도해본 모험의 수준이 내가 생각할 수 있는 사고력의 수준을 결정합니다. 불확실한 세계에 도전해본 '모험'과 '탐험'을 직접 해본 '체험'이 없는 사람은 '위험'이 닥쳐오면 금방 '시험'에 들어 곤경에 빠지기 쉽습니다. 가장 안전한 '보험'은 다양한 '경험'을 하면서 체험적으로 깨달은 삶의 지혜입니다. 모험에 연령 제한이 없듯이 색다른 발상에도 연령 제한이 없습니다. 그런데 참으로 안타까운 현실은 나이가 들수록 모험도 색다른 생각도 점차 줄어들기 시작한다는 사실입니다. 틀에 박힌 일상에서 어쩔 수 없이 다람쥐 쳇바퀴 돌리듯 습관적으로 살아가면서 타성에 젖은 생각을 하기 일쑤입니다. JR 광고는 말합니다. "모험이 부족하면 좋은 어른이 될 수 없다."

생각의 지도地圖와 생각의 지도指導

낯선 사물과 사람과의 만남이 낯선 생각과 만나게 해줍니다. 생각지도 못한 사람과의 마주치는 만남이 생각지도 못한 생각을 하도록 만듭니다. 낯선 생각을 할 수 있는 색다른 자극을 받아야만 생각이 이전과는 다른 방식으로 꿈틀거리기 시작합니다. 낯선 생각이 바로 생각지도 못한 생각입니다. 그런 생각이 축적되면 생각지도 못한 생각의 지도地圖가 그려지는 것입니다. 그 지도地圖는 내 생각을 안내해주는 생각의 지도地圖이기도 하지만 내 생각의 방향을 알려주는 생각의 지도指導이기도 합니다. 그런데 생각은 또다시 생각의 지도를 박차고 나와야 새로운 생각의 지도를 만날 수 있는 법입니다. 사실 생각지도 못한 수많은 역이 우리 삶의 곳곳에 숨어 있습니다. 종착역으로 가는 수많은 간이역에 수많은 생각의 간이역이 존재합니다. 종착역으로 달려가면 간이역을 생각할 수도, 느낄 수도 없습니다. 마음이 끌리는 간이역에 무심코 내려본 적 있는 사람이 생각지도 못한 생각을 할 수 있습니다. JR 광고는 그래서 우리들에게 묻습니다. "무심코 내려버린 경험이 있습니까?" 가끔 우리는 계획에 없는 여행을 통해 아무데서나 내리고 싶은 곳에서 내려 봐야 됩니다. 낯선 곳에서 마주치는 색다른 경험이 내 생각을 성장시켜줍니다. 가끔 우리는 갑작스런 마주침을 통해 생각지도 못했던 과거의 아련한 추억과 그리움으로 눈물이 날 때가 있습니다. "왜일까. 눈물이 나왔다." 분명한 이유는 모르지만 어느 새 눈가에 맺힌 눈물은 뚜렷한 이유를 모르는 경우가 많습니다. 하지만 낯선 곳에서의 우연한 마주침이 과거에 경험했던 아련한 추억을 자극했거나 그리움에 사무친 그 누군가를 갑자기 연상시켰을지도 모릅니다. 그렇게 생각은 머리와 함께 가슴이 동반되는 과정입니다.

뜨거운 가슴으로 생각하라

생각은 머리가 하지만 가슴도 생각합니다. "당신은 머리로 생각하는가? 아니면 가슴으로 생각하는가?"라는 질문을 받았을 때 대부분의 사람들은 습관적으로 머리가 생각한다고 대답합니다. 물론 뇌가 논리적으로 생각합니다. 문제는 가슴으로 생각하는 따뜻한 마음이 동반되지 않는 치밀한 논리적 생각은 사람을 이해시킬 수는 있지만 마음을 움직여 행동으로 연결시키는 데에는 한계가 있습니다. 이해는 되었어도 감동하지 않으면 행동하지 않기 때문입니다. 감동은 마음을 움직이는 것입니다. 생각하는 뇌는 머리에 있지만 사람을 움직이는 생각은 가슴이 담당합니다. "생각은 단순히 뉴런과 시냅스의 기계적 작용이 아니라, 추운 겨울날 노잣돈 하나 없이 외지로 떠난 아들을 그리는 어머니의 마음"이라고 신영복 교수님은 말씀하십니다. 그렇기에 진정한 의미의 생각은 '머리'로 하는 게 아니라 '가슴'으로 하는 것입니다. 가슴으로 생각하지 않고 머리로 생각하기 때문에 인간관계가 차갑게 바뀌고 사회가 따뜻한 감성의 연대망으로 발전하지 않는 것입니다. 마음과 마음이 통하는 이심전심의 관계가 사람들의 생각을 바꿉니다. 공감하지 못하는 생각은 머리만 아프게 만듭니다. 뜨거운 가슴으로 통하는 희노애락喜怒哀樂 공동체가 세상을 바꾸어나갑니다. 차가운 논리의 잣대를 들이대기 이전에 따뜻한 가슴으로 그 사람의 사연을 어루만져주고 보듬어주려는 진정성으로 다가가야 합니다. 생각지도 못한 생각의 여행은 머리에 기억된 사람에 대한 생각을 떠올리게 할 뿐만 아니라 가슴에 맺힌 사연을 반추하게 만들어줍니다. 무관심해서 소원한 관계를 유지했던 사람, 상처를 주었던 사람, 힘들게 했던 사람들을 한 명, 두 명 떠올리면서 가슴으로 생각하는 시간이 바로 생각지도 못한 생각의 여행에서 보내는 시간입니다.

책을 맺으며

여행은 불확실한 세계와의 낯선 마주침의 연속입니다. 미래가 확실하면 적당히 평소대로 살아갑니다. 떠나기 전에 목적지와 여정을 확실히 정해놓고 출발할 수도 있지만 일단 떠나고 나서 여행을 하면서 다음 목적지를 정할 수도 있습니다. 내가 어디로 가는 방향만 잊어버리지 않으면 됩니다. 여행은 목적지를 정해놓고 정해진 기간 안에 정상을 정복하는 등산이라기보다 어디로 갈 것인지만 결정해놓고 그날 그날의 상황에 따라 목적지로 가는 여정을 바꾸는 사막 여행과도 같습니다. 한 치 앞을 내다볼 수 있는 불확실함이 우리들의 가슴을 뛰게 만듭니다. 미래가 정해진 각본대로

계획적으로 풀려나간다면 재미도 없고 설렘도 없으며 경이로움도 없습니다. 미래가 불확실해야 평소와는 다른 방법으로 생각하고 노력합니다. '그렇게 결정된 상태'는 없습니다. 세상은 언제나 '그럴 수 있는 가능성의 세계'가 열려 있습니다. 오늘이 불안정하고 내일이 불확실하지만 미래에 대한 꿈을 품고 앞날을 향해 떠나는 것입니다.

삶은 그 자체가 여행이요, 그 여행을 통해서 생각도 함께 언제나 새롭게 시작합니다. 결정된 것은 아무것도 없습니다. 언제나 색다른 시작입니다. 뭔가를 처음 시작했을 때 설레는 처음의 마음으로 언제나 다시 시작하는 마음이 생각지도 못한 생각지대로의 여행을 안내할 것입니다.

지식생태학자, 지식산부인과 의사

유영만

다시 에필로그

내 생각은
내 삶의 결론이다

살아가면서 우리가 모두 안고 있는 숙제 중의 하나는 생각을 바꿔서 삶을 바꾸는 문제가 아닐까요. 우리는 태어나서 죽을 때까지 생각하는 사람으로 살아가면서 어제와 다르게 생각하는 사람으로 변신하기 위해 생각을 바꾸려는 다양한 노력을 전개합니다. 하지만 생각만큼 생각은 쉽게 바뀌지 않습니다. 우리는 주로 앉아서 심각하게 생각하면서 생각을 바꾸려 합니다. 그렇게 해서 생각을 바꾸기는 어렵습니다. 생각을 바꾸려면 생각에 영향을 미치는 낯선 마주침이 필요합니다. 낯선 환경과 마주치고, 낯선 사람과 우연한 기회에 조우遭遇하며, 낯선 책과 만나야 합니다. 이런 낯선 만남이 뇌세포를 자극하고 색다른 깨우침과 뉘우침을 선사합니다. 뇌가 낯선 환경이라고 판단할 때 이전과 다른 생각을 하기 시작합니다. 뇌가 정상적인 상황, 어제와 비슷한 상황이라고 판단하면 습관처럼 어제와 같은 방식으로 생각합니다.

프랑스 철학자 들뢰즈는 《프루스트의 기호들》이라는 책에서 어떤 사건과 마주하고, 그것이 만들어내는 기호를 해석하는 과정이 바로 새로운 생각이 시작되는 시점이라고 말합니다. 전혀 기대하지 않았던 사건이 발생하고, 그 사건과 우연히 마주치면서 드러나는 '기호'를 해석하는 것이 바로 인간이 새로운 생각을 시작하는 과정이라고 합니다. 여기서 말하는 기호는 내가 새로운 생각을 하게 만드는 모든 현상이나 사건을 총칭합니다. 평상시에 늘 겪던 일이 반복되어, 어제와 비슷한 방식으로 그 일을 처리하는 과정에서는 낯선 기호를 만날 수 없습니다. 사무실에 출근했는데 어제와 비슷한 상황이 펼쳐지고 이전과 비슷한 방식으로 업무를 처리해도 별다른 문제가 없다면 여기에는 내가 어제와 다르게 생각하면서 해석해야 할 기호가 없는 것입니다. 이럴 때 사람은 이전과 비슷한 생각을 습관처럼 반복합니다.

 내 생각은 내가 이제껏 살아오면서 마주친 삶의 흔적과 얼룩이 만든 합작품입니다. 나는 내 생각이 만든 것이고 내 생각은 내가 살아오면서 축적한 삶의 역사적 산물입니다. 한 마디로 내 생각은 내가 이제껏 살아오면서 체험한 마주침의 역사입니다. 신영복 교수님은 《냇물아 흘러흘러 어디로 가니》에서 "모든 사람들이 가지고 있는 자기의 생각은 결국 자기가 겪은 삶의 결론이라고 믿습니다."라며 "개인의 정체성은 곧 그 개인 속에 체화體化된 시대의 양量"이라고 말했습니다. 내가 살아온 삶의 결론이 생각으로 만들어집니다. 결국, 삶을 바꾸지 않고서는 생각도 바

뀌지 않는다는 말입니다. 생각을 바꾸려면 앉아서 이 생각 저 생각하면서 생각의 꼬리를 물기보다 밖으로 나가 지금까지 살아온 삶과 다르게 살아야 합니다. 한 사람의 생각을 바꾸는 노력은 그 사람의 삶을 바꾸는 인생 혁명입니다. 삶을 바꾸지 않고 생각을 바꾸려고 노력하는 사람이나 그런 변화를 주도하는 사람은 불가능에 도전하는 무모한 사람입니다.

생각지도 못한 생각은 생각지도 못한 체험이 동반되지 않으면 불가능합니다. 내 삶의 경계를 넘어서 보고, 느끼고, 체험하지 않으면 내 삶을 다르게 생각할 가능성의 문은 열리지 않습니다.

지금 내 생각을 넘어서는 생각 혁명을 하기 위해서는 이제껏 살아온 삶을 바꾸어야 합니다. 다른 사람의 입장이 되어서 그 사람처럼 살아보지 않고서는 그 사람의 생각을 이해할 수 없습니다. 4차 산업혁명이 몰려오면서 기계가 대체하기 어려운 인간 고유의 능력 중의 하나가 바로 가슴으로 생각하는 공감 능력입니다. 공감 능력은 단순히 입장을 바꿔서 머리로 생각하는 역지사지易地思之 능력을 능가합니다. 진정한 공감은 타인의 입장이 되어 직접 체험하지 않고서는 생기기 어렵습니다. 공감은 책상에 앉아서 그 사람의 아픔을 머리로 계산하고 따져보고 이해하는 연민이 아닙니다. 직접 타자 입장이 되어 그 사람처럼 행동하고 하나 될 때 비로소 가슴으로 다가오는 상대에 대한 측은지심입니다. 상대를 위해 뭔가를 하지 않고서는 불편한 마음입니다.

생각지도 못한 생각지도를 다시 생각해보면서 생각은 단순히 책상에 앉아서 머리를 쓰면서 일어나는 뇌세포의 화학적 작용이 아니라는 것을 다시금 깨달았습니다. 진정한 생각은 몸이 다르게 움직일 때 동반하는 체험적 각성이자 몸부림입니다. 몸은 마음이 거주하는 우주이자 생각의 출발점이며 정거장입니다. 니체도 말하지 않았습니까. 생각이 몸을 지배하는 것이 아니라 몸이 생각을 지배한다고. "'몸'이 스승이고 '마음'이 제자다." 문학평론가 신형철 교수의 《느낌의 공동체》에 나오는 말입니다. 생각이 몸을 지배하지 않고 몸이 생각을 지배합니다. 생각을 바꾸려면 몸이 이전과 다르게 움직여야 합니다. 몸의 움직임이 바로 내 삶입니다. 몸을 움직이며 사는 삶으로 앎을 증명할 때 관념적이고 허구적이었던 생각의 공허함이 드러납니다. 반대로 앎으로 삶을 증명하려고 할 때 앎과 삶은 분리되기 시작합니다. 몸으로 진저리를 칠 때 느끼는 앎, 온몸으로 안간힘을 쓰면서 깨달은 앎이 삶을 바꿉니다.

여러분이 생각지도 못한 생각의 지도자가 되기를 기원하면서
지식생태학자, 지식산부인과 의사
유영만